# 생활 속의
# 사주팔자

# 생활속의 사주팔자

김광수 지음

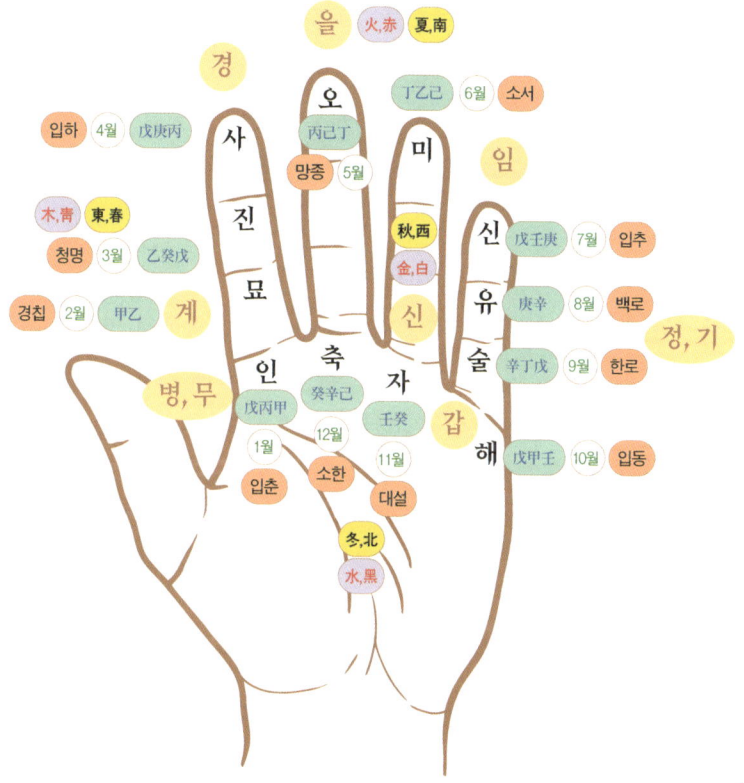

사주 명리의 기초 수장도

좋은땅

## 펴내면서

우주와 대자연의 본질과 원리를 알아내기 위한 선인들의 끝없는 학문적 연구와 현대 과학은 컴퓨터공학과 접목하여 지속적인 발전을 하고 있으나 우리 인간의 내일을 예측하고 자신의 운명과 미래를 알고 싶어 하는 욕망은 변함없이 지속적으로 요구되고 있으며 오늘날의 현실도 다르지 않고 많은 사람들의 노력은 현재 진행형이라 말할 수 있다.

미래를 알기 위한 쉼 없는 노력의 일환으로 많은 학문이 탄생하고 발전을 거듭하여 경지에 오른 학문의 수도 많으나 그중에서 명리학의 오묘함이 인간의 운명을 예측하는 학문의 중심으로 오랜 역사와 전통을 계승하고 발전하여 현재 수많은 학문 중에서도 빛을 발하고 있으며 세상의 변화에 깊이 자리 잡고 역할을 충분하게 하고 있다고 생각한다.

명리학은 오랜 세월 동안 연구를 거듭하여 실생활에 응용하고 있으며 인간의 복리를 취하고 생활의 지혜로 삼으며 정신적인 안정을 유지하고 불안정한 요소에서 벗어나는 정신 수련의 과정으로, 명리학은 인간에게 전가될 불행과 사건 사고, 재난, 자연의 재해 등을 이전에 예방하고 대처하며 행운을 득하기 위한 수단으로 활용할 수 있으면 하는 바람으로 집필을 시작하였다.

기초 내용만을 간략하게 소개하고 어려운 한자나 고사성어를 제외하고 누구나 쉽게 이해할 수 있도록 설명을 위주로 기록하였으며 우주의 근원적 에너지와 자연 만물의 변화무쌍한 현상을 음양오행과 인간 삶과의 상호 관계를 유추하고 정리하며 활용할 수 있는 방법을 찾아내기 위해 노력하였다. 또 음과 양의 기운이 인간에게 어떠한 영향력을 행사하고 길흉화복과 운명을 좌우하는지의 운행 원리를 파악하고 공식화된 것을 조금 더 구체화한 부분이 많다.

인간의 생로병사와 행운과 불행의 변화에 의한 대처 방법과 활용도를 높일 수 있도록 기록하였으며 미래를 예측하고 대비하기 위해 경험적인 지식과 직관적인 지식을 포함하고 명리학의 오묘한 원리를 합하여 자신의 주관적 편견을 극복하고 객관적 사고에 접근할 수 있는 기회를 제공할 수 있도록 하였다. 선학자분들의 임상과 경험을 중요하게 생각하고 임상 경험을 통해 터득한 원리와 지식을 최대한 존중하였으며 후학하는 분들이 명리학을 쉽게 적응하고 이해할 수 있다면 높은 경지에 도달할 수 있을 것으로 추정이 된다.

타고난 운명적 요소를 파악하고 적성과 진로, 직업, 성격과 적합성 및 문제점의 해결 능력 등의 다양한 방안에 도움이 될 수 있도록 알기 쉽게 해설하였고 이해도를 높이려 노력하였다. 대운과 년운, 월운, 일운, 시운 등과 같이 운명적 요소는 시시각각 교차되고 배합되며 각 개인의 다양한 현상이 발현되므로 누구나 자신의 노력과 후천적인 도움으로 명리학의 심오함을 경험하고 활용하게 된다면 한 차원 높은 삶을 영위할 수 있고 높은 수준의 운세 감정을 가능하게 할 수 있으며 자신의 길한 운세를 파악하고 성취하려는 목적에 따라 경지에 이르게 될 것이다.

그동안 수집한 정보와 수학으로 터득한 각종 지식을 바탕으로 응용하고 이론을 첨가하여 정리하였으나 부족한 면이 없지 않아 다시 기회가 된다면 더욱 세밀하고 확실한 지식을 담아 재집필할 수 있도록 노력하겠다는 약속을 드리면서 이만 줄이고 집필을 위해 많은 도움을 주신 동양 역리학회 정호열 위원님과 임대현 위원장님께 감사의 말씀을 전합니다.

문화관광부 허가 2005-9
동양역리문화협회 부산시 지부장 김광수

## 인사말

우리가 살고 있는 이 시대는 변화와 도전의 연속입니다.
이러한 시대를 살아가면서 우리의 삶에 지혜와 통찰을 제공하는 고전의 가치는 더욱 빛을 발하고 우리의 삶에 많은 지식을 전수하며 지속적인 도움을 제공합니다.

과학이 발달한 현대 사회에서도 자신의 미래를 예측하고 알고 싶어 하는 욕망은 지속적으로 이어지고 있으나 정확한 길을 찾지 못하는 안타까운 일들이 발생하고 있으며 운명의 변화는 AI의 능력을 넘어서고 있습니다.

철학에 관련된 학문은 여러 갈래로 계승되고 발전하여 오고 있으며 그중에서도 주역은 동양 철학의 정수로 천지의 이치와 인간의 삶을 꿰뚫는 깊은 가르침을 전하고 있습니다.

이번에 발간되는 이 책은 주역의 본질과 철학을 더욱 쉽게 이해할 수 있도록 집필된 결과물로 주역을 통하여 쾌적한 삶을 영위할 수 있도록 많은 도움을 제공하게 될 것입니다.
주역의 심오한 뜻을 통해 자기 성찰과 삶의 방향을 찾고자 하는 이들에게 길잡이가 되고 자신의 앞날에 운명을 개척하는 기회가 되시기를 바랍니다.

이 책을 읽으시는 여러분의 마음속에 영감을 불어넣고 나아가 세상을 바라보는 새로운 시안을 열어 주는 데 조금이나마 기여할 수 있기를 바랍니다.
주역의 지혜를 통해 여러분의 삶에 새로운 길이 열리기를 기원합니다.
오랜 시간 동안 집필을 위해 노고와 정성으로 생활 속의 사주를 집필하고 탄생하게 하여 주신 김광수 위원님께도 감사의 말씀을 전합니다.

끝으로 이 책이 나오기까지 아낌없는 격려와 도움을 주신 분들에게 깊은 감사를 드립니다.

문화관광부 허가 2005-9<br>
동양역리문화협회 학술 위원 정호열

# 목차

펴내면서 ⋯ 4
인사말 ⋯ 7

수장도의 위치 ⋯ 16

1. 음양오행 ⋯ 17
    (1) 육십갑자
2. 사주(四柱) 4기둥 ⋯ 19
    (1) 오행 구분표 음양
    (2) 근묘화실(根苗花實)
    (3) 십간의 성질
    (4) 절기법(節氣法)
3. 십이지지의 음양오행 구분표 ⋯ 21
    (1) 오행 상생 상극(五行 相生 相剋)
4. 상생 상극(相生 相剋)의 원리(原理) ⋯ 23
5. 천간합충(天干合冲) ⋯ 23
6. 지지 육합(地支 六合), 지지 상충(地支 相沖) ⋯ 24
7. 지지 삼합(地支 三合), 반합(半合) ⋯ 25
    (1) 진기(進氣)와 퇴기(退氣)
8. 지지 방합(地支 方合) ⋯ 27

9. 지지 상형(地支 相刑) … 27
   (1) 지지파
   (2) 원진살(冤嗔殺)
   (3) 귀문관살(鬼門關殺)
10. 지장간(地藏干) … 28
    (1) 사령하는 일수
    (2) 지지 속의 지장간
11. 대운(大運) … 30
    (1) 행운의 숫자 계산법
12. 십이운성(十二運星) … 32
    (1) 장생의 표
13. 십이지 신살법 … 36
14. 사주 세우는 법 … 38
15. 공망법(空亡法) … 39
16. 육신 조견표(六神 早見表) … 41
    (1) 통변성의 상호 작용
    (2) 가족관계 판단
    (3) 육친관계
17. 암록(暗錄) … 43
18. 천을귀인(天乙貴人) … 43
19. 천주귀인(天廚貴人) … 43
20. 복성귀인(福星貴人) … 44
21. 천관귀인(天官貴人) … 44
22. 태극귀인(太極貴人) … 44
23. 학당귀인(學堂歸人) … 45

24. 문창성(文昌星) … 45
25. 천덕귀인(天德貴人) … 45
26. 월덕귀인(月德貴人) … 46
27. 천의성(天醫星) … 46
28. 단교관살(斷橋關殺)과 급각살(急脚殺) … 47
29. 고신(孤神)과 과숙(寡宿) … 47
30. 천라지망살(天羅地網殺) … 48
31. 홍염살(紅艶殺) … 48
32. 양인살(羊刃殺)과 비인살(飛刃殺) … 48
33. 백호대살(白虎大殺) … 49
34. 낙정관살(落井關殺) … 49
35. 고란살(孤鸞殺) … 49
36. 현침살(懸針殺) … 50
37. 탕화살(湯火殺)과 곡각살(曲脚殺) … 50
38. 괴강살(魁罡殺) … 51
39. 상문(喪門)과 조객(弔客) … 51
40. 도화살(桃花殺) … 51
41. 삼재팔난 … 52
42. 오행(五行)의 왕쇠 도표 … 52
43. 오행(五行)의 본성과 기능 도표 … 53
44. 천간(天干)의 선후천수(先後天數) … 53
45. 육신(六神)별 가족 명칭 … 54
46. 용신(用神)과 격국(格局) … 55
   (1) 용신의 종류
   (2) 격국(格局)

47. 통근(通根)과 투출(透出)                              … 57
    (1) 통근
    (2) 투출, 투간
48. 신살 조견표                                        … 60
49. 음양오행의 이해 천간                                … 62
    (1) 갑목  (2) 갑목과 갑목 관계  (3) 갑목과 을목 관계
    (4) 갑목과 병화 관계  (5) 갑목과 정화 관계
    (6) 갑목과 무토 관계  (7) 갑목과 기토 관계
    (8) 갑목과 경금 관계  (9) 갑목과 신금 관계
    (10) 갑목과 임수 관계  (11) 갑목과 계수 관계
    (12) 을목  (13) 병화  (14) 정화  (15) 무토  (16) 기토
    (17) 경금  (18) 신금  (19) 임수  (20) 계수
50. 음양오행의 지지                                    … 87
    (1) 인목  (2) 묘목  (3) 진토  (4) 금수  (5) 자수  (6) 축토
51. 지지의 정리                                        … 106
    (1) 지지 분석
    (2) 사생지, 사왕지, 사장지
52. 화의 분석                                          … 109
53. 천간의 병정화                                      … 114
    (1) 병화
    (2) 정화
54. 천간 중 목의 변화                                  … 119
55. 음양의 법칙                                        … 122
56. 대운의 해석                                        … 125
57. 사주의 유의점                                      … 129

58. 통근 관계 … 130
59. 합과 충의 이해 … 131
    (1) 합력의 해석
    (2) 상충의 해석
60. 천간의 갑기합 … 136
61. 천간의 을경합 … 138
62. 천간의 병신합 … 140
63. 천간의 정임합 … 142
64. 천간의 무계합 … 144
65. 천간의 갑경충, 을신충 … 147
66. 병임충, 정계충 … 149
67. 무갑, 기을, 경병, 신정, 임무, 계기의 충 … 151
68. 지지의 상충 … 151
    (1) 인신충 (2) 사해충 (3) 자오충
    (4) 묘유충 (5) 진술충 (6) 축미충
69. 창고와 입묘 … 162
70. 형살과 삼형살 … 165
71. 지지 삼합(地支 三合) … 177
    (1) 신자진 삼합 (2) 인오술 삼합
    (3) 해묘미 삼합 (4) 사유축 삼합
72. 지지의 방합 … 186
    (1) 해자축 (2) 인묘진 (3) 사오미 (4) 신유술
73. 용신의 종류 … 193
    (1) 억부용신 (2) 조후용신
    (3) 병약용신 (4) 통관용신 (5) 전왕용신

74. 십이지 신살법 ··· 196
   (1) 겁살 (2) 재살 (3) 천살 (4) 지살 (5) 년살
   (6) 월살 (7) 망신살 (8) 장성살 (9) 반안살
   (10) 역마살 (11) 육해살 (12) 화개살

75. 십이운성 ··· 220
   (1) 십이운성의 분류 (2) 십이운성 조견표
   (3) 장생 (4) 목욕 (5) 관대 (6) 건록 (7) 제왕 (8) 쇠
   (9) 병 (10) 사 (11) 묘 (12) 절 (13) 태 (14) 양

76. 신살론 ··· 246
   (1) 천을귀인 (2) 천주귀인 (3) 복성귀인 (4) 천관귀인
   (5) 태극귀인 (6) 학당귀인 (7) 관귀학관 (8) 문곡귀인
   (9) 문창귀인 (10) 천덕귀인 (11) 월덕귀인 (12) 암록귀인
   (13) 금여록 (14) 천의귀인 천의성 (15) 백호대살
   (16) 단교관살 (17) 천라지망살 (18) 낙정관살
   (19) 홍염살 (20) 도화살 (21) 비인살 (22) 양인살
   (23) 괴강살 (24) 고란살 (25) 현침살 (26) 격각살
   (27) 탕화살 (28) 음양차착살 (29) 상문과 조객살
   (30) 원진살 (31) 귀문관살 (32) 과숙살 (33) 고신살
   (34) 급각살 (35) 곡각살 (36) 대장군 방위
   (37) 삼재 (38) 공망 (39) 절로공망

77. 통변과 오행의 해석 ··· 322
   (1) 결혼관계
   (2) 가족관계

78. 사주 실무 ··· 328

79. 용신 잡기 ··· 329

80. 생사 문제 ··· 332
81. 십간지 ··· 333
　　(1) 겁재  (2) 겁재의 관계  (3) 비견  (4) 상관
　　(5) 식신  (6) 정관  (7) 편관  (8) 정재  (9) 편재
　　(10) 편인  (11) 정인
82. 충과 합의 관계 ··· 357
　　(1) 상충
　　(2) 삼합 관계
83. 통변 관련 ··· 362
84. 이기론 ··· 366


마무리하며 ··· 368

# 수장도의 위치

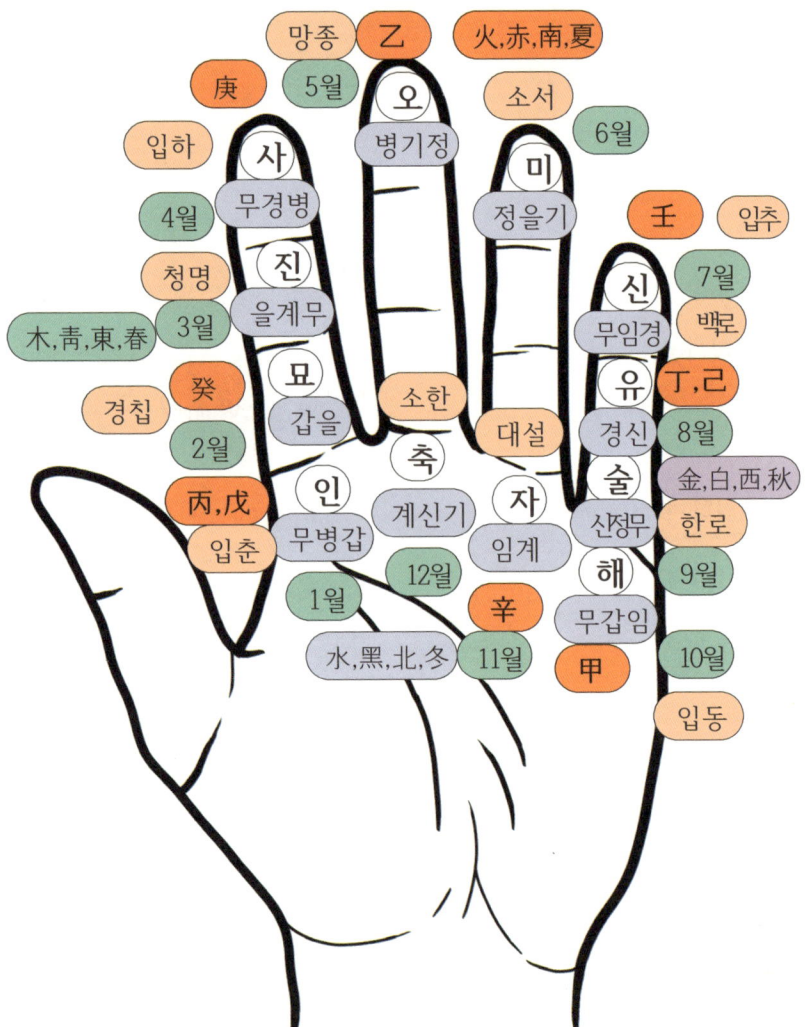

손가락의 한 마디마다 계절과 지장간, 절기, 천간, 지지, 월을 표시하고 순행이나 역행으로 돌려 가면서 내용을 찾아가는 방법이다.

# 1. 음양오행

天干 : 甲 乙 丙 丁 戊 己 庚 申 壬 癸
地支 : 子 丑 寅 卯 辰 巳 午 未 申 酉 戌 亥
천간에는 10간, 지지에는 12지지가 있다.

천간과 지지를 양과 음으로 분리한다면 아래와 같다.

|   | 천간 | 지지 |
|---|---|---|
| 양 | 갑 병 무 경 임 | 인 오 진 술 신 자 |
| 음 | 을 정 기 신 계 | 축 묘 사 미 유 해 |

12지지는 동물의 이름으로 띠를 사용한다.

| 지지 | 자 | 축 | 인 | 묘 | 진 | 사 | 오 | 미 | 신 | 유 | 술 | 해 |
|---|---|---|---|---|---|---|---|---|---|---|---|---|
| 띠 | 쥐 | 소 | 범 | 토끼 | 용 | 뱀 | 말 | 양 | 원숭이 | 닭 | 개 | 돼지 |
| 월 | 11 | 12 | 1 | 2 | 3 | 4 | 5 | 6 | 7 | 8 | 9 | 10 |

12지지는 4계절과 12절기로 나눈다.

| 인묘진 | 사오미 | 신유술 | 해자축 |
|---|---|---|---|
| 봄 春 | 여름 夏 | 가을 秋 | 겨울 冬 |

입춘, 경칩, 청명, 입하, 망종, 소서, 입추, 백로, 한로, 입동, 대설, 소한

천간과 지지는 목, 화, 토, 금, 수로 분류한다.

| 천간 | 갑을 | 병정 | 무기 | 경신 | 임계 |
|---|---|---|---|---|---|
| 지지 | 인묘 | 사오 | 진술축미 | 신유 | 해자 |
|  | 목 木 | 화 火 | 토 土 | 금 金 | 수 水 |

지지는 땅이고 계절, 절기, 시간, 띠 등으로 표현한다.

## 시간(야자시)

| 자시 | 축시 | 인시 | 묘시 |
|---|---|---|---|
| 23:31~01:30 | 01:31~03:30 | 03:31~05:30 | 05:31~07:30 |
| 진시 | 사시 | 오시 | 미시 |
| 07:31~09:30 | 09:31~11:30 | 11:31~13:30 | 13:31~15:30 |
| 신시 | 유시 | 술시 | 해시 |
| 15:31~17:30 | 17:31~19:30 | 19:31~21:30 | 21:31~23:30 |

## (1) 육십갑자

| 1 | 甲子 | 11 | 甲戌 | 21 | 甲申 | 31 | 甲午 | 41 | 甲辰 | 51 | 甲寅 |
|---|---|---|---|---|---|---|---|---|---|---|---|
| 2 | 乙丑 | 12 | 乙亥 | 22 | 乙酉 | 32 | 乙未 | 42 | 乙巳 | 52 | 乙卯 |
| 3 | 丙寅 | 13 | 丙子 | 23 | 丙戌 | 33 | 丙申 | 43 | 丙午 | 53 | 丙辰 |
| 4 | 丁卯 | 14 | 丁丑 | 24 | 丁亥 | 34 | 丁酉 | 44 | 丁未 | 54 | 丁巳 |
| 5 | 戊辰 | 15 | 戊寅 | 25 | 戊子 | 35 | 戊戌 | 45 | 戊申 | 55 | 戊午 |
| 6 | 己巳 | 16 | 己卯 | 26 | 己丑 | 36 | 己亥 | 46 | 己酉 | 56 | 己未 |
| 7 | 庚午 | 17 | 庚辰 | 27 | 庚寅 | 37 | 庚子 | 47 | 庚戌 | 57 | 庚申 |
| 8 | 辛未 | 18 | 辛巳 | 28 | 辛卯 | 38 | 辛丑 | 48 | 辛亥 | 58 | 辛酉 |
| 9 | 壬申 | 19 | 壬午 | 29 | 壬辰 | 39 | 壬寅 | 49 | 壬子 | 59 | 壬戌 |
| 10 | 癸酉 | 20 | 癸未 | 30 | 癸巳 | 40 | 癸卯 | 50 | 癸丑 | 60 | 癸亥 |

일생을 60년으로 보고 61년이 되면 다시 돌아가서 갑자 을축으로 시작하므로 환갑이라고 한다.

## 2. 사주(四柱) 4기둥

| 육신 | 자녀 | 자신 | 부모 | 조상 |
|---|---|---|---|---|
| 출생 | 시 | 일 | 월 | 년 |
| 예시 | 8 | 23 | 9 | 1981 |
| 천간 | 정 | 신 | 무 | 신 |
| 지지 | 유 | 미 | 술 | 유 |

생년월일과 태어난 시간으로 자신의 사주팔자를 만들 수 있다.

### (1) 오행 구분표 음양

| 오행 | 목 木 | | 화 火 | | 토 土 | | 금 金 | | 수 水 | |
|---|---|---|---|---|---|---|---|---|---|---|
| 양음 | 양 | 음 | 양 | 음 | 양 | 음 | 양 | 음 | 양 | 음 |
| 천간 | 갑 | 을 | 병 | 정 | 무 | 기 | 경 | 신 | 임 | 계 |
| 지지 | 인 | 묘 | 오 | 사 | 진술 | 축미 | 신 | 유 | 자 | 해 |

### (2) 근묘화실(根苗花實)

| 사근<br>四根 | 근 根 | 묘 苗 | 화 花 | 실 實 |
|---|---|---|---|---|
| 사주 | 년주 年柱 | 월주 月柱 | 일주 日柱 | 시주 時柱 |
| 육친 | 조부, 조모 | 부모, 형제 | 자신, 아내, 첩 | 자녀, 손자 |
| 연령 | 1~15세 | 5~30세 | 30~45세 | 45~60세 |
| 사기 | 유년 | 청년 | 장년 | 노년 |
| 계절 | 봄 | 여름 | 가을 | 겨울 |
| 사식 | 아침 | 점심 | 저녁 | 밤, 어두움 |
| 사지 | 기지 | 직장 | 가사 | 휴식 |
| 가통 | 사회 | 가정 | 내실 | 대문 |

사주는 연월일시의 네 기둥을 4간 4지의 여덟 글자를 구성하고 사주팔자라 한다.

根은 년의 기둥을 상징하고 년주라 하며 苗는 월의 기둥을 상징하고 월주라고 하며 花는 일의 기둥을 상징하며 일주, 實은 시의 기둥을 상징하며 시주라고 한다.

근묘화실은 년주가 뿌리가 되어 만물이 탄생하며 성장하는 근본이 되고 묘는 뿌리가 있어야 새싹이 나오며, 꽃을 피워야 열매는 얻을 수 있으며 결실을 맺을 수 있다는 자연의 원리 원칙을 의미하는 것이다.

열매가 잘 결실하려면 꽃이 필 때 여러 가지 여건이 잘 조절되어야 하고 기후나 수분의 조절, 암수 수정의 관계와 시간을 본다.

사람의 운명도 기상학적인 관점에서 보면 자연의 섭리와 성장 과정의 이치와 같다고 볼 수 있다는 해석으로 근묘 화실에 비유한 학설이다.

## (3) 십간의 성질

| 天干 | 陰陽 | 性質 | 五行 | 方位 |
|---|---|---|---|---|
| 甲 | 陽 | 순수한 양목, 웅장한 수목, 재목, 단단한 나무, 곧은 나무 | 木 | 東 |
| 乙 | 陰 | 작은 수목, 지주가 필요한 등나무, 화초, 칡넝쿨, 잡초 | | |
| 丙 | 陽 | 태양의 불, 강력한 햇빛, 용광로의 불, 원광로, 원자로 | 火 | 南 |
| 丁 | 陰 | 약한 불, 등불, 하늘의 별, 화롯불, 전자레인지, 조리용 불 | | |
| 戊 | 陽 | 큰 산, 육지, 웅장한 제방, 수목이 우거진 산 | 土 | 中央 |
| 己 | 陰 | 전, 답, 화산의 흙, 초목 배양지, 개간지 | | |
| 庚 | 陽 | 생살여탈의 권력, 칼, 도끼, 철로 된 무기 | 金 | 西 |
| 辛 | 陰 | 세공된 귀금속, 가공된 철기구, 보석, 빛나는 금속 | | |
| 壬 | 陽 | 바다, 큰물, 홍수, 댐, 호수, 빗물 | 水 | 北 |
| 癸 | 陰 | 은하수, 이슬, 눈, 작은 연못, 개울물, 하천물 | | |

## (4) 절기법(節氣法)

| 지지 | 寅 | 卯 | 辰 | 巳 | 午 | 未 | 申 | 酉 | 戌 | 亥 | 子 | 丑 |
|---|---|---|---|---|---|---|---|---|---|---|---|---|
| 24절기 | 입춘 | 경칩 | 청명 | 입하 | 망종 | 소사 | 입추 | 백로 | 한로 | 입동 | 대한 | 소설 |
| | 우수 | 춘분 | 곡우 | 소만 | 하지 | 대서 | 처서 | 추분 | 상강 | 소설 | 동지 | 대한 |
| 야자시 | 03:31~05:30 | 05:31~07:30 | 07:31~09:30 | 09:31~11:30 | 11:31~13:30 | 13:30~15:30 | 15:31~17:30 | 17:31~19:30 | 19:31~21:30 | 21:30~23:30 | 23:31~01:30 | 01:30~03:30 |
| 음력 | 1월 | 2월 | 3월 | 4월 | 5월 | 6월 | 7월 | 8월 | 9월 | 10월 | 11월 | 12월 |

지지를 통해서 사계절과 24절기의 흐름을 알 수가 있다.

# 3. 십이지지의 음양오행 구분표

| 五行 | 木 | | 火 | | 土 | | 金 | | 水 | |
|---|---|---|---|---|---|---|---|---|---|---|
| 陰陽 | 陽 | 陰 | 陽 | 陰 | 陽 | 陰 | 陽 | 陰 | 陽 | 陰 |
| 地支 | 寅 | 卯 | 午 | 巳 | 辰戌 | 丑未 | 申 | 酉 | 戌 | 亥 |
| 方位 | 東 | | 南 | | 中央 | | 西 | | 北 | |
| 季節 | 春 | | 夏 | | 四季節 | | 秋 | | 冬 | |
| 陰曆 | 1 | 2 | 3 | 4 | 5 | 6 | 7 | 8 | 9 | 10 | 11 | 12 |
| 方合 | 寅卯辰 | | 巳午未 | | | | 申酉戌 | | 亥子丑 | |

體와 用이 다르게 사용되는 地支가 4가지 있는데

子水는 陽인데 사용할 때는 陰으로 한다.

亥水는 陰인데 사용할 때는 陽으로 한다.

午火는 陽인데 사용할 때는 陰으로 한다.

巳火는 陰인데 사용할 때는 陽으로 한다.

巳午 亥子는 體와 用이 바뀌어서 사용하고 역할도 달라진다.

## (1) 오행 상생 상극(五行 相生 相剋)

그림에서 수는 목을 생하고 목은 화를 생하고 화는 토를 생하고 토는 금을 생하고 금은 수를 생하는 것을 알 수 있다.

그림에서 수는 화를 극하고 화는 금을 극하고 금은 목을 극하고 목은 토를 극하고 토는 수를 극하고 있다.

| 相生 | 相剋 |
|---|---|
| 금생수 | 금극목 |
| 수생목 | 목극토 |
| 목생화 | 토극수 |
| 화생토 | 수극화 |
| 토생금 | 화극금 |

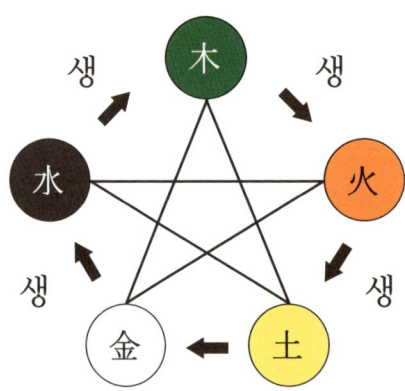

## 4. 상생 상극(相生 相剋)의 원리(原理)

"木" 나무는 땔감이 되어 "火"의 불을 생하고 나무가 탄 재는 흙이 되어 "土"를 생하며 흙 속에서는 광맥이 있어 "金"을 생하며 광맥에서 나오는 물로 "水"를 생하며 물은 "목"을 생하여 나무를 키우는 것이다.

"木" 나무는 흙에 뿌리를 내리면서 "土"를 극하고 "土" 흙은 제방을 쌓으면서 물의 흐름을 막아 주어 "水"를 극하며 "水" 물은 활활 타오르는 불을 억제하면서 "火"를 극하며 "火" 불은 철을 녹이면서 "金"을 극하고 "金"으로 제작된 기구들은 나무를 자르고 다듬으면서 "木"을 극한다는 것이다.


## 5. 천간합충(天干合冲)

| 갑甲 | 기己 | 합合 | 토土 | 중정지합 |
| 을乙 | 경庚 | 합合 | 금金 | 인위지합 |
| 병丙 | 신辛 | 합合 | 수水 | 위엄지합 |
| 정丁 | 임壬 | 합合 | 목木 | 인수지합 |
| 무戊 | 계癸 | 합合 | 화火 | 무정지합 |

**天干冲(양과 양의 충, 음과 음의 충)**

| 甲庚冲 | 乙辛冲 | 金剋木 |
| 丙壬冲 | 丁癸冲 | 水剋火 |
| 戊甲冲 | 己乙冲 | 木剋土 |
| 庚丙冲 | 辛丁冲 | 火剋金 |
| 壬戊冲 | 癸己冲 | 土剋水 |

아래의 그림에서 甲의 七殺은 庚이 되고 乙의 七殺은 辛이 된다.
자기 자신의 천간에서 시작하여 일곱 번째가 되는 곳이 七殺이라 한다.
자신의 천간에서 시작하여 5번째가 되는 자리는 극하는 상대가 된다.

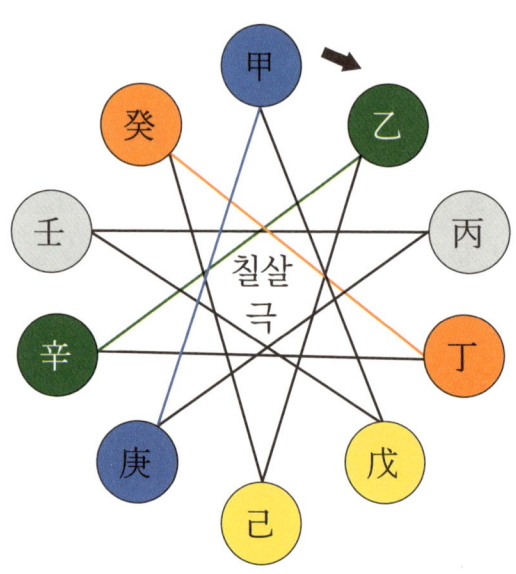

## 6. 지지 육합(地支 六合), 지지 상충(地支 相沖)

| 子丑 | 合 | 土 |
|---|---|---|
| 寅亥 | 合 | 木 |
| 卯戌 | 合 | 火 |
| 辰酉 | 合 | 金 |
| 巳申 | 合 | 水 |
| 午未 | 合 | 火 |

| 子 | 午 | 沖 |
|---|---|---|
| 卯 | 酉 | 沖 |
| 寅 | 申 | 沖 |
| 巳 | 亥 | 沖 |
| 辰 | 戌 | 沖 |
| 丑 | 未 | 沖 |

자기 자신의 지지에서 시작하여 일곱 번째가 되는 곳이 충이 되는 것을 알 수가 있다.

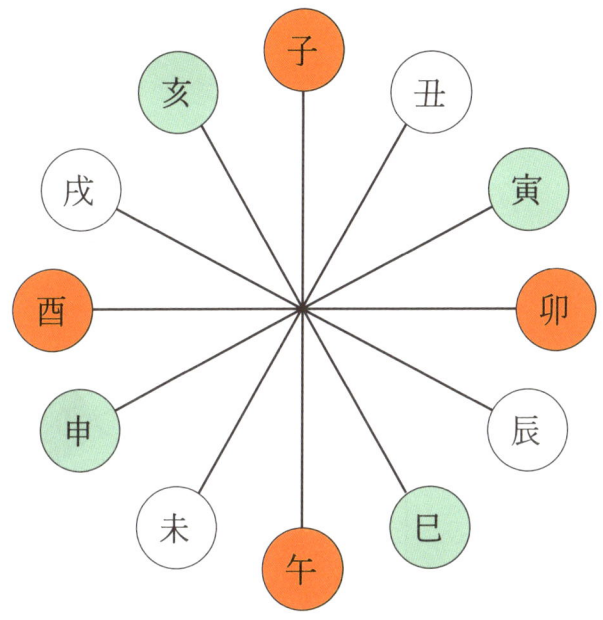

子로 시작하여 일곱 번째 午가 충이다.
寅으로 시작하여 일곱 번째 申이 충이다. 이것을 七冲이라 한다. 자신의 자리에서 시계 방향으로 돌아 일곱 번째가 冲이 되는 것을 알 수 있다.

## 7. 지지 삼합(地支 三合), 반합(半合)

신 자 진  삼합  수국   신자   자진
인 오 술  삼합  화국   인오   오술
해 묘 미  삼합  목국   해묘   묘미
사 유 축  삼합  금국   사유   유축

25

반드시 장생 제왕, 묘지 제왕이 있어야 반합이 된다.

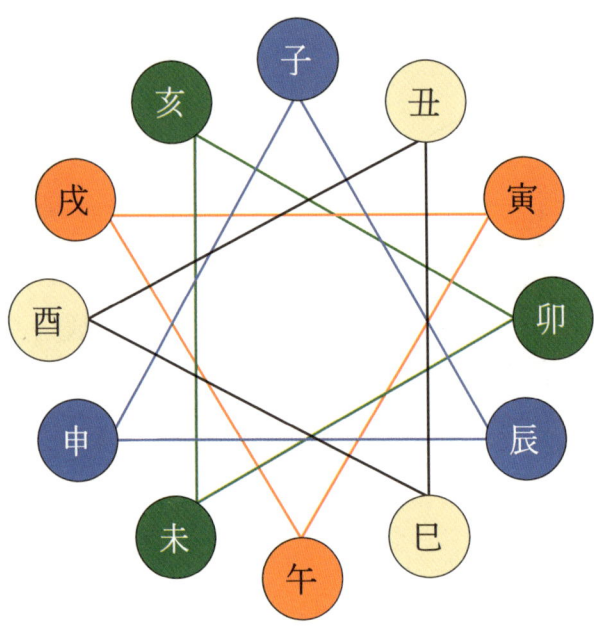

제왕을 기준으로 시계 방향 다섯 번째가 되는 자리가 삼합이 되는 곳이다.

## (1) 진기(進氣)와 퇴기(退氣)

진기는 십이운성의 생지이고 퇴기는 십이운성의 쇠지이다.

| 木의 진기 | 亥 | 해묘미의 첫 자 | 木의 퇴기 | 辰 | 인묘진의 끝 자 |
| --- | --- | --- | --- | --- | --- |
| 火의 진기 | 寅 | 인묘진의 첫 자 | 火의 퇴기 | 未 | 사오미의 끝 자 |
| 金의 진기 | 巳 | 사유축의 첫 자 | 金의 퇴기 | 戌 | 신유술의 끝 자 |
| 水의 진기 | 申 | 신자진의 첫 자 | 水의 퇴기 | 丑 | 해자축의 끝 자 |

## 8. 지지 방합(地支 方合)

계절이 있고 방향이 있다.

| 百姓 | 帝王 | 墓地 | 合 | 局 | 方向 | 季節 | 色 |
|---|---|---|---|---|---|---|---|
| 寅 | 卯 | 辰 | 方合 | 木 | 凍 | 春 봄 | 靑 |
| 巳 | 午 | 未 | 方合 | 火 | 南 | 夏 여름 | 赤 |
| 申 | 酉 | 戌 | 方合 | 金 | 西 | 秋 가을 | 白 |
| 亥 | 子 | 丑 | 方合 | 水 | 北 | 冬 겨울 | 黑 |


## 9. 지지 상형(地支 相刑)

형과 상을 의미한다.

파괴, 형액, 수술, 사고, 구설수 등이 발생하는 것을 의미한다.

성격이 급하고 사나우며 남자다운 형상으로도 본다. (군인, 경찰)

| 寅巳申 | 寅申 | 巳申 | 寅巳 | 地勢地形 지세지형 |
| 丑戌未 | 丑戌 | 戌未 | 丑未 | 無恩地形 무은지형 |
| 子卯 | | | | 無禮地形 무례지형 |
| 辰辰 | 酉酉 | 亥亥 | 午午 | 自刑 자형 |

害하는 것을 刑을 하면 吉한 작용을 하는 것으로도 본다.

### (1) 지지파

| 子酉 | 午卯 | 巳申 | 寅亥 | 辰丑 | 戌未 |

잘못된 것을 원래 위치로 되돌리는 성질이 있다.

### (2) 원진살(冤嗔殺)

| 寅酉 | 子未 | 丑午 | 卯申 | 辰亥 | 巳戌 |

본인은 일지에서 보고 배우자는 년지에서 본다.

### (3) 귀문관살(鬼門關殺)

| 寅未 | 子酉 | 丑午 | 卯申 | 辰亥 | 巳戌 |

귀신의 집 문을 드나든다는 의미를 나타낸다.

# 10. 지장간(地藏干)

지지 속에 숨어 있는 천간.

초기 : 지나간 달의 기운이 아직 남아 있는 것
중기 : 본 달의 기운이 들기 전의 기운
정기 : 본 달의 원래 있는 기운

### (1) 사령하는 일수

| 地支 | 정기 | 중기 | 초기 |
|---|---|---|---|
| 寅, 申, 巳, 亥 | 16일 | 7일 | 7일 |
| 辰, 戌, 丑, 未 | 18일 | 3일 | 9일 |
| 子, 卯, 酉 | 20일 | 0일 | 10일 |
| 午 | 11일 | 9일 | 10일 |

### (2) 지지 속의 지장간

| 月 | 寅 | 卯 | 辰 | 巳 | 午 | 未 | 申 | 酉 | 戌 | 亥 | 子 | 丑 |
|---|---|---|---|---|---|---|---|---|---|---|---|---|
| 초기 | 戊 | 甲 | 乙 | 戊 | 丙 | 丁 | 戊 | 庚 | 辛 | 戊 | 壬 | 癸 |
| 중기 | 丙 |  | 癸 | 庚 | 己 | 乙 | 壬 |  | 丁 | 甲 |  | 辛 |
| 정기 | 甲 | 乙 | 戊 | 丙 | 丁 | 己 | 庚 | 辛 | 戊 | 壬 | 癸 | 己 |

寅의 지장간은 戊, 丙, 甲이 있고 戊가 7일, 丙이 7일, 甲이 16일 사령한다는 것이다. 寅의 대표적 오행이 木이 되는 이유는 甲이 사령하는 기간이 길기 때문에 木이라 이름 지어 준 것이다. 丑의 지장간은 癸, 辛, 己이고 癸가 9일, 辛이 3일, 己가 18일 사령하여 土가 사령하는 기간이 길어 土라고 하는 것이다.

즉 丑의 지장간에는 水, 金, 土의 기운이 들어 있다는 것이고 그중에서 水가 9일, 金이 3일, 土가 18일의 기운으로 행사를 한다는 것이며 대표는 土라 한다.

丑은 水, 金, 土가 된다는 의미라고 해석하는 것이다.

그러면 寅이나 丑은 木과 土로만 표현되었던 것을 지장간의 오행과 함께 보아야 그 자체의 성질을 완전하게 이해할 수 있는 것이다. 이처럼 지지는 복잡하고 다양하여 변화가 많이 일어난다는 것을 알 수 있다.

## 11. 대운(大運)

음년 양년의 구분은 생년의 천간을 기준으로 한다.

大運은 月干과 月柱를 기준으로 시작하여 그다음달 月干과 月柱를 순차적으로 大運을 정한다.
男子와 女子는 巡行과 逆行으로 구분하고 陽年生, 陰年生을 구분하며 男子이고 陽年生이면 巡行이 되고 男子이고 陰年生이면 逆行이 되며 女子이고 陽年生이면 逆行이 되고 女子이고 陰年生이면 巡行이 된다.
남자는 연간(年干)이 양(陽)이면 순행으로 가고 음(陰)이면 역행으로 진행하고 여자는 연간(年干)이 음(陰)이면 순행으로 가고 양(陽)이면 역행으로 진행한다.

大運은 天干 5年, 地支 5年으로 한 기둥을 기준으로 10年으로 보며 변환 주기가 10년이 되는 것이다.
萬歲曆에 出生年에 관한 五行이 모두 수록되어 있기에 萬歲曆에 관한 설명은 생략하기로 한다.

인터넷상에 천을귀인과 원광, 만세력 등의 앱이 있으며 잘 설명되어 있어서 전체 생략하기로 하며 이 프로그램을 다운받아서 활용하여 보시길 권장한다.

예시

月柱가 庚申이고 男子 陽年生이면 大運은 辛酉, 壬戌, 癸亥의 순서로 진행이 되고 女子 陽年生이고 月柱가 庚申이면 己未, 戊午, 丁巳 순으로 흘러가게 된다.

男子 陰年生이고 月柱가 庚申이면 戊午, 己未, 丁巳 순으로 흘러가고 女子 陰年生이고 月柱가 庚申이면 辛酉, 壬戌, 癸亥 순으로 흘러간다.

## (1) 행운의 숫자 계산법

### 순운(順運)일 경우

生日날부터 다음 달 절입(節入)날까지 며칠이 남았는지 날짜 수를 세어서 3으로 나누고 남은 수가 1이면 버리고 2면 올림한 숫자가 대운이 시작되는 첫 번째의 행운의 수가 되며 다음 자부터 10을 더한 숫자가 행운의 수가 되는 것이다.

### 역운(逆運)일 경우

生日날부터 뒤로 전월(前月)에서 절입날까지 거꾸로 날짜를 세어서 3으로 나누고 나머지 수가 1이면 버리고 2이면 올림하여 정해진 숫자가 대운의 처음 행운의 수가 되며 다음 자부터는 10을 더한 숫자가 행운의 수가 되는 것이다.

### 여자인 경우 — 4월 3일생

年干이 戊土이면 陽이 되며 역행이 되며 月柱가 甲寅이라면 대운은 癸丑, 壬子, 辛亥, 庚戌로 가고 날짜는 입춘 절입일이 10일이라면 출생일 3일부터 일 수를 세면 3, 4, 5, 6, 7, 8, 9, 10까지로 8일이 되며 이를 3으로 나누면 2가 되고 나머지 수가 2이면 1을 올려서 3이 되며 이 3 의 수가 첫 번째 대운의 행운의 수가 되는 것이다.

| 행운의 수 | 3 | 13 | 23 | 33 | 43 | 53 |
|---|---|---|---|---|---|---|
| 대운 | 갑인 | 계축 | 임자 | 신해 | 경술 | 기유 |

**남자인 경우 — 4월 3일생**

연간의 戊토가 양이 되며 순행이 되며 월주가 甲寅이라면 대운은 乙卯, 丙辰, 丁巳로 가고 날자는 다음 달 절후인 경칩일이 9일이라면 출생일 3일부터 일 수를 세어 보면 3, 4, 5, 6, 7, 8, 9까지로 7일이 되며 이를 3으로 나누면 2가 되고 나머지 수가 1이 되며 1이면 버리고 행운의 수는 2가 되며 이 2의 수가 첫 번째 대운의 행운의 수가 되는 것이다.

| 행운의 수 | 2 | 12 | 22 | 32 | 42 |
|---|---|---|---|---|---|
| 대운 | 갑인 | 을묘 | 병진 | 정사 | 무오 |

# 12. 십이운성(十二運星)

日干이 陽干이면 巡行, 陰干이면 逆行이 된다.

**장생 목욕 관대 건록 제왕 쇠 병 사 묘 절 태 양**

天干이 地支를 만났을 때 일어나는 천간 오행 간에 생극 왕쇠 관계를 12종으로 분류한 것이다.

日干이 甲이고 年支가 巳이면 甲에서 순차적으로 시작하여(장생 목욕 관대) 巳에 도달한 곳의 글자가 병이 되는 것이다.

乙에서 시작하게 되면 逆行이고 甲에서 시작하면 巡行이 된다.
日干이 乙이고 年支가 巳이면 乙에서 逆行으로(장생 목욕 관대) 시작하여 巳가 되는 글자, 즉 목욕이 되는 것이다.

### (1) 장생의 표

| 日干 | 甲 | 乙 | 丙 | 丁 | 戊 | 己 | 庚 | 辛 | 壬 | 癸 |
|---|---|---|---|---|---|---|---|---|---|---|
| 長生支 | 亥 | 午 | 寅 | 酉 | 寅 | 酉 | 巳 | 子 | 申 | 卯 |

甲에서 시작하면 亥 자리가 장생지, 子는 목욕, 丑은 관대, 寅은 건록, 卯는 제왕, 辰은 쇠, 巳는 병, 午는 사, 未는 묘, 申은 절, 酉는 태, 戌은 양이 된다.
乙에서 시작하면 午 자리가 장생지, 未는 목욕, 申은 관대, 酉는 건록, 戌은 제왕, 亥는 쇠, 子는 병, 丑은 사, 寅은 묘, 卯는 절, 辰은 태, 巳는 양이 된다.

# 수장도를 참조 바람

### 갑에서 시작하기

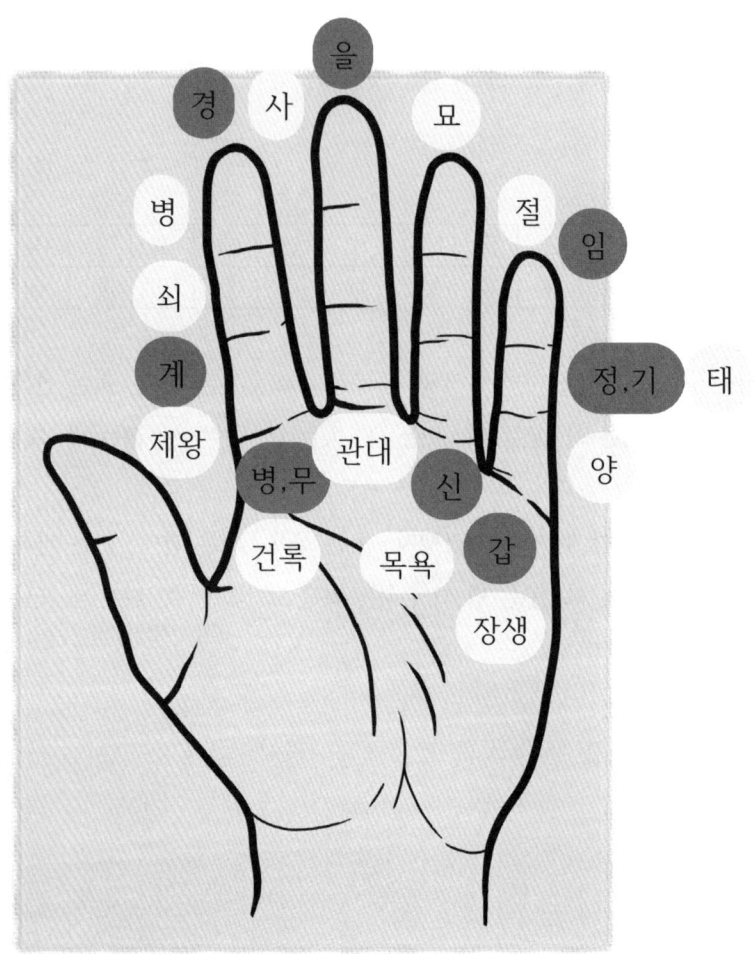

갑의 장생지는 해의 자리가 되고 순차적으로 목욕, 관대, 건록 순으로 지정이 되는 것을 알 수가 있다.

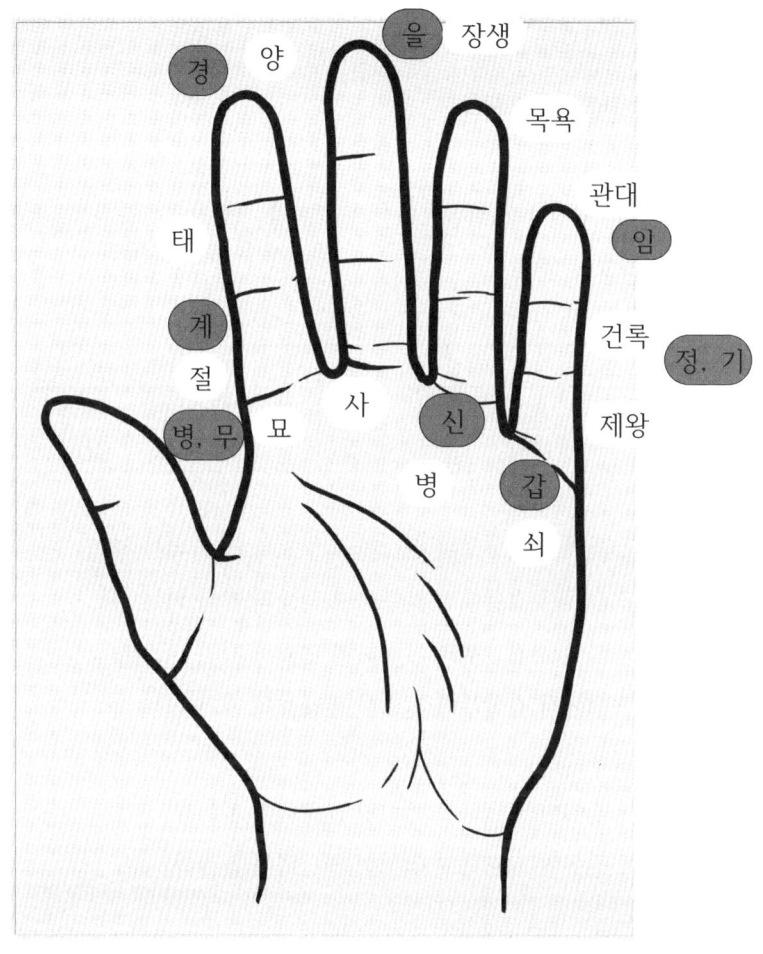

을목의 장생지는 오의 자리이고 순차적으로 장생, 목욕, 관대, 건록, 제왕, 쇠, 병, 사, 묘로 지정이 되는 것을 알 수 있다.
십이운성 찾는 법은 일간으로 보고 일간이 양간이면 순행으로 가고 음간이면 역행으로 간다.

# 13. 십이지 신살법

년지 일지의 삼합으로 찾는다.

재살은 수유살, 년살은 도화살, 월살은 고초살, 반안살은 금여, 육해살은 육액살이라고도 한다.

| 겁살 | 재살 | 천살 | 지망살 | 년살 | 월살 | 망신살 | 장성살 | 반안살 | 역마살 | 육해살 | 화개살 |
|---|---|---|---|---|---|---|---|---|---|---|---|

申子辰 生은 巳宮에서 겁살부터 巡行하여 年支의 자가 되는 자
寅午戌 生은 亥宮에서 겁살부터 巡幸하여 月支의 자가 되는 자
亥卯未 生은 申宮에서 겁살부터 巡幸하여 日支의 자가 되는 자
巳酉丑 生은 寅宮에서 겁살부터 巡幸하여 時支의 자가 되는 자

男子는 日干이 陽이면 巡行하고 陰이면 逆行하여 찾는다.
女子는 日干이 陰이면 巡幸하고 陽이면 逆行하여 찾는다.

| 三合 | 申 | 子 | 辰 | 寅 | 午 | 戌 | 亥 | 卯 | 未 | 巳 | 酉 | 丑 |
|---|---|---|---|---|---|---|---|---|---|---|---|---|
| 시작궁 | 巳 | 巳 | 巳 | 亥 | 亥 | 亥 | 申 | 申 | 申 | 寅 | 寅 | 寅 |
| 神殺 | 겁살 | 겁살 | 겁살 | 겁살 | 겁살 | 겁살 | 겁살 | 겁살 | 겁살 | 겁살 | 겁살 | 겁살 |

**예시**

申子辰 生이고 年支가 申이면 지살이 되고
寅午戌 生이고 月支가 未이면 반안살

亥卯未 生이고 日支가 子이면 지망살

巳酉丑 生이고 時支가 寅이면 겁살이 된다.

**아래의 수장도 그림에서 순행하여 돌려서 살의 자리가 되는 자를 찾아보면 쉽게 이해할 수가 있다.**

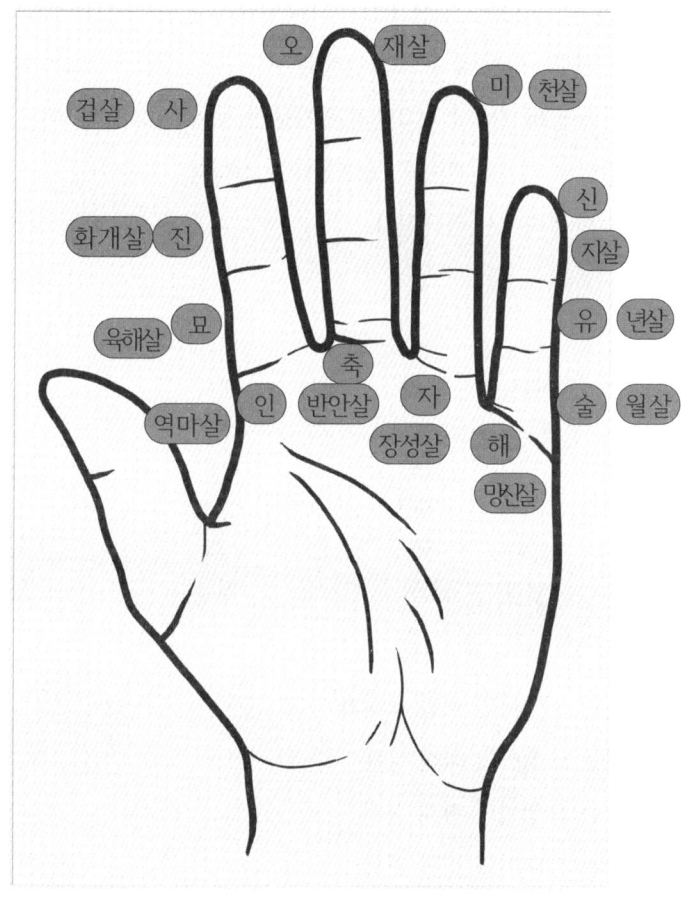

신의 자리에서 시작하여 지살, 년살, 월살 순차적으로 돌아간다.

# 14. 사주 세우는 법

생년월일을 정확하게 기입한다.

四柱는 年支를 오른쪽에, 時支를 왼쪽에 세운다.
陽曆과 陰曆 모두 가능하고 男, 女를 구분하며 만세력에 따라 기입한다.
예를 들어 男子 2024년 11월 13일 丑時 生이라고 한다면 大運은 丙子, 丁丑, 戊寅, 己卯, 庚辰의 순으로 진행된다.
大運은 天干 5년 地支 5년, 10년의 주기로 변동이 된다. 丙子이면 丙이 5년, 子가 5년의 기운을 四柱와 함께한다는 것이다.
년운은 매년 만세력에서 정해진다.

## 예시

| 乾 | | 偏人 | 一原 | 偏材 | 正材 | | 正官 |
|---|---|---|---|---|---|---|---|
| | | 己 | 辛 | 乙 | 甲 | 大運 | 丙 |
| | | 丑 | 巳 | 亥 | 辰 | | 子 |
| 地藏干 | | 癸辛己 | 戊庚丙 | 戊甲壬 | 乙癸戊 | | 壬癸 |
| 十二運星 | | 養 | 死 | 浴 | 墓 | | 長生 |
| 十二支 神殺 | | 년살 | 겁살 | 망신살 | 천살 | | 월살 |

일간과 동일한 오행이면 비견 겁재가 되고
일간이 생하는 오행이면 식신 상관
일간이 극하는 오행이면 편재 정재
일간을 극하는 오행이면 정관 편관
일간을 생하는 오행이면 편인 인수이다.
지장간의 글자도 하나하나씩 차례로 기입한다. (도표 참조)

십이운성은 일간을 중심으로 하여 역행 순행을 구분하고 수장도를 돌려서 기입한다.
십이지 신살도 수장도를 참고하여 돌려서 순차적으로 기입한다.

## 15. 공망법(空亡法)

天干 : 甲 乙 丙 丁 戊 己 庚 辛 壬 癸 空 亡
地支 : 子 丑 寅 卯 辰 巳 午 未 申 酉 戌 亥
위 글자에서 天干은 10자이고 地支는 12자로 天干이 2글자가 적어서 공간이 생기는 그곳 천간자리 밑의 戌亥가 空亡이 된다.

空亡은 年, 月, 日, 時 모두 적용할 수 있으나 주로 日柱를 기준으로 한다.

年柱를 기준으로 하면 年 空亡, 月柱를 기준으로 하면 月 空亡이라고 한다.
自己 日柱가 甲 子이면 子의 자리에서 甲으로 시작하여 巡行하여 천간자가 끝나는 癸의 자리는 酉가 되고 유 다음 자의 戌 亥가 남게 되며 남은 戌 亥가 空亡이 된다.

日柱가 甲 辰이면 辰에서 甲으로 시작하여 끝 자 癸가 되는 곳은 丑이 되고 축 다음 자의 寅 卯가 空亡이 된다.
壬 申 日柱이면 申에서 壬으로 시작하여 끝나는 자 癸의 자리 酉 다음 자의 戌 亥가 空亡이 되는 것이다.

임신 일주이면 신의 자리가 임의 자리로 다음 자리인 유는 계의 자리가 되고 술 해 자리가 두 개 남으므로 이 자리가 공망이다.

계사 년주이면 사의 다음 자리 오 미가 년주 공망이 된다.
경인 일주이면 인에서 경 신 임 계를 돌려 보면 사의 자리가 끝나는 계가 되고 다음의 자리 오 미가 일주 공망이 된다.

시주가 신 미이면 미의 자리에서 신으로 시작하여 돌려 보면 유의 자리가 계가 되고 다음 자리 술 해가 시주 공망이다.

공망은 간지의 계수가 되는 자리 다음이 공망이 되는 것을 알 수가 있다.

**지지 수장도 참조**

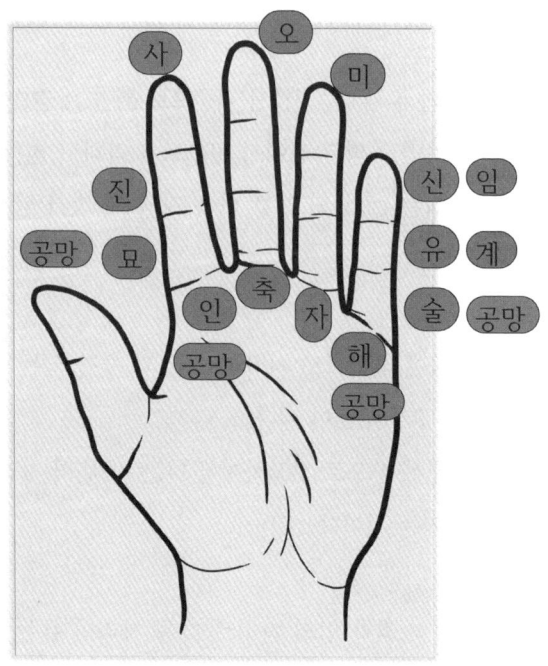

# 16. 육신 조견표(六神 早見表)

| 육신<br>일간 | 비견 | 겁재 | 식신 | 상관 | 편재 | 정재 | 편관 | 정관 | 편인 | 정인 |
|---|---|---|---|---|---|---|---|---|---|---|
| 甲 | 甲 | 乙 | 丙 | 丁 | 戊 | 己 | 庚 | 辛 | 壬 | 癸 |
| 乙 | 乙 | 甲 | 丁 | 戊 | 己 | 戊 | 辛 | 庚 | 癸 | 壬 |
| 丙 | 丙 | 丁 | 戊 | 己 | 庚 | 辛 | 壬 | 癸 | 甲 | 乙 |
| 丁 | 丁 | 丙 | 己 | 戊 | 辛 | 庚 | 癸 | 壬 | 乙 | 甲 |
| 戊 | 戊 | 己 | 庚 | 辛 | 壬 | 癸 | 甲 | 乙 | 丙 | 丁 |
| 己 | 己 | 戊 | 辛 | 甲 | 癸 | 壬 | 乙 | 甲 | 丁 | 丙 |
| 庚 | 庚 | 辛 | 壬 | 癸 | 甲 | 乙 | 丙 | 丁 | 戊 | 己 |
| 辛 | 辛 | 庚 | 癸 | 壬 | 乙 | 甲 | 丁 | 丙 | 己 | 戊 |
| 壬 | 壬 | 癸 | 甲 | 乙 | 丙 | 丁 | 戊 | 己 | 庚 | 辛 |
| 癸 | 癸 | 壬 | 乙 | 甲 | 丁 | 丙 | 己 | 戊 | 辛 | 庚 |

같은 陽이나 같은 陰이면 비견, 식신, 편인, 편재, 편관이 되고 같은 陰이나 陽陰이 다르면 겁재, 상관, 정재, 정관, 정인이다.

## (1) 통변성의 상호 작용

比肩 劫財는 食神 傷官을 生하고 偏財 正財를 剋하며
食神 傷官은 偏財 正財를 生하고 偏官 正官을 剋하며
偏財 正財는 偏官 正官을 生하고 偏印 正印을 剋하며
偏官 正官은 偏人 正印를 生하고 比肩 怯財를 剋하며
偏人 正印은 比肩 劫財를 生하고 食神 傷官을 剋하는 것을 알 수가 있다.
상호 간에 도움을 주고 견제하며 氣運의 조절을 하고 있는 것이다.

### (2) 가족관계 판단

| 생년(년주) | 조상 옛날 | 기관의 장 | 조국 |
| --- | --- | --- | --- |
| 생월(월주) | 부모 형제 | 실 국과장 | 사회 |
| 생일(일주) | 자신 배우자 | 자신 | 가정 |
| 생시(시주) | 자식 | 부하 | 장래 미래 |

### (3) 육친관계

| 구분 | 할아버지 | 할머니 | 시아버지 | 시어머니 | 장인 | 장모 | 사위 | 며느리 |
| --- | --- | --- | --- | --- | --- | --- | --- | --- |
| 남 | 편인 | 상관 | | | 인수 | 식신 | 식신 | 겁재 |
| 여 | 편인 | 상관 | 겁재 | 편재 | | | 인수 | 편관 |

| 구분 | 아버지 | 어머니 | 형제 | 배우자 | 자식 | 기타 |
| --- | --- | --- | --- | --- | --- | --- |
| 남 | 편재 | 인수 | 비견 겁재 | 정재 편재 | 편관 아들 정관 딸 | 편인 유모 계모 편재 첩 |
| 여 | 판제 | 인수 | 비견 겁재 | 정관 편관 | 식신 딸 상관 아들 | 편인 유모 편관 편부 애인 |

## 17. 암록(暗祿)

| 日干 | 甲 | 乙 | 丙 | 丁 | 戊 | 己 | 庚 | 辛 | 壬 | 癸 |
|---|---|---|---|---|---|---|---|---|---|---|
| 暗祿 | 亥 | 戌 | 申 | 未 | 申 | 未 | 巳 | 辰 | 寅 | 丑 |

암록은 항상 귀인이 되어 도와주고 재물이 평생 풍부한 길성이다.

## 18. 천을귀인(天乙貴人)

| 日干 | 甲戊庚 | 乙己 | 丙丁 | 壬癸 | 辛 |
|---|---|---|---|---|---|
| 天乙貴人 | 丑未 | 子申 | 亥酉 | 巳卯 | 午寅 |

천을귀인이 있으면 지혜롭고 총명하며 주위 환경이 좋고 도와주는 사람이 많으며 여러 사람의 존경을 받는 최고의 길신이다.

## 19. 천주귀인(天廚貴人)

| 日干 | 甲 | 乙 | 丙 | 丁 | 戊 | 己 | 庚 | 辛 | 壬 | 癸 |
|---|---|---|---|---|---|---|---|---|---|---|
| 天廚貴人 | 巳 | 午 | 己 | 午 | 申 | 酉 | 亥 | 子 | 寅 | 卯 |

天廚貴人이 있으면 食福이 많고 食神의 자리가 되는 地支이다.
즉 甲의 食神은 丙인데 丙의 綠地인 巳가 甲의 天廚貴人이다.

## 20. 복성귀인(福星貴人)

| 日干 | 甲 | 乙 | 丙 | 丁 | 戊 | 己 | 庚 | 辛 | 壬 | 癸 |
|---|---|---|---|---|---|---|---|---|---|---|
| 福星貴人 | 寅 | 丑 | 子 | 酉 | 申 | 未 | 午 | 巳 | 辰 | 卯 |

오래 長壽하는 吉星이다.
時支에 있으면 제일 좋고 다음이 日支이다.


## 21. 천관귀인(天官貴人)

| 日干 | 甲 | 乙 | 丙 | 丁 | 戊 | 己 | 庚 | 辛 | 壬 | 癸 |
|---|---|---|---|---|---|---|---|---|---|---|
| 天官貴人 | 未 | 辰 | 巳 | 酉 | 戌 | 卯 | 亥 | 申 | 寅 | 午 |

관으로 출세하는 운이다.


## 22. 태극귀인(太極貴人)

| 日干 | 甲 | 乙 | 丙 | 丁 | 戊 | 己 | 庚 | 辛 | 壬 | 癸 |
|---|---|---|---|---|---|---|---|---|---|---|
| 太極貴人 | 子午 | 子午 | 卯酉 | 卯酉 | 辰戌 | 丑未 | 寅亥 | 寅亥 | 巳申 | 巳申 |

입신 출세하여 수상급에 나아간다는 吉星이다.

## 23. 학당귀인(學堂歸人)

| 日干 | 甲 | 乙 | 丙 | 丁 | 戊 | 己 | 庚 | 辛 | 壬 | 癸 |
|---|---|---|---|---|---|---|---|---|---|---|
| 學堂貴人 | 亥 | 午 | 寅 | 酉 | 寅 | 酉 | 巳 | 子 | 申 | 卯 |

日干의 長生에 해당하는 地支이다.
月支나 時支에 있으면 교직에 종사하는 吉星이다.

## 24. 문창성(文昌星)

| 日干 | 甲 | 乙 | 丙 | 丁 | 戊 | 己 | 庚 | 辛 | 壬 | 癸 |
|---|---|---|---|---|---|---|---|---|---|---|
| 文昌星 | 巳 | 午 | 申 | 酉 | 申 | 酉 | 亥 | 子 | 寅 | 卯 |

글을 잘 쓰고 詩나 小說 書藝 學文에 소질이 있는 吉星이다.

## 25. 천덕귀인(天德貴人)

| 月支 | 寅 | 卯 | 辰 | 巳 | 午 | 未 | 申 | 酉 | 戌 | 亥 | 子 | 丑 |
|---|---|---|---|---|---|---|---|---|---|---|---|---|
| 天德貴人 | 丁 | 申 | 壬 | 辛 | 亥 | 甲 | 癸 | 寅 | 丙 | 乙 | 巳 | 庚 |

전생에 공덕을 많이 쌓아 하늘로부터 복을 받은 사람이라고 하여 평생 좋은 운과 함께 살아간다는 吉星이다.

## 26. 월덕귀인(月德貴人)

| 月支 | 寅午戌 | 亥卯未 | 申子辰 | 巳酉丑 |
|---|---|---|---|---|
| 月德貴人 | 丙 | 甲 | 壬 | 庚 |

일생에 덕이 많고 귀한 사람을 만나게 되어 부귀 공명하게 살아간다는 뜻을 가진 귀인 중에서도 가장 좋은 길성이다.

## 27. 천의성(天醫星)

| 月支 | 寅 | 卯 | 辰 | 巳 | 午 | 未 | 申 | 酉 | 戌 | 亥 | 子 | 丑 |
|---|---|---|---|---|---|---|---|---|---|---|---|---|
| 天醫星 | 丑 | 寅 | 卯 | 辰 | 巳 | 午 | 未 | 申 | 酉 | 戌 | 亥 | 子 |

일명 활인성으로, 하늘의 의사를 만나는 길성이다.
월지를 기준으로 바로 이전 단계의 지지가 천의성이 된다.

**관귀학관(官貴學館)**

| 日干 | 甲 | 乙 | 丙 | 丁 | 戊 | 己 | 庚 | 辛 | 壬 | 癸 |
|---|---|---|---|---|---|---|---|---|---|---|
| 官貴學館 | 巳 | 巳 | 申 | 申 | 亥 | 亥 | 寅 | 寅 | 申 | 申 |

일주에 해당되면 가장 강한 힘으로 작용한다.
학문에 대한 열정이 높고 공무원, 교육자 등의 진출이 쉬워진다.

## 28. 단교관살(斷橋關殺)과 급각살(急脚殺)

| 月支 | 寅卯辰 | 巳午未 | 申酉戌 | 亥子丑 |
|---|---|---|---|---|
| 斷橋關殺 | 寅卯申 | 丑戌酉 | 辰巳午 | 未亥子 |
| 急脚殺 | 亥子 | 卯未 | 寅戌 | 丑辰 |

斷橋關殺은 다리가 끊어지다라는 뜻이고 어디서나 잘 넘어지고 부딪히며 떨어져서 팔다리 수족 부상을 자주 당하는 성분의 흉살이다.

급각살(急脚殺)은 단교관살과 비슷하나 다리 부분, 뼈 부분이 다치거나 금이 가거나 부러지는 현상에 관련이 있는 흉살이다.

## 29. 고신(孤神)과 과숙(寡宿)

| 月支 | 寅卯辰 | 巳午未 | 申酉戌 | 亥子丑 |
|---|---|---|---|---|
| 孤神 | 巳 | 申 | 亥 | 寅 |
| 寡宿 | 丑 | 辰 | 未 | 戌 |

고신은 외롭고 혼자 사는 홀아비의 성분이 강하며 과숙은 고신과 비슷하나 여자에 해당됨이 많고 과부살이라고도 하며 흉살이라고 본다.

## 30. 천라지망살(天羅地網殺)

| 天羅 | 戌 | 辰 |
|---|---|---|
| 地網 | 亥 | 巳 |

하늘의 그물과 땅의 그물이 나누어지는 현상이고 흉살이다.
일주와 년주에 있으면 더욱 강하게 된다.


## 31. 홍염살(紅艷殺)

| 日干 | 甲乙 | 庚 | 丙 | 辛 | 丁 | 癸 | 戊己 | 壬 |
|---|---|---|---|---|---|---|---|---|
| 地支 | 午 | 戌 | 寅 | 酉 | 未 | 申 | 辰 | 子 |

타고난 외모와 매력으로 주위의 모든 사람들의 시선을 끄는 매력살이다.
일주를 바탕으로 판단하며 주로 연예인 등에 해당이 된다.


## 32. 양인살(羊刃殺)과 비인살(飛刃殺)

| 日干 | 甲 | 乙 | 丙 | 丁 | 戊 | 己 | 庚 | 辛 | 壬 | 癸 |
|---|---|---|---|---|---|---|---|---|---|---|
| 羊刃 | 卯 | 辰 | 午 | 未 | 午 | 未 | 酉 | 戌 | 子 | 丑 |
| 飛刃 | 酉 | 戌 | 子 | 丑 | 子 | 丑 | 卯 | 辰 | 午 | 未 |

양인살은 양(羊)을 잡기 위한 칼날을 뜻하는 양인 표현을 쓰며 흉신이다.
비인살은 양인살과 비슷하며 날카로운 칼에 다칠 수 있음을 암시하는 흉살이다.

## 33. 백호대살(白虎大殺)

| 日干 | 甲 | 乙 | 丙 | 丁 | 戊 | 壬 | 癸 |
|---|---|---|---|---|---|---|---|
| 地支 | 辰 | 未 | 戌 | 丑 | 辰 | 戌 | 丑 |

진, 술, 축, 미에 해당된다.
호랑이에 물린다는 살로 제일 무서운 흉살이다.


## 34. 낙정관살(落井關殺)

| 日干 | 甲己 | 乙庚 | 丙辛 | 丁壬 | 戊癸 |
|---|---|---|---|---|---|
| 地支 | 巳 | 子 | 申 | 戌 | 卯 |

우물에 떨어진다는 뜻을 가지고 있으며, 물과 관련된 피해를 입는 흉살이다.


## 35. 고란살(孤鸞殺)

| 日干 | 甲 | 乙 | 丁 | 戊 | 辛 |
|---|---|---|---|---|---|
| 地支 | 寅 | 巳 | 巳 | 申 | 亥 |

女子만 해당된다. 일명 신음살이라고도 하며 흉살이다.

## 36. 현침살(懸針殺)

| 日干 | 甲 | 甲 | 辛 |
|---|---|---|---|
| 地支 | 午 | 申 | 卯 |

생일 생시에 있을 때 강한 작용을 한다.

날카롭고 뾰족한 도구로 상처를 줄 수 있는 살로 남자 여자에 따라 분류하기도 하는 흉살로 분류되며 치료의 기운으로도 본다.

## 37. 탕화살(湯火殺)과 곡각살(曲脚殺)

| 日支 | 寅 | 午 | 丑 |
|---|---|---|---|

탕화살은 日支에만 해당이 되고 불로 인한 화상 흉터를 의미한다.

| 日干 | 乙 | 己 | 己 |
|---|---|---|---|
| 地支 | 巳 | 巳 | 丑 |

곡각살도 日支에만 해당되고 수족을 상하여 흉터가 있다는 의미다.

## 38. 괴강살(魁罡殺)

| 日干 | 경 | 경 | 임 | 임 | 무 |
|---|---|---|---|---|---|
| 地支 | 진 | 술 | 진 | 술 | 술 |

월주 일주에 있을 때 강력하다.

백호 대살 다음 가는 살로 사람을 제압하는 흉살이다.

## 39. 상문(喪門)과 조객(弔客)

| 年支 | 子 | 丑 | 寅 | 卯 | 辰 | 巳 | 午 | 未 | 申 | 酉 | 戌 | 亥 |
|---|---|---|---|---|---|---|---|---|---|---|---|---|
| 喪門 | 寅 | 卯 | 辰 | 巳 | 午 | 未 | 申 | 酉 | 戌 | 亥 | 子 | 丑 |
| 弔客 | 戌 | 亥 | 子 | 丑 | 寅 | 卯 | 辰 | 巳 | 午 | 未 | 申 | 酉 |

사람이 죽은 방위(方位)로부터 퍼진다는 살로 흉살 중 흉살이다.

## 40. 도화살(桃花殺)

| 日干 | 甲 | 乙 | 丙 | 丁 | 戊 | 己 | 庚 | 辛 | 壬 | 癸 |
|---|---|---|---|---|---|---|---|---|---|---|
| 도화 | 子 | 巳 | 卯 | 申 | 卯 | 申 | 午 | 亥 | 酉 | 寅 |

年支 日支를 기준하여 보고 목욕살, 함지살로도 통용되며 敗浴池에 해당한다.

年, 月에 있으면 牆內桃花, 일시에 있으면 牆外桃花라고 한다.

## 41. 삼재팔난

| 年支 | 申子辰 | 亥卯未 | 寅午戌 | 巳酉丑 |
|---|---|---|---|---|
| 三災年 | 寅卯辰 | 巳午未 | 申酉戌 | 亥子丑 |
| 局 | 水 | 木 | 火 | 金 |

년지 띠로 보며 삼 년간의 재난으로 날삼재, 눌삼재, 들삼재가 있다.

## 42. 오행(五行)의 왕쇠 도표

| 季節 | 봄 木 | 여름 火 | 가을 金 | 겨울 水 | 四季節 土 |
|---|---|---|---|---|---|
| 月 | 1, 2 | 4, 5 | 7, 8 | 10, 11 | 3, 6, 9, 12 |
| 木, 甲乙 | 왕(旺) | 휴(休) | 사(死) | 상(相) | 수(囚) |
| 火, 丙丁 | 상 | 왕 | 수 | 사 | 휴 |
| 土, 戊己 | 사 | 상 | 휴 | 수 | 왕 |
| 金, 庚辛 | 수 | 사 | 왕 | 휴 | 상 |
| 水, 壬癸 | 휴 | 수 | 상 | 왕 | 사 |
| 地支 | 寅, 卯 | 巳, 午 | 申, 酉 | 亥, 子 | 辰, 戌, 丑, 未 |

# 43. 오행(五行)의 본성과 기능 도표

| 오행 | 木 | 火 | 土 | 金 | 水 |
|---|---|---|---|---|---|
| 계통 | 신경, 분비 | 순환기 | 소화기 | 호흡기 | 생식기 |
| 오장 | 간장 | 심장 | 비장 | 폐장 | 신장 |
| 육부 | 담(쓸개) | 소장 | 위장 | 대장 | 방광 |
| 오미 | 신맛 | 쓴맛 | 단맛 | 매운맛 | 짠맛 |
| 오관 | 눈 | 혀 | 입 | 코 | 귀 |
| 오액 | 눈물 | 땀 | 군침 | 콧물 | 가래 |
| 오지 | 성냄 | 기쁨 | 생각 | 근심 | 널림 |
| 오방 | 東 | 南 | 中央 | 西 | 北 |
| 오시 | 春 | 夏 | 四季節 | 秋 | 冬 |
| 오색 | 靑 | 赤 | 黃 | 白 | 黑 |
| 오상 | 仁慈 | 禮節 | 信(믿음) | 義理 | 知慧 |
| 육기 | 바람 | 불, 더위 | 습 | 마름 | 추위 |
| 육수 | 靑龍 | 朱雀 | 句陳螣蛇 | 白虎 | 玄武 |
| 팔괘 | 震, 巽 | 離 | 艮, 坤 | 乾, 兌 | 坎 |

# 44. 천간(天干)의 선후천수(先後天數)

| 천간 | 갑 | 을 | 병 | 정 | 무 | 기 | 경 | 신 | 임 | 계 |
|---|---|---|---|---|---|---|---|---|---|---|
| 선천수 | 9 | 8 | 7 | 6 | 5 | 9 | 8 | 7 | 6 | 5 |
| 후천수 | 3 | 8 | 7 | 2 | 5 | 10 | 9 | 4 | 1 | 6 |

### 地支의 先後天數

| 지지 | 자 | 축 | 인 | 묘 | 진 | 사 | 오 | 미 | 신 | 유 | 술 | 해 |
|---|---|---|---|---|---|---|---|---|---|---|---|---|
| 선천수 | 9 | 8 | 7 | 6 | 5 | 4 | 9 | 8 | 7 | 6 | 5 | 4 |
| 후천수 | 1 | 10 | 3 | 8 | 5 | 2 | 7 | 10 | 9 | 4 | 5 | 6 |

## 45. 육신(六神)별 가족 명칭

| 육신 | 남자 | 여자 |
|---|---|---|
| 비견(比肩) | 형제, 친구, 조카 | 형제, 친구, 조카, 첩 |
| 겁재(劫財) | 친구, 조카, 이복형제, 며느리 | 친구, 조카, 이복형제, 시아버지, 고조, 남편의 첩 |
| 식신(食神) | 조카, 손자, 사위, 장모 | 딸, 증조부 |
| 상관(傷官) | 할머니, 외조부, 손녀 | 아들, 할머니, 외조부 |
| 편재(偏財) | 아버지, 처, 첩, 처의 형제, 형수, 제수 | 아버지, 시어머니, 외손자 |
| 정재(正財) | 아내, 숙부, 고모 | 시조부, 숙부, 고모 |
| 편관(偏官) | 아들, 외조모, 고조부 | 남편, 애인, 남편의 형제, 고조부, 며느리, 외조부 |
| 정관(正官) | 딸, 조카, 증조모 | 남편, 손자며느리, 증조모 |
| 편인(偏人) | 서모, 계모, 유모, 이모, 할아버지, 외숙 | 서모, 계모, 이모, 유모, 손자, 할아버지, 시조모 외숙 |
| 인수(印綬) | 어머니, 장인, 증손 | 어머니, 사위, 손녀 |

# 46. 용신(用神)과 격국(格局)

용신은 사주팔자 중에서 음양오행의 조화를 위해 가장 소중히 쓸 수 있는 육신이고 인간의 정신이며 월령이 용신을 생조해 주는 절기에 해당하고 사주 상의 타 육신에 의하여 생조되면 가장 효과적이다.

### (1) 용신의 종류

| | | |
|---|---|---|
| 1 | 억부법 (抑扶法) | 强字는 억제하고 弱字는 생부하는 字가 용신이 된다 |
| 2 | 병약법 (病藥法) | 四柱에 病이 있으면 藥이 되는 字가 용신이다 |
| 3 | 조후법 (調候法) | 세상 만물이 寒, 煖, 燥, 濕에 의해 조화되는 字가 용신이다 |
| 4 | 전왕법 (專旺法) | 사주 오행의 기세가 편중하여 대세의 기에 순응하는 字가 용신이다 |
| 5 | 통관법 (通關法) | 사주의 두 오행이 대립하여 억제하기가 곤란한 세력을 조화시키며 소통하는 字가 용신이다 |

**用神을 生하여 주는 字를 喜神, 用神을 剋하는 字를 忌神, 用神이 剋을 하면 仇神, 用神이 生을 하여 주는 字를 閑神이라고 한다.**

용신은 일주의 강약으로 분별하고 천간과 지지의 뿌리, 강약 및 사주의 밸런스와 쏠림 현상, 합충 관계를 종합적으로 판단하여야 하며 사주의 조습한 관계의 보정, 병 약 조절, 대운의 상생, 극 등 복잡한 관련성에 의해 정해야 하며 이용신이 일간에 어떠한 영향을 미치는 것에 대한 통변력이 사주팔자의 흐름에 결정적인 판단을 하게 되는 것이다.

용신을 잡지 아니하고 사주의 감명을 할 수 없으며 용신이 길흉의 길잡이가 된다. 목이 셋이면 목을 극하는 금을 용신하고 일주가 신약하다면 일주를 생해 주는 인성을 용신하여야 하며 사주가 차가운 겨울이며 얼어붙은 상태라면 불로 달구어서 녹여 주는 화를 용신하고 조열하여 사주가 뜨거우면 물로 식혀 주는 수를 용신하여 사주의 흐름을 완만하게 하여야 한다.

### (2) 격국(格局)

격국은 식신격, 상관격, 정관격, 편관격, 편재격, 정재격, 인수격, 편인격으로 구분하고 月支에서 日柱天干 字가 해당되는 관계를 기준으로 한다. 예를 들어 庚이 日柱天干 字이고 寅이 月柱라면 寅과 庚의 관계는 金이 寅을 극하면서 寅의 같은 陽이 되므로 偏財格이 되는 것이고 陰의 辛 金이라면 正財格이 되는 것이다.

무엇보다 격국은 사주를 대표하고 주도권을 가지므로 힘이 있어야 한다. 따라서 격국이란 사주를 특정 짓는 가장 힘이 센 십성(十星)이라고 보면 된다. 일간은 나 자신을 의미하므로 가장 중요하지만 정작 주변의 글자들에 영향을 받는 사주의 구성원이다.

한번 타고난 일간은 바꿀 수도 없으므로 주변의 글자들을 어떻게 잘 활용하느냐가 사주 명리의 중요한 과제가 되는 것이다.

사주를 끌고 가는 주체적 요소는 바로 월지 月支 月令 으로 태어난 달이다. 월지는 가장 힘이 강하고 격은 월지에서 찾는 것이 일반적이다. 월지에서 透出하는 字를 격국으로 또는 日干과 月干의 관계를 중심으로 하여 격국을 정하는 방식도 사용하고 여러 가지 설이 있으나 격국은 월지에서 찾는 것이 중요하고 日干과의 生과 剋의 强, 弱으로 透出하는 자가 영향을 얼마나 가하는지의 강도에 따라서 격국의 힘이 사주에 미치는 영향력의 정도를 가늠할 수 있는 것이다.

인수격이고 日干이 身弱하면 많은 도움이 될 것이고 日干이 身强하다면 오히려 害가 되는 것으로 보는 것이며 身强 身弱은 日干이 자기와 같은 오행이 地支에 있는지 없는지를 보아서 판단하는 것이고 있으면 身强, 없으면 身弱하다고 본다.

# 47. 통근(通根)과 투출(透出)

지지는 천간에서 받은 글자이고 지장간이 있으며 계절, 신살, 합, 충 등의 복잡한 관계를 유지하면서 투출, 통근, 투간, 뿌리 등 다양한 형태를 가지고 있다.

## (1) 통근

천간의 글자가 자신 사주 상하의 기둥 아래 글자에 같은 글자가 있거나 지장간에 같은 글자가 있으면 통근하였다고 한다.
월지를 기준으로 보며 월지에 통근한 것이 가장 강력한 힘이 있는 것으로 본다. 천간이 지지에 뿌리를 내려 튼튼한 상태를 의미하기도 한다. 자기편이 생긴 것이며 그 바탕으로 강력한 힘을 과시한다는 것이다. 반대로 통근하지 못하면 자기 편이 없으므로 힘이 약하다는 것으로 판단한다.

## (2) 투출, 투간

투출, 투간은 지지의 지장간에 있는 자가 충, 형, 파로 인하여 천간으로 나오는 것을 투출이라 하고 천간에 같은 글자가 있으면 투간, 투출하였다고 하는 것이며 자기의 사주 기둥의 글자 위에 있는 것을 가장 강력하게 보는 것이다.
지장간에 있는 글자는 충을 하여 꺼내어 쓴다라고 한다.
월지를 중심으로 보며 월지가 가장 강력하다고 한다.

순서를 둔다면 월지, 시지, 일지, 년지 순으로 보는 것이다.
甲日柱이고 地支가 寅이라면 甲과 寅은 通根한 것이며 寅 속의 地藏干에는 戊丙甲이 있으며 그중 甲木이 透出, 透干하였다는 것이다. 갑목의 뿌리는 인목 묘목이 되는 것이며 지장간에서 갑목과 을목이 있다면 통근하였다고 보는 것이다.

12地支 속에 地藏干은 透出함으로써 天干에 많은 영향을 미치며 四柱의 强, 弱을 판단하는 기준이 되고 相生 合 冲 剋 파의 변화를 추구하고 陰神으로서의 역할도 강력하게 한다.
陰神은 地藏干에 있는 五行이 透出하여 天干과의 어떠한 조화를 만들어 가는지 세밀하게 보아야 하는 중요한 부분이다.
음신은 투출되지 않은 상태를 말하며 언제나 투출할 가능성을 가지고 있는 상태를 의미하고 음신은 항상 오는 것은 아니다.

地藏干에서 투출한 五行이 日干과 합, 冲이 되거나 剋 刑 破를 할 때 일간의 묶임이나 어떤 변화를 추구하고 움직이며 월지, 년지, 일지, 시지의 천간 관계 등의 세밀한 흐름을 살펴야 한다.
전체 四柱의 흐름은 어떤 방향으로 흘러가는지와 대운과 세운, 월운이 오면서 사주 원국의 어떤 영향을 행사하는가의 형국을 잘 이해하는 것이 중요하고 사주의 흐름을 판단하는 기준이 될 수 있으며 통변에도 많은 도움이 된다.

통변 시에는 자기가 태어난 시간을 잘 모르는 경우가 빈번하므로 정확한 시간을 알아보고 시간을 모르면 시주는 제외하고 三柱만으로 보는 것이 정설이며 적당한 시간을 대입하여 시주를 완성하는 것은 바람직하지 못하다.
통변에 대한 설명은 통변 편에서 상세하게 다루어 보도록 한다.

## 48. 신살 조견표

| 일간<br>신살 | 甲 | 乙 | 丙 | 丁 | 戊 | 己 | 庚 | 辛 | 壬 | 癸 | 내용 |
|---|---|---|---|---|---|---|---|---|---|---|---|
| 간여<br>지동 | 寅 | 卯 | 午 | 巳 | 辰戌 | 丑未 | 申 | 酉 | 子 | 亥 | 부부 배척, 고집,<br>외부에서 멋짐 |
| 관귀<br>학관 | 巳 | 巳 | 申 | 申 | 申 | 亥 | 寅 | 寅 | 寅 | 寅 | 학문과 직업의<br>우월성 |
| 낙정<br>관살 | 巳 | 子 | 申 | 戌 | 卯 | 巳 | 子 | 申 | 戌 | 卯 | 타박상,<br>물 사업 지양 |
| 문곡<br>귀인 | 亥 | 子 | 寅 | 卯 | 寅 | 卯 | 巳 | 午 | 申 | 酉 | 학문, 기예 두각 |
| 문창<br>귀인 | 巳 | 午 | 申 | 酉 | 申 | 酉 | 亥 | 子 | 寅 | 卯 | 문학적 재능,<br>음간장생 |
| 복성<br>귀인 | 寅 | 丑 | 子 | 酉 | 申 | 未 | 午 | 巳 | 辰 | 卯 | 수복, 부귀장수,<br>재물복 |
| 음양<br>차착 |  |  | 午子 | 丑未 | 寅申 |  |  | 卯酉 | 辰戌 | 巳亥 | 배우자 도움 없음,<br>이혼, 고독, 외로움 |
| 천록<br>귀인 | 寅 | 卯 | 巳 | 午 | 巳 | 午 | 申 | 酉 | 亥 | 子 | 의식주, 여유, 순성 |
| 천복<br>귀인 | 酉 | 申 | 子 | 亥 | 卯 | 寅 | 午 | 巳 | 午 | 巳 | 승진, 복록 |
| 천을<br>귀인 | 未 | 申 | 酉 | 亥 | 丑 | 子 | 丑 | 寅 | 卯 | 巳 | 양귀인, 후원성,<br>음덕, 순성 |
| 천을<br>귀인 | 丑 | 子 | 亥 | 酉 | 未 | 申 | 未 | 午 | 巳 | 卯 | 음귀인, 주귀야귀,<br>조상음덕 |
| 천주<br>귀인 | 巳 | 午 | 巳 | 午 | 申 | 酉 | 亥 | 子 | 寅 | 卯 | 곡간 풍성, 매사<br>길성, 심성 착함 |
| 태극<br>귀인 | 子午 | 子午 | 卯酉 | 卯酉 |  |  | 寅亥 | 寅亥 | 巳申 | 巳申 | 후원성, 교육계<br>입신양명, 말년 복덕 |

| 일간<br>신살 | 甲 | 乙 | 丙 | 丁 | 戊 | 己 | 庚 | 辛 | 壬 | 癸 | 내용 |
|---|---|---|---|---|---|---|---|---|---|---|---|
| 학당귀인 | 亥 | 午 | 寅 | 酉 | 寅 | 酉 | 巳 | 子 | 申 | 卯 | 지혜, 두뇌 영민,<br>교육계 대성 |
| 홍염살 | 午 | 午 | 寅 | 未 | 辰 | 辰 | 戌 | 酉 | 子 | 申 | 매력 발산, 명랑,<br>대중적 직업 |
| 효신살 | 子 | 亥 | 寅 | 卯 | 午 | 巳 | 辰戌 | 丑未 | 申 | 酉 | 모친 영향력이<br>강함, 고부갈등 |
| 평두살 | 子辰 | 寅戌<br>辰 | 寅戌<br>辰 | | | | | | | | 고독, 개성 강함,<br>호전적,<br>자기주장 강함 |
| 고란살 | 寅 | 巳 | | 巳 | 申 | | | 亥 | | | 신음살, 고독살,<br>공방살 |
| 곡각살 | | 卯巳<br>未酉<br>亥 | | 巳 | | 卯巳<br>未酉<br>亥丑 | | 巳 | | 巳 | 수족장애, 중증<br>수술, 신경통,<br>교통사고 등에 취약 |
| 괴강살 | | | | 辰戌 | | 辰戌 | | 辰戌 | | | 리더십, 미인,<br>화술력 좋음 |
| 금여록 | 辰 | 巳 | 未 | 申 | 未 | 申 | 戌 | 亥 | 丑 | 寅 | 결혼운 좋음,<br>재물 풍족 |
| 건록 | 寅 | 卯 | 巳 | 午 | 巳 | 午 | 申 | 酉 | 亥 | 子 | 부귀공명, 건강장수 |
| 양인 | 卯 | 寅 | 午 | 巳 | 午 | 巳 | 酉 | 申 | 子 | 亥 | 진취적, 적극적,<br>잘난 척함 |
| 암록 | 亥 | 戌 | 申 | 미 | 申 | 未 | 巳 | 辰 | 寅 | 丑 | 금전운,<br>의식주 여유 |

## 49. 음양오행의 이해 천간

### (1) 갑목

갑목은 10개의 천간 중 첫 번째이다.

음양으로 양 기운이며 발산하려는 성질이 강하며 씨앗 껍질을 까고 나오는 새싹이 발산하는 형상을 가지고 있다.

곧게 뻗은 아름드리나무를 연상하며 남자의 떡 벌어진 가슴과 남성적 강인함도 연상되고 직설적이고 큰 나무를 상징한다.

새싹의 에너지는 초봄에 탁하고 튀어 오르는 성장의 기운으로 씨앗에서 새싹이 나오는 과정을 성장의 에너지, 용출하는 힘, 생동력 강한 생명력으로 표현한다.

갑목은 자존심이 강하고 강한 양의 기운에다 대쪽 같은 꼿꼿함이 있고 남에게 의존하는 것을 싫어하며 혼자 성공하고 싶은 마음이 강하다. 자수성가의 기운이 강하면서 자연스럽게 추진력도 강해지게 되고 선두에 서고 싶은 마음이 왕성하다고 보면 된다.

자신을 드러내고 싶어 하고 경쟁에서 이겨 주목받고 싶어 하며 명예도 매우 중요하게 생각하며 경쟁적이고 남에게 보여지는 것을 매우 중요시 하므로 자기가 외모적으로 멋있어 보이려 하고 여성분들도 비슷한 성향을 가진다. 정치권력을 획득하거나 어떤 집단에서 리더 역할을 하기도 하고 단번에 인정받기를 좋아하고 빠른 길을 선택하며 계속 돌파하려는 경향이 있다. 그러나 한번 실패하면 그 좌절감에서 쉽게 벗어나지 못하는 경향이 있으며 태풍이 왔을 때 큰 나무가 이리저리 흔들리다가 결국 꺾이는 과정같이 변화가 느리다.

### (2) 갑목과 갑목 관계

갑목이 갑목을 만나면 길흉 높낮이가 크며 좋을 때와 나쁠 때 표현이 뚜렷하다. 큰 나무가 하나만 있어도 충분하게 강력한데 2개나 같이 있으니 서로 꺼리는 형국이기도 하고 돌진하려는 힘이 너무 강해져서 큰 변화가 생길 수 있다.

사주 원국이 한쪽으로 쏠려 있을 가능성이 높으며 의도치 않게 사고를 당하는 확률이 높으며 한곳으로 편중되어 갑목에 갑목은 좋은 오행이라 할 수 없다. 갑과 갑은 나쁘다. 자리다툼이 일어난다. 보스 다툼, 소영웅주의 발동이 일어나고 설치는 경향이 있다.
풍파가 일어난다. 목이 많으면 이성, 금전 관계 문제가 일어난다.
그늘이 져서 생명력이 잘 못 자라고 열매를 맺지 못한다.

### (3) 갑목과 을목 관계

병화(丙)를 반기는 반면 을목(乙)을 꺼려 한다. 을목은 넝쿨 나무로 갑목을 타고 올라와 귀찮게 하기 때문에 싫어한다.
을목은 나의 능력을 이용해 자기의 이득을 챙기는 사람으로 볼 수 있고 활용하려는 성향이 강력하다.
을목은 불편하지만 금이 강하면 을목이 합과 충으로 막아 줄 수 있다. (을경합 을신충) 갑목은 을목을 반기지 않는다. 을목은 넝쿨 나무로 등라계갑 현상이 일어나며 갑목을 타고 올라 신경이 날카롭고 정신적 문제가 발생하며 부부궁에 방해물이 따라온다.

### (4) 갑목과 병화 관계

갑목은 병화를 좋아한다. 병화가 있어야 햇볕을 받아 꽃을 피울 수 있기 때문이다. 갑목의 병은 상관이 되지만 목생화의 관계로 보며 서로 좋은 관계로 발전한다. 갑목은 병화, 경금, 임수는 좋아하고 을목, 정화, 계수, 기토는 싫어한다.

### (5) 갑목과 정화 관계

정화는 병화 대신 쓸 수는 있다.
갑목의 큰 역량을 제대로 발휘하지 못하고 작아진다.
정화는 갑목이 좋아하는 임수를 합하기(정임) 때문에 좋게 보지는 않는다. 임수는 멀리 떨어져 있어야 한다.
금이 많을 경우는 정화가 금을 잘 제어하는 역할을 하지만 조열한 경우는 나무가 타 버리는 형상이 되어 나쁘게 본다.

### (6) 갑목과 무토 관계

무토는 나쁘지는 않지만 무토의 넓은 산에 울창한 숲을 조성하여 안정적이지만 높은 산으로 바람맞기 쉬운 나무가 되어 변화가 많이 일어나고 조토로서 수기를 차단하는 경우가 있을 수 있어 임수가 필요하며 조화를 이루어야 한다.

### (7) 갑목과 기토 관계

기토는 부부관계로 합이(갑기) 된다. 합하면 변한다. 묶인다. 양간과 음간의 합은 더욱 강하게 묶이는 것이다.
갑목의 정신이 거꾸로 가는 형상이다. 갑목의 기질이 변하고 활동 장애가 발생할 수 있으며 남성다움이 없어지고 정원수로 변하고 갑목이 토의 정신으로 변하며 논 가운데 나무를 연상할 수 있고 기토는 정재로 실속이 있고 재물에 관한 것은 밝다.

### (8) 갑목과 경금 관계

경금이 있으면 양간은 음간을 잘 활용하지 못하나 경금을 좋아하고 벽갑성재 한다. 갑경충이지만 나쁘게 보지 않는다. 금이 없으면 브레이크 없는 차에 비유되고 절제하지 못하며 무서움이 없는 격으로 하극상 기질이 발생하고 하늘 높은 줄 모른다.

### (9) 갑목과 신금 관계

신금은 뿌리가 없으면 갑목에게 상처만 주고 만족을 못 한다.
갑목이 좋아하는 병화를 합거하기에(병신) 좋지 않게 보며 을목이 와서 갑목을 감고 있을 때는 신금이 좋은 역할을 한다.
을신충으로 을목을 잘라 버리는 현상이다.

### (10) 갑목과 임수 관계

임수를 만나면 생을 한다. 임수 대신 해수도 좋은 관계이다.
호숫가의 울창한 숲을 상상하며 상생 관계로 임수가 있어야 목을 성장시키며 탄력 있는 나무로 키우고 숲을 만든다.
편인이지만 좋은 관계이다.

### (11) 갑목과 계수 관계

계수는 임수 대용으로 쓸 수는 있지만 햇빛을 가린다.
조열할 때는 도움이 되지만 금이 있으면 녹슬게 만들고 나무를 썩게 만들어 좋은 현상은 아니다.
임수, 해수는 갑목에게 도움을 주고 계수, 자수는 적은 물로 본다.

## (12) 을목

생명력이 길고 친화력, 동화력, 인화력이 강하다.
갑목은 충격에 약하지만 을목은 잡초의 성질이 있다.
환경 적응력이 강하고 계절적인 것을 중요시한다.

봄꽃, 가을꽃, 여름꽃, 겨울꽃으로 구분하며 추운 겨울에도 잘 견디고 봄꽃은 꽃부터 피고 성질이 급하며 꽃이 지면 허망하다.
여름꽃은 차분하고 가을꽃은 코스모스, 국화가 있으며 청순하고 귀하며 절개가 있다. 겨울꽃은 인동초로 인내력, 집념이 있어 죽은 것으로 보이지만 봄이 되면 다시 되살아나는 성질이 있다.
강결하지만 병화가 있어야 하고 화를 간절히 바란다.

잘난 체하고 표현력이 좋으나 예쁜 꽃의 가시가 있는 격이다.
을목에 병화가 있으면 다방면에 능하고 뛰어난 사람으로 보며 활동력이 왕성하고 재물도 많이 모을 수 있다. 정화는 온실 속의 꽃으로 보고 향기도 약하고 열로서 녹이는 기운이 강하여 정화는 병화만은 못하다. 갑목이 오면 사계절에 어느 때도 좋고 목의 특성은 을목이다. 갑목으로 친구, 형제의 도움을 받으며 갑목을 타고 올라가며 성장하는 기운이다. 을목은 갑목을 좋아한다.
을목과 을목은 무리 지어 피어 있는 꽃, 꽃밭, 화초밭으로 보기는 좋으나 꽃이 지고 나면 허무하다.
시기 질투가 많이 발생할 수 있고 금이 오면 막아 줄 수 있다.

무토는 나쁘다. 척박한 땅이다.
고산지목 높은 산의 나무가 되며 고독하다. 을목에 무토이면 승려 팔자인 경우가 많으며 정화가 있으면 깊은 산중에 촛불 켜고 기도하는 격으로 보기도 한다. 기토는 갑목을 합하여(갑기) 묶어 버리기 때문에 안 좋게 보고 야생화가 되어 누구든 꺾는 형상이다.

경금을 만나면 합이(을경) 되어 소신껏 못 하고 경금의 눈치를 보는 형상이 되고 신금은 을신충이 되어 을목을 잘라 버리는 격으로 가장 나쁘고 금이 많으면 몸이 아픈 경향이 일어난다.
임수는 큰물로 부목이 되어 떠내려가는 형상이 된다.
질병이 난다. 방황하고 안정하지 못한다.
계수는 조열하고 가물어 있을 때는 좋은 역할을 한다.

## (13) 병화

양 중에 양으로 활동적이고 공평하며 생명체를 양육하고 이끌어 가면서 골고루 빛을 비추어 주는 역할을 한다.
양간을 좋아하고 갑목, 임수를 좋아한다.
갑목은 편인이지만 절대 필요하고 을목은 습목으로 불에 잘 안 타고 꽃으로 보며 을목은 결과가 약해지고 실망이 커지며 꽃이 지는 현상으로 허망해진다.
계획을 축소해야 한다. 처음은 화려해도 노후에 결실이 없다.

목이 없는 화는 언제 꺼질지 모르는 불이고 목이 없으면 할 일이 없다.
양육하는 것이 본래 병화의 의무인데 습목은 연기만 나고 타지 않으므로 계획도 축소하고 천천히 해야 한다.

정화와 병화는 하늘에 태양이 두 개 있을 수 없듯이 주변 사람들에게 내가 둘인 것처럼 보인다.
판단력이 흐려지고 주도권 다툼이 생기며 항상 낮인 것 같이 밝게 보여서 불면증이 생기며 신경질적이고 안정이 안 된다.
지지에 화가 많아도 동일하다. 정화는 달이고 병화는 낮이다.
항상 밝게 보이며 사리 판단력은 정확하다. 금이 많을 경우는 녹여 버리는 형상으로 재물이나 직업에 만족을 못 하는 경우가 많으며 금을 녹이는 정화가 되면 더부살이하듯이 구차하게 살아가고 항상 정신적으로 불안정하다.

무토는 좋아하지 않는다.
산에 가려진 빛이 되어 활동성이 약해지고 빛이 멀리 나가지 못하므로 방해 작용이 일어나고 하는 일에 막힘이 많아진다.
수가 많을 경우는 무토가 물막이 역할을 한다.
기토도 좋아하지 않는다. 좋아하는 갑목을 합거하기 때문이다.
기토는 빛이 스며 들어가는 격이고 좋아하는 임수를(기토탁임) 탁하게 만들기 때문이다. 쓸데없는 욕심만 부리고 편법을 쓰는 것을 좋아하며 남에게 피해만 주고 자기를 손상시킨다.
양간은 음간을 만나면 힘이 약해져 버린다.

신금이 오면 해가 서산에 지는 격으로 여자를 조심해야 한다.
활동력 약해지고 병신합이 되어 양쪽의 기운이 약해지고 본분을 잃어버리고 갑목을 안 키우려는 성질이 있다.

경금은 나쁘지 않지만 겨울철 경금은 주색잡기에 빠질 수 있다.
임수는 병화를 빛내 주는 반사 작용을 한다.

병화의 진가를 최대한 발휘시킨다. 물이 없으면 달로 보아야 된다.
계수는 병화를 가리는 안개나 이슬비가 되어 병화 역할을 못 하게 하여 안 좋게 보지만 조열한 경우는 좋은 역할을 한다.

## (14) 정화

정화는 약한 것 같으면서 강하고 천간에 있으면서 물이 있으면 빛으로 보며 상상력, 판단력, 정신력은 발달되어 있다.
문화적이고 조용하여 기도하는 자세, 생각하는 자세로 해석하고 정신력은 뛰어난 것으로 보며 갑목, 경금, 임수를 좋아한다.
정화는 자기 존재를 잃어버리기 쉽고 실수가 많을 수 있다.

병화와의 관계는 원만하지 않다. 자기 빛을 잃어버리게 만들고 자기 기능을 상실하게 하므로 좋게 보지 않는다. 병화를 만나면 판단력 흐려지고 실수가 많으며 엉뚱한 짓을 한다.
겨울이나 금이 많으면 병화를 조후용으로 쓴다.
계수도 조열한 것을 녹여 준다. 정화와 병화는 열과 빛으로 좋은 관계는 아니고 엉뚱한 짓을 한다.

해, 자, 축, 월 생이면 조후 역할을 하여 얼어붙은 동토를 녹여 주기도 하지만 너무 건조하면 계수가 조후 역할을 하며 계수가 강한 겁재로 도와주고 내 몫을 챙겨 가져간다.

을목이 있으면 점점 늦어지고 여유가 없고 초조해지므로 서두르지 말고 천천히 흐름에 따라서 가는 것이 가장 합리적이다.
을목을 만나면 습목이라 연기만 나며 불에 나무가 쉽게 타지 않아서 눈물 나는 일이 많으며 서러운 일이 많고 실패와 좌절 후에 성공할 수 있으나 조급해지고 여유가 없다.

정화와 정화는 촛불 두 개가 켜져 있는 형상으로 종교, 역술, 예술, 기도하는 격으로 보며 무토가 옆에 있으면 산골짝의 오두막집에서 기도하는 모습이다. 정화와 정화는 불빛이 더 멀리 나아가게 하고 더 밝게 하여 좋은 것으로도 본다.

무토는 임수를 차단하고 산골의 형태로 도움이 되지는 않는다.
정화에 기토도 보급로 역할의 갑목을 합거하고(갑기) 임수를 탁수로(기토탁임) 만들어서 정화의 활동에 어려움만 주는 격으로 도움이 되지는 않는다.

정화와 경금은 좋은 관계로 떳떳하게 일하는 격으로 본다.
경금이 있으면 할 일이 있고 적극적이며 자수성가한다.
경금을 가장 좋아하고 세공하는 역할을 하며 임수도 좋아한다.
갑목을 만나면 꺼지지 않는 불이 되며 갑목, 경금이 있으면 벽갑으로 가장 좋은 격이다.

신금은 세공된 보석으로 보석을 불 속에 넣어서 녹이는 격이 되어 도움이 안 된다. 사업을 한다면 실패할 확률이 높으며 돈만 날릴 수도 있다. 임수를 만나면 정신력이 가장 뛰어난 사람으로 보며 컴컴한 바닷가의 등댓불과 같이 비교할 수 있다.
지식, 선비 기질이 강하고 교육 계통이나 지식을 전달하는 직업, 선도하는 일에 종사하는 경우가 많아진다. 임수는 정임 합목이 되어 좋고 상생이 되어 주변과의 관계를 해소하여 준다.

계수는 빛을 가리고 차단하여 안 좋게 보지만 무토를 합거(무계)할 때면 무토의 나쁜 면을 모두 해소하여 막아 주므로 이때는 좋은 것으로 본다.

### (15) 무토

표용과 조절 능력이 중후하고 믿음직하다. 브로커 산처럼 묵직하며 후덕하고 장인 정신이 있고 고집, 아집이 강하며 주체 의식과 판단력이 빠르고 현실과 이상의 갈등이 심한 편이다.
천간은 대의적 사업과 직장, 정신적 인격을 추구하는 것이다.

산은 나무를 키우며 공기 정화 작용, 수급 작용, 수화 조절, 더위, 홍수 등을 조절하고 막아 주며 다목적 댐, 광물 채취, 관광 휴양시설 등의 개발이 되지만 계절 개념을 보고 판단하여야 한다.
토에서는 계절의 영향을 많이 받는다. 신금, 경금은 계절 영향에 크게 치우치지는 않지만 갑목이 필요하다.

임수가 있으면 다목적 댐이 된다.
경금이 있으면 광물 채취 현상으로 개발되는 땅으로 변화된다.
개발에는 병화가 필요하며 병화는 길의 등불을 밝히는 현상이 되지만 산에는 나무를 심어야 한다. 산에 나무가 없으면 민둥산, 돌산, 기암절벽같이 벌거숭이 산이 되어 버린다.

갑목은 산림이 우거지고 산을 살려 주며 갑목이 있다면 실속이 있으며 개발 여지가 있는 땅, 개발이 된 땅, 사람이 살 수 있는 땅, 생명체가 살

수 있는 땅, 황금 땅으로 보고 뿌리가 있으면 더욱 좋은 땅이 된다.
을목은 갑목 대신 사용할 수 있지만 꽃나무 정도로 실속이 약하다.
직책이나 직장에서도 밀리고 법대로 하려고 하며 안정적인 것을 추구하려고 한다. 무토도 통근을 해야 높은 산, 큰 산으로 본다.
뿌리 없는 산에 갑을 목이 있으면 조그만 야산 격이다.
무토에 나무가 없다면 쓸모없는 산이 되고 대운 년운에서 갑을 목이 오면 개발되는 땅으로 변화될 수도 있다.
설산수도 수행하는 사람, 무토에 수목화가 없는 사람 격으로 을목을 만나면 허망할 수가 있으며 겉으로는 화려하나 노후가 빈약하게 변화하고 무토에 병화는 산 위에 태양이 뜬 격으로 생동감이 넘치고 생명체를 키우며 길한 운으로 본다.

정화는 병화보다 약하고 좋게 보지 않으며 건조한 날씨에 불난 격으로 본다.
산불이 난 후 회복은 삼십 년 정도 걸리는 것처럼 회복이 느리다.
이럴 때는 수가 있으면 회복이 빨라지고 많은 도움이 된다.
정화는 정신세계, 종교 세계로 보고 생명체는 못 키운다.

조열한 경우는 천천히 풀리고 복이 적은 사람으로 변한다.
양인이 있으면 부부관계가 소원해질 수가 있다.
화토중탁으로 이런 경우 수행 출가하는 것으로 보며 계절적으로는 훈훈한 정으로 보지만 한습할 경우 산장, 쉼터 역할로 보고 조열한 사주는 어려움이 많을 수 있다.

무토에 무토는 첩첩산중으로 개발이 안 된 땅이 되고 목이 있으면 큰 산,

험한 산이 된다.
무토에 무토는 잃어버리는 것이 많으며 빼앗기는 경우가 많다.
건강도 원만하지 못하며 처복도 적은 편이고 처가 집을 나가는 현상으로 이혼하는 경우가 많으며 재혼을 하여 새 생활을 추구하는 경우가 많다. 갑목이 있으면 개발되는 땅으로 보고 경금이 오면 터널이 뚫린 것으로 본다.

기토가 오면 산골짝의 적은 땅으로 변질되기 쉽고 조열하면 화전 밭, 습하면 문전옥답으로 보지만 갑목을 합거하여(갑기) 큰 기대와 희망을 무너뜨린다. 또한 산림을 조절해 주는 임수를 기토탁임 하여 탁수로 만들어 버릴 수가 있기 때문이다.

조열한 때는 습토 기토는 좋고 경금은 산림을 훼손시킨다.
목이 있으면 변화를 하며 산을 개발하여 리조트를 만들려 하든지 직장에서 승진이나 사업을 한다든지 문학, 예술 등에 심취하는 격으로 변화한다.

신금도 도움이 안 되며 병신 합금하여 나무를 잘 못 키운다.
을신충으로 꽃나무는 잘라 버리고 큰 산에 보석 캐러 다니는 격으로 불법적인 것, 헛된 망상에 얽매이는 경우가 있을 수 있다.
임수는 계곡이 되고 큰 다목적 댐이 된다.
갑목이 있으면 아주 길한 관광명소가 된다.
해자축월의 임수는 외로워지고 차단되며 설산이 될 수 있고 개발이 쉽지 않은 땅, 꽁꽁 얼어붙은 땅, 해동되지 않은 겨울 산으로 어려움이 많아진다.

계수는 합이(무계) 되고 더운 여름철에 비가 내리는 격이다.
허망하기도 하고 실속과 실체가 없으며 적막강산 격이다.
조열한 경우는 좋은 단비를 내리는 격으로 여름 휴양지의 많은 관광객이 모여드는 길한 현상으로 변화한다.
무토에는 갑, 병, 임수의 오행이 길하다.

### (16) 기토

성실하고 일확천금을 노리지 않는 농토로 보며 정성을 들인 만큼 수확한다. 신용이 있고 활용할 수 있는 땅으로 설치지 않으며 부모 마음 같이 모든 것을 편안하게 받아준다.
자기 자신을 내세우지 않으며 피동적이고 티를 내지 않는다.
인간이 경작할 수 있는 땅으로 보고 갑목은 공원이 되고 휴식처를 제공한다.

안식처, 편안한 사람 격이고 개발이 된 땅으로 사람이 자주 찾는 곳으로 변한 땅이다.
화가 있으면 개발된 땅이고 화가 없으면 쓸모없는 땅이 된다.
갑이 두 개 있으면 양갑으로 쟁합이 되어 좋지 못하고 이럴까 저럴까 하게 되고 감당이 안 되며 무리하게 파헤친 땅으로 변질된다.
을목과는 꽃동산이다. 화려함, 사치, 허영, 허망, 분화를 창조하고 주색잡기에 빠지며 야무지고 똑똑하지만 실속은 없다.
을목에 을목 등 목이 많으면 잡초밭이 된다.

음습한 경우는 버려진 땅으로 문제가 많이 발생하며 병화가 절대적으로 필요하고 병화는 곡식을 영글게 하며 병화는 정인이 되어 양육을 하는 데 도움을 주며 좋은 생각으로 활동하는 사람이지만 조열하면 독선적이고 이론적이다.
겨울철에 병화는 따뜻한 사람으로 병화가 없으면 생기가 없는 땅이 되어 결실을 맺지 못하는 땅으로 변질될 수 있다.
정화는 인공적인 불로 특용작물이나 단지 비닐하우스 격으로 큰 도움은 안 되지만 기술 분야 등 특수한 일을 한다.
조열한 경우는 도식 작용으로 도움이 안 된다.
사오미 월에 화가 왕하연 조열하여 작물이 고사할 수 있다.

무토는 산골짜기에 있는 다락 논이나 화전 밭으로 볼 수 있으며 수기가 왕하면 산사태를 막아 줄 수 있지만 그래도 좋은 관계는 아니라고 보며 무토가 왕하면 버려진 땅이 되고 고집이 세며 우직스럽기만 하고 목이 있어야 조절이 될 수 있다.
목이 있으면 앞길이 트인 사람으로 보고 목이 없으면 앞이 막힌 사람으로 해석하여도 된다.

기토에 기토는 평야, 대지, 넓은 땅으로 보고 경지, 정리된 땅으로 경제적 측면은 좋게 된다. 육친적인 면은 관성을 투합하여 여자는 한 남편을 두고 다툼이 일어나는 현상으로 남편을 빼앗기는 경우가 있다. 정관 현상이 생기어서 여자 문제와 대인관계 등의 문제가 발생할 여지가 많다.

경금은 좋지 않으며 목을 잘라 버리는 격이고 기토의 장해물이 논 중앙에 철탑이 있는 격으로 생산량이 줄어든다.
정신적 측면은 상당히 좋으나 금토 상관은 재물에 욕심이 많다.
토가 왕하면 경금은 논에서 사금을 캐는 격이고 금이 왕하면 남 좋은 일만 하며 직업은 생산보다는 유통, 아이디어, 기술, 특수 재능 쪽이 도움이 된다.

신금도 안 좋다. 병화를 합거(병신)하여 불을 끄는 현상이다.
농사를 망치는 격으로 어려움이 많아진다.

임수는 기토 탁임이 되고 전생부터 사이가 나쁜 것으로 본다.
물난리 난 격, 사주가 신약하면 일만 벌이면서 마무리를 못 하고 수포로 돌아가고 홍수가 난 격으로 실속은 없다.
물에 잠긴 땅으로 몸이 아프고 조열하여도 좋지 않게 본다.
계수는 봄, 여름, 가을, 겨울 모두 필요하다. 작물을 키울 수 있다.
기름진 땅이 되지만 눈물이 많고 겨울 생은 화가 있어야 한다.
해수는 나쁘지 않다. 목이 있어야 한다.
지지는 천간의 뿌리가 되어 주어야 한다.
계수와 병화는 떨어져 있어야 좋으며 가까이 있으면 빛을 가리는 격으로 좋지 않게 본다.

기토는 좁은 땅으로 경금이 있으면 용도변경을 해야 한다.
년, 월에 있는 정관은 점잖고 반듯하다. 두 개의 합이 되면 투합이다. 무토는 형 충이 되는 것을 싫어하지만 기토는 형 충이
되어도 나쁘지 않다. 충이 되면 산소 공급이 되는 격이다.

## (17) 경금

개척자. 새로운 길을 가 본다. 살의 기운이 내포하고 있다.
강하면서 냉혹하고 의리가 있다. 유에서 무를 창조하며 무기나 칼을 연

상하고 잘라 버리려는 성질이 있으며 가공하지 않은 원석으로 보아야 한다. 수와 화가 절대 필요하고 빛과 열 에너지로 용광로에 제련하여 사용하여야 한다.

정화는 열로서 좋은 역할을 한다. 정화가 있으면 인품이 고상하고 당당하며 능력이 있으며 인간미도 있고 누구에게나 환영받을 수 있는 현상이다. 카리스마, 정신력, 금의 특성상 갑목이 절대 필요하다.
갑목이 있어야 일거리가 생긴 현상으로 할 일이 있는 사람으로 변하며 정복자, 두려움이 없고 불도저 같은 보스 기질이 있으며 현실적이고 이재에 밝다. 목은 재성이 되기 때문이다.
갑목이 없으면 쓸모없는 사람, 가공되지 않은 쇳덩이, 제련되지 않은 원재료, 원광석, 채굴장 등에 비유된다. 갑목이 없으면 지지에 인목, 묘목이 있으면 되고 인목은 갑목보다 더 좋은 역할을 할 수 있다. 지장간에 갑목과 병화가 있기 때문이다.

을목은 을경합이 되어 묶이게 되지만 정은 있다. 양간은 음간을 만나면 강함이 약해지고 장수가 꽃을 좋아하는 격으로 감성적이고 낭만적이다. 경금은 달로 보고 을목은 바람으로 보아서 풍월이 되고 이를 풍월지합이라 한다.
경금은 겉으로 강하게 보여도 실제로 약한 형이고 순정파, 인정파이며 예술적 기질이 있으며 순진하고 매사에 안정적이다.

갑목, 병화, 정화, 임수, 양간을 좋아한다.
병화는 실용성은 별로 없지만 제련하는 열이 아니며 빛으로 보기 때문에 보석을 빛나게 하여 주고 멀리 비추어 주는 역할이 된다.

양인일 때는 더욱 좋아하며 편관으로 전력 지향적이다.

정화와 갑목이 있으면 부귀하다고 본다.
경금, 정화, 갑목, 임수가 있으면 무조건 좋은 사주로 보아도 된다.
불이 왕하면 금을 녹여 버리고 고압선이 터져 버리는 형상으로 고혈압, 뇌출혈 같은 원인으로 제공될 수 있는 것이다.

일주의 무토는 편인이지만 기토보다 좋게 본다.
자원광맥 보급로를 갖추는 격이 되며 큰 산에서 광물을 채취하는 개발되는 산, 광물 채취로 주변이 급격하게 변하는 현상을 유추하여 볼 수 있다.

기토는 갑기합을 하여 경금이 좋아하는 갑목을 넘어지게 만들므로 나쁘다. 쓸모없는 역할로 남 보기엔 점잖게 보이지만 실속이 없고 허무하기만 하다.
논밭에서 금을 채취하는 형상으로 어려우며 뿌리가 없고 토가 많으면 개발이 안 된 광산 격으로 자원은 많지만, 쓸모가 없고 수익성이 없어 활용 가치가 없다.
따지기 좋아하고 실용성이 없으며 고집스럽고 우직스러우며 상대를 무시하는 성격의 소유자가 되는 경우가 많다.
기토에는 매금된 형태로 보며 아는 만큼 병이 된다.

경금과 경금은 쌍칼의 형상이다.
갑목 하나를 두고 싸움하는 격으로 의리도 없으며 사생결단으로 다투어 상처투성이인 상태를 연상하며 인생에 실패 경력이 있을 수 있고 항상 경쟁자가 따라다닌다.

경금이 시간에 있을 때 더욱 심하고 몸에 상처가 있거나 사고가 날 수 있다. 화가 왕하면 좀 완화가 될 수 있으나 반대로 화가 없으면 발육이 늦고 매사가 뒤로 미뤄진다.
신금도 좋지 않으며 제련된 날카로운 칼로 보아야 한다.
화가 없을 경우 목이 오면 잘라 버리려고 달려드는 현상이다.
임수는 고품질로 만드는 격으로 아주 좋다.

금수 식신은 똑똑하고 깔끔하고 무조건 좋은 사주이며 해수가 있으면 더욱 좋은 격이 된다. 지장간에 갑목이 있기 때문이다.
경금의 월지에 해수와 화가 있으면 무조건 좋은 사주이다.
머리가 총명하고 샤프하며 매사에 신중하고 실패가 적은 형국이 된다.

계수도 나쁘지는 않다. 정계충이 되면 위험한 것으로 본다.
정계충이 되면 칼을 녹슬게 하고 엉뚱한 생각을 하면서 자신의 머리만 믿는다. 해자축 월은 겨울로 얼어붙은 격으로 나쁘다.

## (18) 신금

신금은 깔끔하고 예민하여 날카로우며 새로운 것을 주장하고 차별성을 강조한다.
보석 중에 가공된 보석으로 보며 정교한 반도체 칩 같은 형상으로 보며 매사에 정확하고 날카롭고 세밀하다.
까다롭고 어울리기 힘들며 분리하기를 좋아하며 포장, 수확, 독특한 특성이다. 개별적 특성이 있으며 이기적이고 주변과 소통이 잘 안되며 잘난 체하는 경우가 많으며 깔끔하다.
수와 화가 있어야 조후가 되며 임수가 가장 필요하다.

임수는 세공하고 다듬고 물 위에서 빛을 멀리 비치게 한다.

신금에 갑목이 오면 현실적이고 실속이 있으며 이재에 밝다.
실용적이고 실리 위주로 사업에 매진할 수 있는 사람이 된다.
목이 많으면 재다 신약으로 수전노가 될 가능성이 있고 매사에 일만 벌이고 전전긍긍하는 격으로 상세하게 체크만 하는 형상이 된다. 신금에 갑목은 현실만 믿고 크나큰 일만 벌일 수 있으며 몸이 아플 수 있다. 매금은 안 되지만 목이 많은 것은 적이 될 수 있고 조절이 필요하다.
금이 많으면 가치가 없고 화가 많으면 녹여 버리고 을목은 을신충이다. 음간충은 양간충보다 강하다. 잘라 버리는 현상이다.
꽃을 잘라 버리는 격으로 오래가지 못하고 시들어 버리는 현상이 된다. 을목은 편재이다. 매사가 주색잡기에 사치나 허영심에 빠질 가능성이 많고 남을 무시하고 주변의 사람을 경계하며 인덕이 없으며 구설수가 있을 수 있다.
남자 신금 일주는 깔끔하고 매력이 있으며 인기도 있어서 이성 문제가 생길 수 있다. 여자 신금 일주이면 건강이 나쁘다.
을목은 허망한 꼴을 당하며 조신하여야 하고 노후가 초라하다.

병화는 길하다. 병화 빛이 있어야 효과가 있다.
빛을 내 주며 주변에서 인정을 받는다.
병신합수가 되어 조명 역할이 된다. 병화가 있으면 귀한 대접을 받고 주위에서 존경받으며 자신의 능력과 실력을 충분히 발휘한다. 상품 가치를 높일 수 있으며 갑목이 있으면 실속이 있고 이재에 밝아진다. 세력을 원하지 않는다.
희귀성으로 가치를 높이며 매금을 제일 두려워한다.

정화가 있으면 엉뚱한 짓을 잘하고 세상 물정 모르고 날뛰며 우쭐대기도 한다. 여자는 남자한테 이용당하기 쉽고 이성 문제가 복잡해질 수 있다. 정화도 열로서 가공된 보석을 녹여 버리니 도움이 안 되고 꺼려하는 것이다.
신금 일주에 해월이면 금수 식신으로 머리가 좋으며 지식이 탁월한 편이다. 수가 있으면 이러한 문제점들이 많이 해소될 수 있다.

무토는 신금을 싫어한다.
신금이 무토에 매금이 되어 능력을 잃게 되며 길하지 못하다.
토가 왕하면 자식이 많아도 효도하는 자식이 적으며 자식 노릇 하기가 힘들다. 무토에는 갑목이 있어야 무토를 막아 줄 수가 있고 평정을 할 수가 있다.

무토는 질병이 올 수 있다. 친정이 되지만 친정어머니에 꼼짝 못 하는 현상이다. 물이 왕하면 무토는 제방 역할을 한다. 무토는 신금의 존재 가치를 상실하게 만들며 비현실 가치로 만들고 엉뚱한 짓을 하여 매사를 어지럽힌다. 신금은 매금 되는 것을 제일 두려워하고 기를 펴지 못한다. 지지에 유금이 있고 뿌리가 있으면 매금도 안 되고 만사형통이다.
기토는 습토로 도움도 안 되지만 좋아하는 임수를 탁수로 만들어 임수를 흐리게 한다.
활동과 의욕이 불분명하고 갑목을(갑기) 합거하므로 돈 회전이 잘 안되며 매금으로 삐딱한 사람, 잘못된 사람으로 보기 쉽다.
화가 왕할 때는 기토가 화를 조절하여 도움이 된다.
기토는 논에서 사금을 캐는 격으로 어려움이 많고 안 좋다.

경금도 도움이 안 된다.
경금도 갑경충 을경합으로 길한 갑목을 잘라 버리는 격이다.
겁재는 일간보다 항상 먼저 설치고 그 값을 반드시 챙겨 가는 특성이 있고 겁재가 심하게 작용하며 문제의 소지가 다분하고 잘난 척하지만 실속은 없다.

신금에 신금은 도움이 안 된다. 재주와 머리는 아주 좋으며 컴퓨터 같다. 딱딱하고 덕이 없으며 설치기만 하고 시비 구설이 끊이지 않는다. 외유내강으로 바꾸어야 대인관계가 원만해지고 소통이 될 수 있다.

신금에 신금은 질투심과 시기가 많으며 신약 신강은 논하지 않지만 보석은 희귀성이 중요한데 왕한 금으로 값어치는 떨어진다.

계절 개념은 의미가 없지만 겨울은 얼어 있는 상태라 정화가 있어야 조후 작용이 된다. 봄철은 목이 왕해서 신금이 움츠리며 보석이 상할 염려가 있다. 여름은 임수가 있으면 길하고 토가 많으면 목이 있어야 소토를 한다.

임수는 길하다. 인물이 깔끔하고 재주도 있고 머리도 좋으며 자기 실력을 최대한 발휘한다. 화가 있으면 더욱 빛이 나고 순조로우며 원하는 일들이 이루어진다.

화가 없으면 위의 좋은 조건을 다른 방법으로 활용하며 주색잡기에 빠지기가 쉽고 헤어나기가 어려워진다.

계수는 안일, 무사, 편안함을 추구하지만 실속은 약하다.
임수만큼은 작용을 못 하고 정계충 무계 합화로 길하지 못하며 결벽증이 생긴다. 자유 귀문관살 작용이 일어나기도 한다.

## (19) 임수

물은 제방을 쌓아야 하므로 무토와 병화, 갑목이 필요하다.
생산활동을 조절하고 수로를 제어하며 물의 흐름을 원활하게 한다. 기토는 탁수로 만들어 도움이 안 되고 임수에 임수는 홍수가 난 격으로 본다.
임수는 잉태, 탄생, 저장, 보관, 씨앗 등의 성질을 가지고 있으며 목, 화, 토, 금의 기운을 조금씩 가지고 있어 영리하고 지혜롭다.
꾸준히 노력하고 움직이며 쉬지 않고 목표를 향해 흘러가면서 주위를 포용하며 받아들이고 흡수하면서 정화 작용을 한다.
목이 없으면 탁한 물이 되고 시작과 끝이 불분명하고 엉큼하다.

갑목은 수로 역할을 하며 절대적 필요하고 재능이나 소질 표현력이 살아나며 상상력과 개발, 개성이 강한 창조적 능력을 소유하게 한다. 식신으로 복덕을 모두 갖춘 격이며 역할 분담, 지식 전달, 교육, 연구, 개발, 좋은 지능을 가진 사람으로 후덕하고 활발한 사람, 선이 굵은 사람, 그릇이 큰 사람, 특히 교육, 연구, 개발 계열에서 두각을 나타낼 수 있다.

을목은 큰 물가에 핀 꽃, 강물에 떠내려가는 꽃, 경치는 아름다우나 실속이 없으며 통근이 안 되면 부목이 되어 물 위에 둥둥 떠다니는 현상이 된다. 화가 있으면 이러한 현상을 막아 줄 수 있으며 수생목 목생화 되어 조절이 된다.
을목은 상관이 되고 자식 관계이지만 화가 없으면 자식이 없을 수 있고 자식이 있어도 자식이 가출할 가능성이 크며 성장시키지 못한다. 을목이 있으면 짠물로 변하여 을목을 잘 키우지 못하고 야생화 정도로 본다.

병화는 길성이다. 호수에 태양이 비친 격으로 물 위에 빛이 멀리 나아가고 반사되는 형상이다. 정신력과 생명력 활기가 있고 아주 적극적이다. 여기에 갑목이 있다면 부와 귀를 모두 갖추고 복덕이 풍부한 사람으로 보아도 된다.

임수에 정화는 정임 유정한 합이 되고 목으로 변화되며 정화와 임수의 생각을 목으로 보내는 격이 된다.
호수에 뜬 달, 별과 같으며 감수성이 풍부하고 예술성이 있다.
양간과 음간이 합이 되면 양간의 본연 임무를 망각하기 쉽고 음란한 쪽으로 변화되며 임수 그릇을 작게 만들어 버리는 성향이 있다. 겨울철 임수한테는 정화가 보일러 작용이 된다.

임수에 무토는 제방과 댐 역할을 하여 길한 오행으로 본다.
수위를 통제하고 조절하여 질서가 있다. 다목적 댐으로 활용할 수 있다. 무토, 갑목, 병화가 있으면 아주 길하고 화통한 사람, 통 큰 사람으로 본다. 재주가 있고 지혜로우며 매사에 적극적이다.

기토는 전생의 악연이다. 도움이 되지 않는다.
기토탁임으로 임수의 본 기질을 흩트려 버리고 갑목을(갑기) 합거하여 방해하는 역할이 강력하며 자식이 문제가 되고 여자일 경우 남편에게 만족하지 못하고 나간다. 밖으로 돌아다니며 남자는 유랑객, 노숙자 생활을 접할 수 있다.

목이 많으면 수급 조절이 되어 조금의 도움이 된다.

경금은 수원지 역할, 수맥 역할이 되어 잘 어울리는 길성이다.
후원자, 원조자, 지지자 등의 현상이 일어나며 수위 조절을 잘할 수 있다. 경금이 강하면 갑목을 잘라 버릴 수 있으므로 갑목과 떨어져 있으면 길하다.
경금은 서로가 협조적인 관계로 절대적으로 필요한 길성이다.

임수에 신금은 정인이지만 금생수 못 하고 석간수로 변질된다.
신금은 도움이 안 되고 고집스럽고 별난 생각만 하며 정수된 물을 주장하며 깔끔을 나타내고 멋을 즐기며 자기만의 이론을 강하게 주장한다.
길성인 병화를(병신) 합거하여 활력을 떨어뜨리고 변질되게 만들어 임수 본질의 화려한 역할을 방해하는 현상이 된다.

임수에 임수는 홍수, 해일, 파도가 치고 물이 차고 넘친다.
폭풍우가 일어나고 제방이 유실되고 모든 것을 싹 쓸어 버리는 격으로 허망하고 난감하기만 하고 도움이 안 된다.
어릴 때부터 질병에 시달리고 가정에 문제가 많을 수 있다.
봄여름 출생일은 문제가 없지만 가을 겨울은 더 나쁘게 본다.

계수는 무계합으로 무토가 제방 역할을 못 하게 한다.
쓸모없는 일에 참견을 많이 하며 호수에 비 내리는 격으로 눈물이 많고 고독하며 정서적으로 처량하고 감상적 염세적이다.
시간에 임계수가 있으면 절로공망이 된다.
수가 왕하면서 절로 공망이면 매사에 중도 하차하는 격이며 중도에 길이 끊어진 형태이다. 매사가 순탄하지 못하고 다리가 끊어지니 원만하게 나아갈 수가 없다. 해자축 신유술 월에 태어나면 가장 나쁘다. 계수는 좋은 역할을 못 하며 무계합을 하여 어렵게 하기만 한다.

### (20) 계수

계수는 적은 물, 맑은 물을 상징하며 생명수라고 한다. 우리가 마시는 물은 모두 계수이고 불순물이 필터링된 물이다.
양은 적지만 순도는 매우 높다고 할 수 있으며 곧 집중력과 연결이 된다. 계수가 강하면 하나의 목표를 위해 다른 불순물을 제거하고 집중하는 힘이 뛰어나며 실질적인 것에 집중하는 능력이 탁월하다.

계수는 음 중의 음이기 때문에 한곳에 집중하는 힘이 강하다.
임수가 여러 가지 분야를 포용하는 힘이라면 계수는 좁은 분야에 자신을 맞추는 특성을 가진다고 볼 수 있다.
계수는 지식과 지혜를 많이 포함하고 있으며 보편화된 정보들을 섞지 않고 그대로 가지고 있는 상태이고 정보 전달자 역할을 하게 된다.

임수는 다양한 정보를 혼합하는 지혜라면 계수는 자기의 능력에 한정하여 범위가 적고 순수한 자연 상태의 모습으로 본다.
자신이 잘 알고 익숙한 환경에서만 계속 활동하려는 가능성이 있으며 성장 속도가 느리고 음 중의 음이기 때문에 여성적인 면이 매우 강하다.

예민하고 디테일하며 주위 사람이나 분위기에 잘 동화되기도 한다.
부드러운 흐름과 유연하며 물이 바위를 감싸듯 최대한 갈등을 해소하려 한다.

임수는 바닷물, 큰물이라면 계수는 적은 물, 정화된 물, 깨끗한 물로 본다. 겨울 출생자는 얼어붙은 물이 되며 조후가 절대적으로 필요하고 양간을 좋아한다.
정화를 만나면 정계충이 되고 계수가 정화의 불을 꺼 버리는 형국으로 정화는 좋은 길성이 아니다.

무토를 만나면 무계합화 무정지합으로 정 없이 만나서 헤어질 때 서로가 원망하는 격으로 큰 산은 적은 물을 잘 활용하지 못한다.

경 신금을 만나면 금수 상관으로 두뇌가 아주 좋으며 지혜롭고 지식의 전달이 원만하며 여자에게는 자식이 된다.

계수와 계수가 있으면 한 남자를 두고 서로 쟁취하려 하는 형상으로 다툼이 심하고 생식기 계통의 질병이 있을 수 있다.

# 50. 음양오행의 지지

### (1) 인목

인목은 병화를 위해 항상 준비하고 있다. 문명을 만드는 것이다. 문명 발산지가 되고 정신 문화를 끌어들이는 힘이 있다.
겨울에 잠들었던 초목이 땅을 뚫고 나오면서 새로운 형상을 만드는 격이 되며 입춘이 되면 새로운 기운이 발동한다.

동지를 지나고 입춘과 우수 사이 15일을 분별하여야 한다.

강한 나무, 어린 나무, 건조한 나무이고 사목으로 본다.
수기를 잘 흡수한다. 물이 많으면 물을 잘 흡수하여 조화를 시켜 준다.
목생화를 잘하며 화가 있으면 잘 타오른다.
목화 통명 묘목은 젖은 나무라 잘 타지 않는다. 계절적으로 보면 겨울 냉기가 남아 있어 화가 필요하고 수가 있으면 발육이 늦다.

신금과 인신충이 되고 봄기운과 가을 기운의 싸움인데 큰 싸움은 안 된다. 화의 장생지가 되고 오화를 만나면 인오 화로 변화하고 해를 만나면 인해 육합이 된다.
사적인 결합으로 육합이 있으면 반합 합을 방해한다.
인해 파도 된다. 인오술 합을 좋아한다. 병화를 좋아한다.
사화는 인사 삼형살이 되고 수가 많아도 부목되지 않는다.
사화는 차가운 물을 데울 수 있는 정도이고 약한 수는 사화에 도기당할 수 있다.
인목은 물은 잘 흡수한다. 인목의 뿌리 화가 있으면 잘 타오르고 물과도 소통이 된다.
수생목 목극토는 안되지만 극 중 생화 토를 생하고 동조한다.

인신사해는 사생지로 새롭게 탄생, 창조, 시작, 개척 등 준비하는 특성이 있다. 지식을 전달하는 것으로 교육, 법률 계통과 연관성이 있다. 인체적으로 머리, 담, 눈, 팔, 주먹이 인목에 해당된다.

산신, 보스, 두목, 문화 예술의 발생지이며 해 뜨는 시간으로 목의 기운은 왕성하지만 여린 나무로 정신은 강하나 새싹이기에 약하고 여리며 순목이라고도 한다. 인목과 자수는 잘 흡수한다.

자수로 인목을 키우기는 어렵고 큰 도움은 안 된다.
한습한 물이라서 그렇고 화가 있으면 수생목을 한다.

축토는 병화가 있어야 겨울의 냉기를 녹여 내고 소통이 된다.
병화가 없으면 암합 관계이고 간방합이다. 동쪽과 북쪽 관계로 인목이 성장하지 못하며 좋은 점은 상실되고 외로워진다.
축토는 도움이 안 된다.

인목과 인목이 만나면 목기가 태왕하고 건조해진다.
수가 있으면 도기시킨다. 이럴 때는 축토가 있어야 한다.
양호 상쟁 격으로 싸우는 격이다. 주도권 다툼으로 항상 시끄럽고 덕이 없다. 재주가 많아도 덕이 없으며 변신을 잘한다.
연출을 하려면 화가 있어야 한다.

묘목은 인묘 반국이 되지만 혼잡으로 보진 않는다.
반국을 이룰 때 동쪽의 목 기운이 강할 때는 인묘진 묘목으로 인의 기운이 흩어지고 기운과 정신이 약해진다.

진토가 있고 갑목이 있으면 달라진다. 진토에 뿌리를 내릴 수 있고 공협이 된다. 진토와 인목은 용호상박이 되지만 목극토를 하진 않는다. 사화가 있다면 인사신 삼형살로 화기가 강하면 인사신 삼형살의 작용이 강력하게 된다.
사화, 병화 등이 있어 화기가 강할 때도 진토, 축토, 습토가 있으면 삼형살이 잘 안된다.
삼형살은 속전속결의 의미가 있고 무은지형 등 가까운 사이에 배신당하거나 신체 절단, 수술 등이 발생할 수 있다.

오화를 만나면 인오술 화국으로 삼합이 되지만 오화는 황제로 움직이게 충동질하는 현상이 일어나며 목의 역량은 약해지고 화의 기운이 강해져 환경 변화, 이동수가 생기며 자기 뜻을 펼치려고 한다.

미토를 만나면 건조해진다.
인미는 귀신의 문을 넘나드는 귀문관살이다. 암합으로 방향을 잡지 못하고 수가 왕하면 원만하게 해결이 된다. 미토의 인목은 목이 말라 서로 고목이 되는 격으로 조후 관계를 봐야 된다.

신금이 오면 목이 약해지는 인신충이 된다. 인목이 왕하면 문제가 없다. 화가 있다면 열로 신금을 제어하고 보호하여 준다.
수가 있으면 한기가 있어 성장이 잘 안된다. 인신충은 용두사미 격이다.
유금이 오면 원진살로 변하고 금극목 작용이 일어나도 그 세력은 약하다. 인목 중에 병화가 있어 금의 세력을 잡아 준다.

원진 작용은 화기가 강하면 나타나고 인유 원진은 점잖은 척하다 돌변하는 성질이 있다. 일지와 시지에 원진살이 있으면 배우자와 자식과의 인연이 적고 일지와 월지가 원진이면 부모 형제간의 인연이 적으며 년지와 월지가 원진이면 어려서부터 사랑받지 못하고 성장하는 경우가 많다.

인목과 술토는 인오술의 반합이 되고 화가 있으면 가합 상태로
활동력이 둔하게 된다. 해수를 만나면 인해 생합으로 인해 합목이 되어 목으로 간다.

목생화는 잘 안되지만 병화가 있으면 목생화를 할 수가 있다.
인해 파도 되지만 선합 후파의 경향이 있다.

해수에서 보면 목만 도와준 격이 되어 지식력이 약해진다.
갑목은 천간의 변화이고 합 충 극 관계에 영향을 미치는 것은 통근 관계를 확인하여야 한다. 통근은 지지와 지장간에 같은 오행이 있는 것으로 상생하는 것은 통근으로 보지는 않는다.

### (2) 묘목

넝쿨이 뻗어 올라오는 형상, 아침에 대문을 여는 형상, 갈라지는 상이다. 춘분의 분기점이 되고 만물의 성장이 빠르게 이루어진다. 습목이며 수가 많아 화가 절대적으로 필요하다.
수가 많으면 부목이 되어 나무는 썩는 현상이 일어난다.

금이 많으면 다친다.
유금을 만나면 묘유충이 되어 묘목이 피해를 본다.
묘술합은 극하는 척하지만 합으로 본다.
묘술합으로 화가 되어도 목생화는 잘 안된다.
자, 오, 묘, 유는 합이 되어도 다른 오행으로 잘 안 바뀐다.
묘술합은 인정이 많고 순하며 큰 어려움 없이 살아간다.

종교 철학에 인연이 많다. 묘목은 부러지지 않는다. 버드나무 가지와 같아서 장해물이 있어도 뚫고 나가는 특성이 있다.
삼합이나 반국이 되면 아주 강한 나무, 큰 나무로 바뀐다.
묘목은 육신으로 보면 간, 목, 인체, 손·발가락으로 분류하고 섬유류, 조각품 등으로 본다. 왕성한 활동은 묘월에 강력하다.
묘목은 수기가 없어지고 목의 활동만 활발하다.
묘목은 습목으로 이른 봄에 해당하고 나뭇가지에 물이 들어와 있으며 화가 필요하다. 화가 있으면 목화 통명이 되고 손가락 재주가 있으며 글씨 등 예술성이 뛰어나다.

자수를 만나면 자묘형이 된다.
수기가 왕하면 형력이 강해지게 되고 부목이 되어 버린다.
자묘는 무례 지형이라 한다. 무례 지형은 이성 관계, 패륜적 관계, 마약 관계, 생식기 계통 등 장애가 발생할 수 있다.
자와 묘는 황제로 보며 황제는 둘이 될 수가 없으므로 서로 다투는 현상이 심하게 일어나고 수생목이 잘 안되며 자수는 목을 생하지 않는다.

축토를 만나면 동토에 뿌리를 내리려 한다. 신금이 있으면 뿌리가 상처를 받을 수 있으며 화가 없으면 뿌리가 상한다. 목극토는 가능하고, 인목을 만나면 길하다. 묘목과 인목은 남산 지목으로 크게 성장한다. 인묘 반국을 이루면서 따뜻해진다.
묘목에 묘목은 자중 질환이다.
음지에 나무로 주도권 다툼이 일어난다.
한 가지 일에 집중 못 하고 싸우며 토와의 싸움이 진행된다.

진토가 오면 춘삼월에 벌과 나비가 잘 날아드는 격이다.
대중을 상대하는 일, 패션 관련 사업, 장사 등에 인연이 깊다.
합을 방해하기도 한다. 서로 원망, 배신, 육해 작용이 된다.
토의 기운은 약해진다. 습기가 많으면 살기 어렵다. 사화를 만나면 목생화는 잘 안된다.
사화는 묘목은 잘 말리면서 성장을 잘 시켜 준다.

오화를 만나면 목생화가 되어 꽃피는 나무로 보지만 습목이 되어 활활 타오르지 못하고 연기만 많이 난다. 묘오파도 된다.
묘목은 바람이다. 습기가 강하면 불에 타지 못하고 연기만 나며 일이 될 듯하기만 한다. 묘목은 목생화가 잘 안된다.

미토를 만나면 해묘미 삼합이 되고 미토는 온토로서 과수원 화원이 된다. 해수는 부목이 될 수 있다.

신금을 만나면 금극목은 안 되지만 금수 기운이 많으면 서리 맞은 꽃이 된다. 금수 기운이 강하면 성장이 안 되고 말라비틀어지는 현상이 된다.

유금은 묘유충이 되고 가장 강한 충으로 원수충이 된다.
자오묘유 충은 극하는 충이다. 나무를 잘라 버리는 격으로 원한 관계가 생길 여지가 많으며 목이 일방적으로 다칠 염려가 있다.
화가 있으면 완화가 되지만 수기가 왕하면 어려워진다.

술토를 만나면 묘술육합 춘추지합 봄과 가을의 기운이 된다.
서로 반대 계절의 음양 합으로 애정 합, 우정 합이라 한다. 서로 상반된 문화, 신분, 나이, 세대, 사고의 차이를 가질 수도 있다.
춘추지합은 풍월지합, 춘추 문예의 합으로도 비유한다.
문장력이 뛰어나고 예술성이 있으며 누구와도 잘 어울리는 사교력이 탁월하다. 풍류를 즐기고 글씨, 음악 등에 탁월한 안목과 조예가 깊으며 육영 사업이나 예술 방면으로 인연이 많다.
해수가 오면 해묘미 삼합의 반합이 되고 해수는 목의 성질로 변한다. 해수를 품은 젖은 나무로 목생화는 어렵지만 물먹은 나무로 불에 활활 타지 못하고 연기만 풍기는 현상이 된다.
해묘미 목에는 계수는 도움이 되지만 임수는 도움이 안 된다.

### (3) 진토

움직이는 현상, 변화를 나타내는 상태로 목이 자라기 좋은 땅이다.
화기를 잘 설기시킨다. 진월에는 화의 기운이 약해진다.
화가 왕하면 금이 힘을 못 쓰고 토생금도 잘 안된다.
화가 약하면 좋은 관계이다. 동남쪽 방향이다.

중풍 질환, 습한 질환, 당뇨병, 피부 질환에 취약하다.
수의 고지가 되고 물탱크, 연못 등으로 표현하고 용왕이 물을 주관하는 곳, 물 창고 역할을 한다. 천간 관계의 화를 잘 설기하고 목이 잘 자랄 수 있는 옥토의 땅이다.

갑목이 있으면 습기를 잘 흡수하고 자수를 만나면 자진 반합이 된다. 호수를 이룬 격으로 자수를 잘 흡수한다. 땅속으로 잘 스며드는 격이 되지만 수의 작용이 오래가지 못한다.
스며드는 물 정도이고 토극수 작용도 잘 못한다.
삼합으로 수국이 되지만 봄에는 그 작용이 약하다.

축토를 만나면 한습한 기운이 된다. 한습한 기운으로 축진파가 되어 다시 되돌리려는 기운이 강하다. 화가 있어야 축축한 토의 조화를 만들어 생물이 살기 좋은 땅으로 변화시킨다.
토기가 너무 왕성하면 뿌리 없는 화는 도기당할 수가 있다.

을목은 화 기운이 없으면 냉해를 입어서 썩어 버리기 쉽다.
조후 작용이 잘 되는지 확인이 중요하고 조후가 안 되면 소화기 계통의 질환을 조심하여야 한다.

파는 합을 하려다 잘못 만난 격으로 원위치로 되돌리려 한다.
내부 이동, 내부 수리, 인테리어 등의 기운이 강하며 잘못된 것을 되돌리므로 장기 질환, 수술 내부 질환이 있는 사람은 그 병에서 벗어나는 현상이 될 수가 있어 병이 낫는 것으로 본다.
인목을 만나면 인묘진 반국이 되지만 묘가 있어야 인묘진으로 국이 형성된다. 인목은 조습 조절 작용이 강하고 인목 속에 병화가 있어서 습한 기운을 잘 설기하지만 토 기운은 약해지게 만든다.
비옥한 땅에 큰 나무를 잘 키우는 격으로 모두가 순탄하고 조화로우며 어려움이 해소되는 좋은 관계로 본다.

묘목은 묘진 반합이 되고 춘삼월에 꽃을 피우는 격으로 나쁘지는 않다.
예술성이 뛰어나고 손가락으로 하는 여러 가지 재주가 강하며 많은 사람의 사랑을 받으며 예쁜 꽃의 현상이 된다.
묘진이 잘 어울리면 용궁 기도 하는 것을 좋아하며 진은 용에 해당하기 때문에 물이 있는 곳을 가고 싶어 하고 물이 많은 것을 선호한다.

진토에 진토는 자형이 되고 습한 땅이 되며 화가 있어야 된다.
금수 기운이 강하면 음습한 땅으로 생물이 못 자라는 아주 습한 땅이 된다. 화기의 조절이 있어야 하고 목의 기운이 있어야 버려진 땅에서 생명이 살 수 있는 기름진 땅으로 바뀐다.
습한 기운이 너무 강하면 중풍 질환, 신경 계통의 질환이 발생할 수 있다.

사화를 만나면 길하다. 생명체를 잘 키울 수 있고 만물이 꽃을 피우며 결실을 맺는다. 진사 지망살이 되지만 오화를 만나면 화생토가 잘 되어 좋은 땅으로 변한다. 화기가 강한 미토, 오화, 사화는 길한 작용으로 기름진 땅으로 변화시킨다.
옥토가 되어 나무를 잘 키울 수 있다.

신금은 신자진 수국 가합이 되고 습기가 왕해지고 아주 습한 땅이 된다. 신금이 목을 극하기에 더욱 나쁘고 목이 피해를 받아서 부목 현상이 생기고 물 위에 나무가 둥둥 떠다니는 현상이 되며 토생금도 잘 못 하게 된다. 신금은 진토에 묘지가 되어서 매금이 된다고 본다.

유금은 진유 육합으로 금이 되지만 그 금의 강한 작용력은 상실하게 된다. 진에 유는 죽은 닭으로도 표현하기도 한다.
그 강한 금의 기운이 아주 약해진 것으로 금의 행세를 제대로 하지 못한다. 토생금 하기도 어렵고 토에 유는 인성이 되지만 그 작용력은 아주 미묘하다.

술토는 진술충이 된다. 토끼리의 충으로 강력하게 본다.
진과 술중 지장간의 변화를 잘 살펴보아야 한다. 지장간의 투출로 서로 암함 관계, 충 관계 등으로 많은 변화가 일어날 수 있다.
고독충이라고도 하며 진술충에는 귀인이 붙지 않는다고 한다.

좋지 않은 살만 있는 층으로 과묵하고 강직하며 금목과 수화의 싸움충이다.

해수를 만나면 진에 원진이 된다. 수기가 왕해져 피해를 입을 수 있으며 목화가 있어야 길한 사주로 바뀐다.
금수가 많으면 땅이 유실되는 격이 되고 귀문관살, 원진살이 되고 흙탕물 인생에 안 좋은 살만 있으며 매사에 조심하여야 한다.
진술축미는 환절기로 재에 관한 것을 보고 재의 창고 역할을
하는데 계절을 잘 살펴봐야 한다.

음양으로 보면 목화는 양이고 금수는 음이다. 토는 음과 양이 모두 되며 결합체이다. 토는 편안하고 침착하며 증감 역할을 잘할 수 있다. 토가 없으면 이런 것이 부족하다. 토가 있어야 안정이 되고 다스려 준다. 모든 오행의 매듭을 지어 준다.
보관, 저장, 창고 역할을 하고 만물을 포용한다. 변화를 시킨다. 중화 작용으로 정직하고 신용이 있고 무게감이 있으며 적응력이 좋다. 단점은 수동적이다. 피동적이며 환경이 왔을 때 잘 받아들이고 방어적이다.

사고지, 사장지라 하고 토가 없으면 보관 능력이 부족하고 건너뛰며 저장 능력은 부족하지만 땅은 거짓이 없다.
토가 많으면 융통성이 부족하고 굳어져 있고 고집이 세다.
답답하며 완고하다. 욕심이 많고 재물에 집착한다. 이해타산에 흔들린다. 변화를 잘 못하면서 꽉 막혀 있다. 콘크리트처럼 굳어지고 장애가 많으며 우둔한 짓을 한다.

토가 없으면 매사에 경솔하고 기초가 부실하며 아는 척을 잘한다. 가볍게 보는 경향이 있으며 기본이 안 되어 있고 자기 위주로 모든 걸 결정하려 한다. 적극적이고 공격적이며 비사교적이다.
별난 사람, 한 성질 하는 사람, 무질서하고 완급 조절이 잘 안되며 덕이 없다. 깐깐하고 확실하지만 덕이 부족하다.

토의 온도가 양육하고 소통하기에 가장 적합하다. 화가 많으면 쓸모없는 땅이 되고 수가 많으면 땅이 씻겨 내려가는 현상이 된다.
의리를 져 버리고 책임이 없고 권모술수에 빠지는 격이 된다.

## (4) 금수

금은 결실을 의미하고 수확기 오곡을 거두어들이는 가을을 표현한다. 현금과 같다. 금이 없으면 결단력이 없고 의리도 없고 실속이 없다. 살기가 있다. 죽이고 자르고 분리하는 격으로 금이 많으면 살기가 돋는다. 단단하고 야무진 것, 냉혹한 것, 금은 남을 제압하는 힘, 보스 기질이 있다. 금이 많으면 상대를 이기려는 특성이 있다. 성격이 강하고 단단하다.
부드러운 맛이 없고 여유가 없으며 결단력이 강하며 흑백논리에 빠진다. 파괴적이고 공격적이며 포장한다.

금이 없으면 상품을 포장하지 못하고 현금화를 못 한다.
금은 의리 있고 용감하며 참된 일에는 희생을 감수하더라도 나아간다. 건강한 체질이다. 인물도 단정하고 깔끔하다.

금이 많으면 장점의 반대로 된다. 다투기 좋아하고 혁명적이고 파괴적이고 폭력적이다. 실속 없는 짓을 하며 마무리가 잘 안되고 용두사미 격이다.

수는 만물의 근원 생명체의 근본 지구의 삼 분의 이가 물이다.
젖줄 역할, 평정, 유지, 수평을 유지한다. 균형을 유지한다.
마음도 물이 없으면 평상심을 못 가진다. 응징력은 있으며 뭉친다. 변화와 적응력은 강하다. 물은 항상 낮은 곳으로 흐른다.
유행과 변화에 민감하고 물은 좋고 나쁨을 가리지 않고 모두 받아들인다. 흙탕물이든 맑은 물이든 짠물이든 모두 동일하게 소화하여 동행한다. 씨앗을 보관하고 싹을 틔우며 모든 것을 키우려 한다. 만물의 근원이 되고 생명의 원천이 된다.

두뇌가 영리하며 사리 판단이 뛰어나고 적응력과 임기응변 및 기획력과 계획, 정보 흡입이 아주 강하다.

단점은 머리를 너무 믿어 실수가 많고 자기 과신에 빠진다.
물이 많으면 좀 엉큼하고 여러 물이 모이면 간교하기도 하다.
방랑 기질이 있다. 조금 음란하기도 하다.
조후가 안 되면 엉뚱한 발상과 쓸데없는 생각, 준비, 계획만 하다 끝내는 격이다. 작은 것을 크게 확대하는 경우가 있다.

물이 없으면 매사에 준비성, 계획성이 없다. 평상심이 없으며, 한쪽으로 치우치고 갈팡질팡하며 매사에 뻣뻣하고 굳어지며 변화를 싫어한다. 새로운 변화를 못 하고 융통성이 없으며 한곳으로 치우치기 쉽다.
나무도 물이 있어야 하지만 물이 없는 나무는 죽은 나무이고 나무가 물을 이끌어 가면서 상생, 상극하는 것이다.

## (5) 자수

자수는 씨앗 종자에 비유하고 물질과 생명의 근원이다.

자수는 종자 속에 들어 있는 물, 대설 절기에 해당하고 음기가 가장 강한 시기의 동지로 음이 강해졌다가 양이 다시 시작되는 시점, 일양 시생 작용이 가장 크다. 차가운 물, 인체에서 나오는 물, 음용수, 샘물 등이 모두 자수에 해당된다.

해수는 섞인 물이고 인공적인 물로 보며 자수는 자연적인 물로 본다. 제왕지가 되고 다른 특성으로 바뀌지 않는다.

순수성, 전문성, 정통성, 개성이 뚜렷하며 자기 위주로 하려고 하며 냉정하다. 혹한기로 따뜻한 화기가 절대적으로 필요하다.

변화가 늦고 환경 적응력도 늦지만 환경을 바꿀 생각이 없으며 보수적이다. 화기가 있으면 융통성이 있다.

자수에 자수가 오면 완전히 꽁꽁 얼어붙은 격으로 화가 없으면 심각한 상황이다. 자유파가 되고 귀문관살 등 좋지 않은 살만 있고 서로가 도움이 되지 않는다. 자수의 맑은 물로는 나무를 키우지 못하고 나무를 키우는 것은 해수이다.

자수는 물의 양이 적고 깨끗한 물로 화합을 모른다. 흑백 시비가 정확하다. 자중 질환 분리 현상이 생겨 다툼이 있고 음기는 강해진다. 다른 세력을 만들어서 탁하게 만들고 수극화를 강하게 한다.

자수가 둘이 있으면 목을 못 살린다. 인목은 길하다.

술토, 미토는 왕한 습기를 조절할 수 있지만 주도권 다툼이 일어난다. 축토를 만나면 자축 육합으로 토가 되고 토 기운 속에 물이 응결된다. 수국으로 본다. 생명체의 활동이 중지된 상태로 생명이 살지 못한다.
화가 있으면 조후가 되지만 토극수 작용은 잘 되지 않는다.

인목은 중요한 역할을 할 수 있다. 수생목은 잘 안되지만 인목으로 타고 흐르며 움직이고 흡수된다. 화가 있으면 살아 있는 격으로 일이 잘 풀린다. 새벽에서 날이 새는 격으로 약간 흐릴 수 있게 하지만 온도 조절을 한다.
묘목은 삼형살이 되고 무례 지형이 되며 예의가 없다.

자수에 묘목은 상생 관계가 안 되고 패륜, 불륜, 변태적인 것을 상징하며 생식기 계통 질환이 있을 수 있다.
자오묘유는 삼합의 중심 글자이고 황제 자리에 있으며 황제는 하나로 다른 오행으로 바뀌지 않고 자오묘유끼리는 서로 자리다툼이 일어나고 항상 불편한 관계를 유지하고 있다.

진토는 자진 삼합이 되고 반합 작용으로 물을 잘 정리한다.
물 창고 역을 한다. 진토에게 자수는 보호를 받으나 물은 조금 탁해진다. 토극수는 잘 안되고 사화가 오면 환기를 불어 주는 좋은 작용으로 길하다. 온도 조절 기능으로 공존하는 관계가 되고 수화 기재 물과 불이 잘 어울리는 격이다. 목이 있으면 수생목, 목생화로 수기의 전달이 원활하여진다.
사화 속의 경금은 금생수가 안 된다.

자수에 오화는 자오충으로 자수에 의하여 극제당한다.
묘목이 있어도 통관 역할을 못 하고 충 극으로 오화는 불이 꺼지는 현상이다. 인목이 있으면 잘 어울린다. 수화 기재로 순환이 잘 된다.
진토와 술토는 충이 되고 인목이 있을 때는 충이 약해지지만 충하면 파괴하고 극상하고 변한다. 움직인다. 파괴, 분리 현상이 일어난다.

자오충은 전전긍긍 충으로 소심하고 정신 안정이 안 된다.
정신, 신경, 신장 계통의 건강에 주의가 필요하다.
오화는 양기가 가장 강하고 자는 음이 가장 강하여 낮과 밤이 뒤바뀌고 불면증, 신경 쇠약 등으로 고초를 겪을 수 있다.

자수에 해수가 있으면 비겁이 되고 비겁이 왕하면서 존재가 상실된다. 해수에 쏠리고 탁수가 되어 변질되며 물의 온도는 조금 높아진다. 진과 미를 만나면 원진살이 되고 원진은 충보다 약하다.
상극은 되어도 30도 정도 비켜서 있는 격으로 토극수 작용으로 보지 않고 얼어 있는 물이 풀어지는 현상으로 본다.
미토는 따뜻한 흙으로 미토에 물이 잘 흡수된다고 본다.

신금은 신자진 삼합으로 수국이 되고 수가 큰물로 변하며 활동력이 왕해진다. 신금이 충동질 받는다. 움직인다. 시작이 된다.
수의 장생지이다.
생지는 변화를 준비하고 있으며 금생수 작용이 잘 일어난다.

자수 유금은 자유파로 잘못된 것, 잘못된 만남으로 원위치하려 한다. 자수에 술토는 암합이 되고 수의 자격이 중지된다.
토극수 작용이 일어나고 수의 기운이 약해지며 물이 흙에 스며드는 현상이다.

### (6) 축토

마지막 달에서 인으로 연결하는 통로가 되며 음기가 가장 왕성하다. 목을 향한 내부의 작용이 일어나고 동토에서 깨어나려는 기운이 움직인다. 기토의 기운을 많이 받았으나 음기가 강하고 얼어 있는 땅으로 생물을 키우는 작용은 잘 못하지만 조후가 되어 있다면 토로서의 역할을 한다.

소한 대한의 절기로 생명이 움트는 인월로 넘어가는 단계이다.
말이 적고 우직하며 속으로는 악성적인 기질을 가지고 있다.
겉으로 표현을 잘 하지 않으며 내성적이고 저장하려는 성격이 강하다.
수를 만나면 응축된다. 화를 만나면 화 기운이 도기된다. 화가 있어야 토생금이 되면서 얼어 있는 땅의 조후 작용이 일어난다. 토극수 작용은 잘 안되지만 토 기운이 왕하면 가능하고 이 현상을 정수기로 표현하며 여과기 역할, 금고 역할을 한다.
화기가 적당하면 옛날 것을 버리고 새것을 취하는 현상이다.

축월에 임, 계수는 도움이 안 되며 얼어붙은 땅이 되고 자수가 오면 응결된다. 생명력과 활동 중지 형상이 되며 자축합이 되면서 매사가 늦어지고 장애가 발생한다. 축이 있는데 자수가 와서 자축합으로 좋은 경우로 보는 때도 있다.

축에 축이면 축축한 땅, 쓸모없는 땅, 토만 늘어나는 격으로 살아가는 동안 예상치 못한 액운을 많이 만나며 장애가 많다. 축에 축은 천액이라 하고 외로우며 혼자 살아가는 경우가 많으며 고집이 세고 주위 관계가 원만하지 못한 현상이 일어난다.

축에는 인목이 있어야 한다. 인목이 축토에 뿌리내려 살지는 못 하지만 화기를 조절해 준다. 목극토는 하지 않으며 암합 관계가 되면서 수기가 왕하면 수생목이 된다. 축 중에 신금이 있어서 목이 살지는 못하지만 축토에는 많은 도움이 된다.

축토에 진토는 축진파가 된다. 땅은 많아지나 서로가 습토이고 한랭하며 화의 기운이 필요한 것이다. 매사에 서툴고 실패하는 경우가 많으며 욕심을 내다가 원래대로 되돌아간다.

축토에 사화는 사유축 반합으로 합을 하려는 기운이 강하다.
한랭한 기운이 없어지며 반합 사축으로 기대감이 부풀고 차가운 기운을 흡수하여 생명이 살 수 있는 땅, 나무가 성장할 수 있는 기름진 땅으로 변화시킨다. 사유축 합은 금은 약해지고 주변에 금이 있을 때 금의 기운이 발생한다.

축토에 오화를 만나면 축오, 귀문관살, 육해살, 원진살이 되고 오화는 자기의 성질은 변하지 않는다. 축토는 오화를 기대하지만 오화는 정을 안 주고 자기 성질로 인해 폭발하려 한다.
오화 작용력은 상실되며 화생토도 잘 안된다.
오화가 손해 보는 격으로 축토에게는 한랭한 기운을 설기해 주고 도움은 되지만 살 작용이 강하여 길성으로 보지는 않는다.

축토에 미를 만나면 축미충이 되고 충을 하기 좋아한다.
충으로 투출하는 축 지장간 중 계수와 신금이 필요한 경우는 길한 것으로 본다. 한습한 경우에 미토가 충하면 창고 문을 열어 주는 격이 되고 계절에 따라 다르지만 충하면 변한다. 시작한다. 파괴한다고 하지만 무조건 충을 나쁘게 보는 경향이 있는데 충을 하여 창고에 있는 지장간을 적절하게 사용하여 새로운 길을 개척하는 경우가 많아서 잘 살펴봐야 한다.

축토에 신금이 오면 조후는 안 되고 더 차가워진다.
화의 기운이 있어야 토생금 한다. 목의 피해가 염려된다. 축토가 피해를 당한다. 축토는 신금에 도기당한다. 생명의 근원인 물을 얼어붙게 만들고 나무를 자라지 못하게 하며 옥토의 기운을 빼앗아 쓸모없는 땅으로 변모시키는 현상으로 서로가 도움이 되지 못하고 원망만 하는 격이다.

축토에 유금을 만나면 유축합이 되고 금의 기운이 단단해진다.
축토는 힘이 약해져 냉혹해진다. 속마음을 표현 안 하고 실속을 챙기려 한다. 축토의 유금은 금의 기운으로 변질되어 목을 극하며 차가운 땅으로 만들어 생명력이 성장하지 못하게 하며 도움이 안 되는 형태이지만 금에게는 좋은 기회가 되며 강력한 금의 기운으로 금이 필요한 경우에는 길성이 된다.

축토에 술토를 만나면 축술형이 되고 금고가 개방되는 격으로 바뀐다. 지장간의 계수가 정화를 끄려고 하지만 술토는 조토로서 역할을 한다. 형 충을 해도 토끼리는 크게 변화가 안 일어나며 화기가 많으면 축속의 신금이 약해진다.
신장병, 정신, 신경 계통의 질환에 주의를 요하는 격이다.
축토에 해수를 만나면 해자축의 반국이 되지만 토극수는 잘 안 이루어진다. 반국이 되어도 기토가 임수를 만난 격과 비슷하며 흙탕물이 되어 지저분해지며 화의 기운이 절대로 필요하다.
충 중에는 축미충이 가장 강하고 큰 변화를 일으키는 경향이 있다.

# 51. 지지의 정리

## (1) 지지 분석

12지지는 천간의 기운을 받아서 간직하고 있는 것으로 천간의 뿌리 역할을 하며 계절과 절기로 분류하고 천간과의 조화를 위해 준비하고 있다. 12지지를 3가지로 분류하면 사생지, 사묘지, 사정지가 있으며 사묘지는 사장지, 사고지라고도 한다.

지지의 생긴 순서는 물부터 생겨난 것이다.
수와 화의 오행으로는 해수와 자수, 사화와 오화가 있으며 조열한 지지는 인, 묘, 사, 오, 미, 술토가 되고 습한 지지는 신, 유, 해, 자, 진, 축토로 구분이 된다.
3합, 육합, 방국, 상, 충, 살, 원진, 형, 파가 있다.

지장간은 땅속에 있는 기운으로 인원, 용사, 월률 분야가 있다.
월률 분야는 계절 월에 가지고 있는 천간의 기운으로 인월은 입춘 전달의 남아 있던 기운을 여기, 중기, 정기로 분리한다.

인원 용사는 천간이 지지에 내려 준 순수한 기운으로 지지의 원래 기운이다. 오화는 기토의 기운이 조금 들어 있다.
인신사해는 지장간에 모두 무토가 들어 있다. 해수의 지장간 무토와 신금의 지장간 속 무토는 토의 기운이 약한 것으로 본다.

사령은 지배하는 것으로 인목이라면 전월의 무토 기운이 며칠 들어있고 병화의 기운이 며칠 들어 있으며 갑목이 기운이 며칠 들어 있는데 이를 갑목이 지배하는 것을 갑목이 사령하고 또는 병화가 사령한다고 한다.

갑목이 인월에 태어나면 비견으로 보기도 하고 편재로 본다.
인목 내에 무토가 들어 있기 때문이고 그 사령일에 따라 다르게 보기도 한다. 이와 같이 지지는 월에 따라 다르고 투간에 따라 많이 달라진다.

### (2) 사생지, 사왕지, 사장지

사생지는 인신사해로 분류하고 이 사생지는 계절의 시작점이 되고 인목부터 시작하여 봄, 여름, 가을, 겨울의 사계절이 되며 인신사해는 다음을 위해 항상 준비하고 있다.

인신사해의 절기는 모두 설입자가 들어있고 입춘, 입하, 입추, 입동이 된다. 새로운 것의 탄생을 추구하고 천간에 따라 활동이 많이 달라지며 합충에 따라 많이 변화하며 활발하고 적극적이다.
변화를 추구하면서 창조 정신이 강하며 매사를 준비하고 시작하려고 한다. 시작을 잘하며 창조와 개척력이 탁월하며 진취적이다.

역마살이 되어 해외에도 관심이 많으며 가만히 있지 못하고 많이 움직인다. 월지에 사생지가 두 개 이상 있으면 매우 활동적이고 특성이 뚜렷하며 합충에 의해 크게 변하고 천간의 변화에 따라 많이 흔들린다.

사정지는 사왕지라고도 하며 자, 오, 묘, 유로 분류되며 오행의 순수한 기운만 가지고 있다. 이 순수한 기운은 합이나 충이 있어도 바뀌지 않으며 오히려 다른 오행의 기운을 끌어들이는 경향이다.
모든 일에 정통하고 순종하며 변하지 않는다고 하여 황제라고도 한다.

사왕지는 절대 다른 오행의 성질로 안 바뀐다.
다른 오행을 잘 끌어들이며 다른 오행을 잘 생하지도 않는다.

신살로는 양인살과 도화살이 있으며 삼합과 계절의 중심에는 자오묘유가 있다. 모든 오행을 이끌고 통제하며 지도하고 중심에 서서 통치하는 것으로 본다.

사장지, 사묘지, 사고지이며 사묘지는 진술축미로 분류한다.
잡스러운 기운이 많이 섞여 있으며 환절기 계절의 끝으로 계절이 연결된다. 사장지는 충을 하여 저장되어 있는 지장간의 재물을 꺼내 쓸 수 있다. 어떤 때는 묘지가 되고 어떤 때는 고지 창고가 되기도 한다.
진술축미를 이해하기가 어렵고 충분한 이해가 필요하다.
고지와 묘지의 분별이 어려우며 이 진술축미만 잘 해석하여도 명리학의 기본은 터득하게 되는 것이다. 오행의 중심점이 되고 전환점이 되기도 하며 사주의 강약에 따라 분별이 달라지고 형, 충, 파의 근원이 되기도 한다. 인생의 변곡점이 되며 고속도로의 인터체인지와 같이 돌아가기도 하고 진입에 따라 바로 가기도 옆으로 가기도 하며 다른 길로 방향을 바꾸기도 한다. 사장지는 세 가지의 기운을 가지고 있다.
정리하고 보관하며 상황에 따라 변하며 물탱크 역할도 한다.

목의 오행이 많을 때는 창고 역할과 묘지 역할도 한다.
천간이 지지를 만날 때 쇠, 약, 강을 표시하는 중심이 되며 오행이 적으면서 상충이 될 때는 묘지 역할을 하는 것으로 본다.
진술축미의 핵심은 계절의 개념이 가장 중요하고 어떤 계절인가에 따라서 완전하게 달라지는 경향이 있다.

## 52. 화의 분석

화를 생하는 목, 극하는 토의 역할을 본다.
극하는 것이 있으면 단단해지고 올바른 정신이 된다.
빛은 정신적 의미를 상징하고 화는 확장성, 성장성, 번져 나가는 것, 퍼져 나가는 것, 키우는 것, 변화의 상징이고 예지력이 있다.
공평하고 판단력이 좋으나 비밀을 지키지 못하며 감추지 못하고 즉흥적이다. 구설이 많으며 말이 많고 겁이 없다.
정신문명과 문화의 상징이 되며 간섭이 많다.

화가 많으면 변화무쌍하고 화려하며 화끈하고 명랑하며 정면적이고 정신을 주도하며 신명 난다. 화가 없으면 음침하고 실수를 많이 하며 개인주의적이고 신중하며 변화를 못 하고 확장도 안 되며 나태해질 수 있고 큰일을 못 한다.

화는 수가 있어야 명성이 있고 화려해진다.
반사 작용이 일어나고 수 없는 화는 절제가 안 되며 사고 날 경우가 많다. 통제가 안 되고 잘못된 판단과 실수가 많으며, 정신건강에 조심해야 한다. 쉽게 타오르고 타고 나면 허망하다.
화가 적고 목이 많으면 말이 많고 따지기 좋아하고 과한 의견 충돌이 있으며 이중적이다.
시시비비 격으로 오래가지는 못하고 끈기가 없다. 목이 없는 화는 추진력이 없으며 힘이 없다. 수가 많은 화는 꺼진 불이 되고 정신적 문제, 신경 쇠약, 잔병이 많고 고질병에 시력이 약해질 수 있다. 잔머리를 잘 굴리며 예의가 없다.

금이 있으면 할 일이 생긴 격이다. 큰소리를 잘 치고 떠벌리기 좋아한다. 거칠기도 하고 용두사미 격이다.
금이 없는 화는 실속과 할 일이 없으며 허황된 일을 한다.
현실성이 없는 일을 잘하고 꿈속에서 사는 것과 같다.
경신금의 통근은 신유술, 사축토에 통근한 것으로 본다.

토는 불이 희미해지는 형상이며 토가 많으면 행동이 대담해지고 고집이 세고 우직해지며 봉사, 희생정신이 강하고 매사에 막히는 일이 많다. 판단력이 흐려진다. 생명력이 없는 땅으로 변한다.
토가 적으면 의욕만 있고 벌리기만 하여 별로 실리는 없다.
무계합화는 지지에 뿌리가 있으면 강한 불이 되고 뿌리가 없으면 작은 불, 반딧불 정도의 약한 불로 본다.

정화와 정화는 촛불 2개 켜 놓은 격으로 연구, 교육, 개발, 정신력이 강해진다. 기도하는 격으로 무토가 있으면 산골짝에 등불 켜고 기도하는 모습이다. 무토는 임수를 차단시켜 버리기 때문에 좋게 보지 않는다. 기토가 안 좋은 것은 임수를 탁수로 만들고 갑목을 합거하여 활동력을 저하시키기 때문이다.

경금은 자기 할 일이 생긴 격으로 용광로에 넣어서 제련하고 다듬어서 쓸모 있는 무기나 기구를 만들어 활용 가치를 높인다.
신금은 버려지는 보석 가공한 보석을 불속에 넣어 버리는 보석으로 보고 보석의 가치를 상실하게 만들어서 그 아름다움을 지워 버리는 것이다.

임수는 정임합을 해서 좋고 계수는 안개의 비로 봐서 빛을 차단하여 멀리 나아가지 못하게 하는 특성이 있으며 갑목이 있으면 목생화가 잘 되어 활활 타오르는 열기로 빛을 멀리 나아가게 한다.
갑을 목 천간은 정신적 대의적 일에 성패를 나타내고 천간의 합충의 변화를 알아낼 수 있다.

통근의 유무를 확인해야 한다. 통근은 지장간에 나와 같은 오행이 있는지 보는 것이며 생하는 것은 통근으로 보지 않는다.
갑과 을의 통근은 인, 묘, 진, 해, 미가 된다.
병정화의 통근은 사오미 인술이 되고 무기토의 통근은 사오미 진술축인 묘가 되고 신금과 해수는 통근으로 보기는 약하다.

임계수는 해자축 신진 토에 통근한 것으로 보며 통근은 월지에 통근하면 가장 힘이 있고 천간 바로 밑에 통근하는 것이 그다음으로 힘이 있다. 시지 년지에 통근한 것은 그다음의 순으로 본다. 월일시년의 순서로 자오묘유에 통근한 것이 힘이 강하며 흔들리지 않는다. 굽힘이 없으며 굳건하고 통솔력이 강하다.

인신사해는 사생지로 다른 오행으로 변하려는 경우가 있다.
녹왕지에 통근하면 천간은 정확하고 힘이 있으며 기운이 꺾이지 않는다.
통근을 못 한 것은 구름 덮인 하늘과 같다.
천간과 천간 관계 양간은 정신적 측면이 강력하다.
생하는 세력에 통근하면 길하다.

양간과 양간은 상극이 되어도 잘 견디는데 양간과 음간은 상극이 되면 되돌아오지 않으며 앙금이 남는다.

상극이 되면 문제가 발생할 수가 있다.

갑목은 보스 기질이 있으며 미래지향적이고 생명력이다.
갑목은 병임경을 좋아한다. 화가 없는 나무는 생명력이 없는 나무 생명체를 못 키우고 열매를 맺지 못하며 쓸모없는 나무로
변한다. 목화통명이 되면 두뇌가 좋은 사람, 예술, 창작성, 표현 능력, 리더십, 통솔력, 선동력이 있고 환영을 받으며 베풀기도 잘하는 사람으로 본다.

목화 식신은 좋은 식신으로 보지만 조열하면 고사목이 된다.
덜렁거리고 실수를 많이 한다. 경금은 벽갑으로 성재시킨다.
재목감으로 잘 다듬어 준다. 천간은 충이란 개념이 적다. 갑경 상충이지만 좋은 쪽으로 본다. 금이 없으면 브레이크 없는 차 격으로 절제력이 없고 무서움이 없으며 욱하는 성질이 있다.

생해 주는 것과 설기하는 것이 있는지 여부를 확인하고 억제와 극제 관계 극하면 시련을 받으며 단단해지고 굳건해진다. 끈기도 있고 성숙해진다.
화는 빛, 열 에너지로 나타내며 수가 없으면 열로 본다.
빛은 정신력이고 열은 물질적 의미가 내포되어 있다.
기운 에너지는 물질과 정신이 합쳐진 것이다.
화는 성장, 발전하는 것과 화의 기운이 번지는 것, 확장, 변화시키는 것, 키우는 것으로 활동의 범위가 광대하다.
화가 많으면 변화무쌍하고 화가 없으면 변화를 못 하고 음침하며 웅크리고 무기력하고 실수를 많이 한다.
성질 폭발, 신경 예민, 정신 질환이 생길 수 있다.

개인주의적인 성향이 강하다. 신중하게 보이고 엉큼하며 변화
확장을 못 하고 나태해지면서 큰일을 잘 못한다.

화는 화려하고 명랑하고 화끈하다.
화는 정신을 주도하며 신명이 많고 예지력이 있다.
문화, 정신문명을 상징한다. 단점은 비밀을 못 지키고 감추지 못하며 변화가 많으며 겁이 없이 물 불 관계없이 달려든다.
간섭이 많으며 말이 많고 구설수가 많이 있으며 말을 잘한다.

화는 판단력, 예지력이 예리하고 수가 중요한 역할이 된다.
물이 없는 화는 꺼진 불이며 수가 없는 불은 절제가 안 된다.
불을 끄지 못해 통제가 안 되고 사고를 친다.
화는 공평하며 골고루 비추어 준다. 쉽게 타오르고 흔적을 남기지 않고 모두 다 태우고 타고 나면 허망하다. 대중적이고 외향적이며 과다하면 즉흥적이고 일관성이 없다.
화려하고 인내심이 부족하다. 조화가 잘 되면 얼굴도 미인이다.

화가 많으면 말이 많고 비밀유지가 안 되며 내면적인 것보다 겉을 좋아하고 교묘하다.
화가 적고 목이 많으면 이론적이고 따지기 좋아하고 시시비비를 좋아하지만 오래가지는 못한다.
목이 없는 화는 오래가지 못하고 추진력도 적고 배짱이 없다.
화에 수가 많으면 불이 꺼진다. 정신에 문제가 생기며 정신 쇠약, 잔병이 많고 히스테리 기질이 있으며 시력이 약해지고 잔재주가 많으며 예의가 없다.

화에 수가 없으면 열로서 역할만 한다. 잘못된 판단을 잘하고 실수투성이다. 빛이 안 나오고 허망하며 일방적이고 떠벌림을 좋아하며 절제가 안 된다.

머리가 너무 좋아 돌아 버리는 격으로 정신 질환이 발생할 수 있다.

금이 있으면 화는 할 일이 있고 금이 많으면 거칠다.

용두사미 격이 된다. 금이 없으면 실속이 없고 언행일치가 안 되며 허무맹랑한 짓을 하며 실속이 없다.

꿈속에 사는 사람 같으며 쓸데없는 일만 벌인다.


화에 토가 많으면 불이 희미해진다. 행동은 대담해지고 고집이 세고 우둔하다. 희생정신은 있으나 매사에 막히는 일이 많으며 허망해진다. 회광되고 판단력이 흐려진다. 토가 적으면 의욕만 앞서고 실속은 없다. 쓸모없는 땅으로 변하고 결과는 적으며 결실이 없다. 합충해서 변화는 오행에 따라 과다와 과소를 판단하는 능력을 키워야 한다.


## 53. 천간의 병정화

**명리학의 오행에서 화의 역할은 매우 중요하기 때문에 천간 화의 변화를 좀 더 상세하게 살펴보기로 한다.**

### (1) 병화

병화는 양 중의 양이고 태양에 비유되며 만천하를 골고루 빛을 비추어 주며 곡식을 키우고 열매를 맺게 하며 영글게 하고 열과 에너지의 원천이다. 활동적이고 공평하며 생명체를 살아 숨 쉬게 하고 양육한다. 병화는 양간을 좋아한다. 갑목, 임수, 경금이 길하고 무토도 나쁘지는 않다. 갑목, 임수가 있어야 역할을 제대로 할 수 있다.
갑목은 편인이지만 갑목을 더 좋아한다. 갑목은 병화의 영원히 꺼지지 않는 불이 되고 키우는 보람을 느낀다.

반면 을목은 습목으로 길운은 아니며 좋게 보지는 않는다.
꽃나무로 보고 꽃이 피면 아름답게 보이지만 기간이 짧고 꽃이 지면 허망해지면서 주위가 지저분해지고 그 가치가 빨리 상실되어 버리는 특성이 있다. 을목은 처음에는 화려해도 뒤에는 허망해진다. 목이 없는 화는 언제 꺼질지 모르는 바람 앞의 등불이다.
할 일이 없는 사람, 이끌어 줄 사람이나 지도해 줄 사람이 없는 은퇴한 사람이 된다.
병화와 정화는 음양이 공존하는 격으로 항상 밝게 보이며 인기가 많고 사리 판단이 정확하다. 금이 있으면 정화가 녹여서 제련하고 가공하여 쓸모 있게 다듬어 준다. 금이 과다하면 재물이나 직업에 만족하지 못하고 사는 것이 구차스럽다.

병화의 무토는 같은 양간이지만 활동성이 약해지고 높은 산으로 빛을 차단하고 빛이 흐려지게 만들어서 병화는 양간을 좋아하지만 무토는 길하게 보지는 않으며 특히 싫어하지도 않지만, 수가 왕하면 무토가 물막이 역할을 톡톡하게 하여 준다.

병화의 기토도 좋아하지 않는다. 병화가 좋아하는 갑목을 합거하여 빛이 스며들게 만들고 임수를 탁수로 변화하여 흙탕물이 되게 하고 흐려지게 한다.

쓸데없는 편법을 쓰게 하고 엉뚱한 생각만 하게 한다.
병화의 신금은 병신합수가 되어 강한 에너지와 강력한 빛을 차단시켜 버린다. 서산에 지는 태양으로 강한 양의 기운을 빼앗아 버린다. 신금은 재성이 되고 처가 되지만 갑을목을 안 키우려 하는 특성이 있다.

병화와 경금은 길하다. 갑목을 잘 조절하여 성재시켜 쓸모 있게 하여 준다. 해자 축월의 경금은 방황하거나 주색잡기에 빠질 수 있으니, 매사에 조심하여야 하고 해자 축월의 음기가 강력하여서 정신건강 활동의 장애가 발생하거나 병화가 하는 일들의 방해가 될 수 있다.

임수는 병화를 빛내 주며 반사 작용을 하여 자극제 역할을 한다.
수가 없으면 빛나지 못하는 태양, 어두운 밤, 초승달 빛, 희미한 등불에 비유되고 하고자 하는 일들이 느려지고 늦어지며 실수가 많아지고 전전긍긍하게 되며 지난날을 후회하게 된다.
급하게 일을 처리하지 않으며 한 템포를 늦추어서 천천히 나아가는 것이 많은 도움이 되고 돌다리도 두드려 건너야 된다.

병화의 계수는 가랑비나 안개로 본다.
병화의 강력한 역할을 못 하게 하고 빛을 차단하며 빛이 멀리 나아가지 못하고 막히게 되어 장해물이 된다.
수가 왕하면 불을 꺼 버리는 격이 되고 수급 조절이 잘 안되어서 병화의 장점을 상실하게 만든다.

(2) 정화
약한 것 같으면서 강하고 부드러운 빛으로 본다.

물이 있을 경우 등불, 등댓불, 멀리서 비추어 주는 약한 불빛으로 비유된다. 판단력은 병화보다 좋다. 그 외는 병화와 비슷하다.
정화는 조용하고 기도하는 자세, 생각하는 자세, 정신력이 뛰어나고 갑목, 경금, 임수를 좋아하고 계수는 정계충이 되며 도움이 되지 않는다. 충이 강하면 자기 존재를 잃어버리고 매사에 실수가 많고 자기 빛을 잃어버려 자기 기능을 상실하게 한다.

갑목을 만나면 꺼지지 않는 불, 활활 타오르는 불이 된다.
열로서 역할을 원만하게 할 수 있으며 음양의 조화를 이루어 밝게 보이고 우수한 판단력을 발휘한다.
경금은 할 일이 생긴 격으로 적극적인 사람, 자수성가형, 잘 녹여서 제련하고 가공하여 쓸모 있게 다듬어 준다.

임수를 만나면 정신력이 가장 뛰어난 사람, 등댓불과 같이 지식의 전달이 잘되고 선비 기질 명예가 높아지며 정관으로서 역할이 뚜렷해진다. 정임합이 되고 정임합목은 유정하여 빛으로 작용하면서 정관으로 반듯하며 규범과 질서, 올바른 책임감이 있고 진취적이다. 어둠을 밝히는 등불과 같이 사회적 역할을 충실하게 이행하여 간다.

을목을 만나면 습목이라 연기만 나고 타지 않는다.
한습하며 눈물 날 일이 많다. 실패한 이후 성공 확률이 높아지지만 조급해진다. 하는 일이 미뤄지고 늦어지며 여유가 없고 초조해진다. 서두르지 말고 천천히 물결이 흐르듯이 나아가면 성공할 수 있는 것이다.

정화에 병화는 엉뚱한 짓을 할 수 있다. 해자축월 생이면 조후 역할을 한다. 강한 겁재는 도와주고 내 몫을 가져가는 격으로 큰 불빛의 병화가 적은 빛의 정화에 의존하면 자신의 본성을 잃어버리고 어렵고 힘겹게 살아가는 형태로 볼 수 있다.

정화와 정화는 산속에서 촛불 두 개 켜 두고 기도하는 격으로 볼 수 있다. 종교, 역술, 예술인이 많으며 비견이 되어 서로의 역량이 배로 늘어나기보다는 조금 약하게 보는 경우가 많다.

무토가 옆에 있으면 산속의 오두막집에서 기도하는 현상으로 보아서 길하게 보지는 않으며 임수를 차단시키는 것으로 해석되어 좋게 보지는 않는다.

기토도 갑목을 합거하고 임수를 탁수로 만들어 정화가 좋아하는 길성의 성질을 설기하므로 무토와 비슷하게 보고 경금은 떳떳하게 일하는 격으로 본다.

신금은 세공된 보석으로 보며 보석을 불 속에 넣는 격이 된다.

신금이 강하면 사업 실패 확률이 높아지고 돈만 날리는 경우가 많아진다. 임수는 정임합목이 되어 목생화가 되며 목의 생각을 모아서 화에게 전달하는 현상이고 길성으로 본다.

계수는 빛을 가리면서 차단하고 정계충이 발생하며 촛불을 밝히려는 정화을 계수는 불을 끄려 하는 현상이 되고 천간의 정계충은 가장 강한 충으로 본다.

임수는 정임합목이 되어 정화의 기운을 강하게 만들어 주어 길성으로 보고 무토를 합거하여 더욱 화를 빛나게 하므로 더욱 좋은 것으로 본다. 무토는 상관이 되고 양간이지만 합충 관계로 보아 길성으로 보지 않는다.

## 54. 천간 중 목의 변화

오행의 기운과 정신, 마음을 보고 머리와 뿌리를 함께 본다.
목의 기운과 특성은 땅을 뚫고 올라오며 솟구치는 생명력과 생명체의 올라오는 새로운 시작의 힘이고 생기이며 꿈이고 순수함 그 자체이다. 목은 봄으로 희망, 꿈, 어린 청소년, 아이로 순수하고 부드러우며 온화하고 따뜻하며 목의 정신은 화와 수가 있으면 목화 통명이 되어 어려움이 없어진다.
목에는 갑을목이 있으며 갑목은 큰 통나무와 다년생 나무이다.
을목은 넝쿨나무, 곡식, 일년생 나무 등으로 분류하며 갑목의 기운은 위로 곧게 뻗어 올라가는 강력한 힘이 있으며 희망이고 바람이며 통솔력이 탁월하고 정신력이 강인하다.

갑목의 성격은 적극적이고 진취적으로 주도성, 독립심, 창의성이 뛰어나다. 을목은 생명력이 강하고 인내력이 있다. 겨울에 피는 꽃과 같이 추운 바람에도 굳건하게 견디며 잡초와 같이 밟아도 다시 살아나며 모진 겨울에는 모두 죽은 것처럼 보여도 따뜻한 봄이 오면 다시 되살아나는 끈질긴 생명력이 있다.

단점은 변화가 많고 바람 잘 날이 없다.
이기적이고 포기가 빠르며 때로는 고집불통이나 심술통이기도 하다. 자주 바뀌는 특성이 있다.
목은 지나친 자기 노출로 주변의 원성을 사거나 적을 만들기도 하고 남의 일에 앞장서서 시비를 주도하고 주변의 부정적인 평가를 받기도 한다. 현실감이 떨어지고 마무리가 조금 부족하고 이상적인 것을 주장해 자신의 명성을 드러내려 하는 경향이 있으며 갈등 상황을 조장하는 경우가 있다. 목의 직업은 선비 기질이 강하여 행정직, 교육직, 변호사 등의 종사자가 많다.

목이 사주에 없으면 생기가 없고 새로운 시작의 힘이 약하며 꿈이 없고 변화를 못 하며 인정이 없고 순수함이나 솔선수범이 안 되며 자상함이 없고 남에게 의지하려 하고 이기적이며 생각만 하다가 좋은 기회를 놓치는 경우가 많다.

사주에 목이 없거나 적으면 의욕이 부족하고 도전 정신이 약하며 활력이 떨어지고 한번 실패를 하면 재기하는 데 많은 시간이 소요될 수 있고 우유부단하여 이성 간의 교제도 원만하지 못하다.
주변에 사람이 적으며 사교성이 부족하다. 신경 기능, 간, 담의
장기가 약하고 우울증 증상에 시달릴 수도 있다.

수다목부 물이 많으면 목이 물 위에 뜨는 현상으로 안정이 안 된다. 불안하고 침착하지 못하며 질서 유지가 어렵고 혼란스럽기만 하다. 물이 없으면 나무가 바싹 말라 버린다.
수는 지혜이고 지식인데 목은 물이 전달되는 통로인데 소통이 잘 안될 수 있다. 배운 것을 써먹지 못하고 지식 전달이 안 되며 활용이 잘 안되어 힘들어진다. 지장간에 물이 있어도 약하며 유통이 잘 안되고 활용하기가 어렵다.

화가 많으면 나무가 모두 타 버리는 현상이 일어난다.
의지력이 약하고 매사에 마무리가 잘 안되며 인화력이 부족하고 화려하

게 보여도 실속이 없고 실천력이 약하다.
화가 많아서 좋은 점은 창의력, 창작력이 뛰어나며 화려하고 베풀기를 잘하지만 결과를 맺지 못하면서 통제가 잘 안된다.

화가 없으면 나무가 성장을 못 하고 열매를 못 맺으며 표현이 부족하고 생기가 없고 꽃을 못 피우며 생명체 유지가 어려우며 나무가 곧게 자라나지 못하며 굽은 나무, 발육이 늦은 나무로 매사가 순조롭지 못하고 느려지며 지난 일에 후회가 많으며 바로 가지 못하고 빙빙 돌아가는 현상이 일어난다.

금은 나무를 잘 잘라서 다듬어 주고 성재시켜 주기도 한다.
금이 많으면 나무를 잘라 버리려는 성질이 강하며 중심을 잡지 못하고 흔들리며 끈기가 없다. 잔병이 많고 만성피로와 정신 질환이나 고질병에 시달리며 고생하는 경우가 많다.
금이 없으면 하극상 기질이 강하고 아래위 없이 달려드는 경향이 있다. 매사에 끊고 맺는 것이 부족하고 마무리를 잘 못하며 앞으로만 나아가려고 한다.

토가 많으면 목이 부러진다. 쓸데없는 지출이 많고 의심이 많으며 주색잡기에 빠지기 쉽고 배우자가 주권을 가진다.
사교적이고 활동적이나 실속은 별로 없다. 토가 없으면 결과가 없다. 안정을 못 하고 쓸데없는 나뭇가지만 무성한 격으로 한습한 사주는 중풍, 신경통, 류머티즘, 근육 질환이 생길 가능성이 많다.
목이 굳어지며 간, 담이 굳어지는 것과 같으며 목은 인체의 간과 유사한 점이 많으며 목을 잘라도 다시 자라나듯이 인체의 간도 잘라 내어도 다시 자라난다.

토는 목이 극하고 재성이 되며 토가 없거나 약하면 금전운이 약하고 이성, 부부 관계도 원만하지 못한 것으로 본다.

## 55. 음양의 법칙

지지의 음양은 봄, 여름, 가을, 겨울로 나누어진다.
봄은 인묘진, 여름은 사오미, 가을은 신유술, 겨울은 해자축 이렇게 분류하고 입춘, 하지, 추분, 동지 등의 절기가 있으며 동, 서, 남, 북의 방향으로 구분하며 상생, 상극, 삼합, 육합, 상충, 상형, 지지파, 십이지신살, 방위합, 지장간, 십이운성 등 아주 복잡하고 다양하며 육십갑자를 잘 이해하여서 이 자연의 법칙과 우리 인생의 삶과 어떠한 관계가 있는지, 어떤 영향을 주는지, 어떠한 변화를 일으키는지를 잘 살펴서 삶의 적용력에 따라 판단하는 학문이다.

자수는 지지의 첫 자이고 동지부터 낮의 길이가 길어지기 시작하고 천도가 열리어 양으로 태어났으나 천간에서 음의 기운을 많이 받아 있으므로 사용할 때는 음으로 한다.
이렇게 음양이 바뀌는 오행은 해수, 자수, 사화, 오화가 있다.
해수는 음인데 양으로 자수는 양인데 음이 되며 사화는 음인데 양, 오화는 양인데 음, 음양의 체형이 바뀌어서 사용한다.

양은 밝고 따뜻하며 건조하고, 음은 어둡고 차갑고 습한 기운이 강하다.

양음으로 구분하면 양의 지지는 인, 오, 진, 술, 신, 자이고 음의 지지는 묘, 사, 축, 미, 유, 해로 나눌 수 있고 목 화가 양이고 금, 수가 음이 되며 토는 양과 음 사이를 같이 아우르는 특성이 있으며 남자는 양, 여자는 음으로 본다.

양간의 특성은 밝고 활발하고 드러나고 용감하며 변화를 좋아하고 강력한 힘의 바탕이 되고 음간은 여리고 내실적이며 내성적인 면이 강하고 실속이 있는 것으로 음양의 조화를 잘 이루어 나가는 것이다.

여자는 음인데 음간으로 태어나면 여성적인 성품이 강하고 순하며 자애롭고 아름다우며 여성으로서 지위를 유지하고 주위에 존경받는 사람이다.
양간으로 태어난다면 가정적이나 여성적이지 못하고 남자에게 양보하거나 물러서지 않으며 도전적이고 폭력적이며 강건한 성품으로 주위를 압도하고 정치적 사고를 좋아하며 정치인, 군인, 경찰과 같은 직업을 선호하며 주변의 변화를 주도하면서 사회의 주축이 되는 경우가 많으며 현재의 사회는 양간 여성의 리더십이 요구되기도 한다.

남자는 양간인데 양간으로 태어나면 남성적이다.
양간은 양간끼리 만나면 볼 터지게 싸운다. 강력한 힘을 바탕으로 양보할 줄 모르고 이기적이며 외성적이고 고집이 세며 강인한 체력을 바탕으로 환경을 주도하는 것이 남성의 본능으로 본다.
음간으로 태어난다면 양간의 기운이 약해지고 순하며 여성스럽기도 하다. 주변을 따뜻하게 하여 주며 이해심이 있어 칭찬을 많이 듣기도 한다. 어려움을 잘 극복하기도 하고 칠전팔기의 기질이 있으며 주위의 도움 없이 혼자 해결하려는 내성적인 면도 있으며 차분한 성품으로 주변을 잘 정리하기도 하며 온건파로 분류되기도 한다.

오행을 볼 때는 음양부터 먼저 보고 오행이 적절하게 배치되었는지를 본다. 시간적, 공간적 측면에서도 보고 오행의 편중을 살펴보면서 다음으로 넘어간다. 편인, 편재, 편관은 음양이 같은 것이고 정인, 정재, 정관은 음양이 다른 것으로 그 작용력에 기준을 두고 사주에 음으로 구성괸 것과 양으로 구성되는 것을 가려서 기운의 강약을 판단하여 합과 상충 관계의 조화를 둘러본다.

사주 전체의 글자가 양만 있고 음만 있는 경우가 있는데 이때를 음팔통, 양팔통이라 하며 양팔통이면 크고 강하면서 남성적으로 보고 음팔통은 여리고 약하며 여성적으로 판단하여 보는 것이다.

사주가 한쪽으로 쏠리면 쏠리는 쪽으로 이해를 하여야 한다.
한곳으로 사주가 몰리면 좀 극단적인 성질이 강하며 양극이면 개인적이고 자기중심적인 면이 많으며 조후나 편중되어 있는 글자의 합과 충으로 또는 생과 극으로 강하고 약한 오행을 제하고 생하는지 판단하여 대운, 월운, 일운이 오면서 어떤 변화를 주는지를 살펴서 미래와 장래를 예측하고 예방하는 어떤 글자가 약의 처방이 되는지를 알아내는 것이다.

## 56. 대운의 해석

대운은 사주의 연속이고 5주라고 본다. 사주는 4개의 기둥을 주축으로 하지만 대운이 있어 실제는 5주의 역할이 된다.
천간 5년 지지 5년, 10년 동안의 위탁 관리자의 역할을 수행한다.
년운은 그때그때 일어나는 사건들이 사주에 미치는 영향으로 그해의 오행에 의하여 본인의 사주와 어떠한 관계가 있는지를 살펴보는 과정으로 본다.
년운과 같이 매달 달라지는 월운의 기운과 일운의 기운과 방향을 관찰하며 대운이 년운과 월운, 일운에 어떠한 영향을 미치는지 살펴보는 것이다.

특히 진술축미 대운은 인생의 중요한 전환점이 되고 고비점이 된다. 결혼, 이혼, 직업 변동, 이사, 투자, 취업, 시험 합격, 사업 성공, 실패 등의 여부를 결정하는 중요한 시기의 중심점이 된다.
진술축미 대운은 누구나 30년 만에 한 번씩 돌아온다. 평생에 한 번만 오는 사람도 있고 다수의 진술축미 대운이 오는 경우도 있다.
초년운의 진술축미 대운은 큰 변화가 적으며 이 시기는 부모의 보호를 받으며 학교생활에 전념해야 할 시기로 특별한 경로 없이 보편적으로 흘러가고 미성년자를 벗어나면서 대학에 진학을 하게 되고 앞으로의 진로에 집착하게 되면서부터 대운과 년운의 차이점이 우리에게 미치는 관계를 알게 된다.

30, 40, 50대는 중년운으로 잘 살펴봐야 한다.
취업을 하고 결혼을 하여 가정을 이루고 자식이 탄생하게 되며 가족이 늘어나는 가장 중요한 시기이며 이 시점의 활동이 우리 생활의 중추적 역할을 하며 노후를 준비하고 안정된 기반으로 가는 변곡점이 되는 때이기도 하다.

용신은 인간의 정신과 동일하고 격국용신, 조후용신, 약변위강, 강변위약의 관계를 살펴보면서 억부법, 병약법, 통관법, 전황법 등의 조화를 상세하게 본다. 용신을 자동차에 비유하여 풀이하면 자동차가 아무리 성능이 좋고 비싼 고급형 차일지라도 달릴 수 있는 길이 좋아야 속도도 낼 수 있고 잘 달릴 수 있다.

또한 앞선 차가 속도를 내고 달려 주어야 따라갈 수 있으며 출퇴근 시간대의 도로와 같이 길이 막혀 있다면 추월하지도 못하고 앞차에 따라가야 한다. 인터체인지에 들어가면 돌아서 가기도 하고 바로 가기도 하며 좌우로 방향을 바꾸어 가면서 가기도 하는 것처럼 우리 인사도 매사가 얽히고 꼬이고 막히고 계획보다 늦어지고 미뤄지기도 하고 인허가, 매매 등에 라이벌의 방해자가 생기며 서두르고 마음이 조급해진다.

대운이나 년운이 길한 기운이 강하면 비밀을 유지하면서 다른 사람 말을 듣지 않고 조언을 안 들어도 계획한 대로 물 흐르듯이 완전하게 진행되는 원리다.

반대로 대운의 기운이 약하면 모든 일이 계획대로 안 되고 늦어지며 조급해지고 만나는 사람이 자신에게 도움이 되지 아니하고 상처만 남기고 간다.

대운과 년운의 기세, 강약을 잘 살피고 생일 전후를 기준으로 전후 3개월 또는 6개월간을 점검해 보고 길한 운이면 정리를 하고 맞이할 준비를 한다. 또 계획을 세우고 나이와 직업, 결혼 관계, 학생이면 진학 관련 등을 대입하여 자신의 현실과 미래에 일어날 일들을 예방하고 예시하여 본다. 어릴 때의 대운은 어릴 때는 힘이 부족하기 때문에 몸이 아프다든지 다친다든지 하는 불운의 현실이 많이 생겨나는 경우가 있다.

용희신, 기신 등을 살펴보고 사업 관계, 상형 상충 합 관계 어느 위치와 상관관계를 보고 부부 관계, 친구 관계, 육친 관계 등 다양하게 지나온 것과 닥쳐올 것을 하나하나 특히 재성과 관성, 식신 관계를 보며 식신이 강해야 모든 일의 시작이 되면서 출발점이 되고 재성이 강하면 재물의 득실이 생겨나며 관성운으로 취업이나 직장에서 승진, 이동, 변화가 일어나게 된다.

대운의 다섯 번째 천간을 본다. 이 다섯 번째의 천간 대운은 사주의 월간과 합이 된다. 합이 되지 않는다면 이 사주는 잘못 기록한 것으로 보아야 한다. 여섯 번째 대운의 지지는 반드시 월 주와 상충이 된다. 이 다섯 번째의 천간합과 여섯 번째의 상충은 살아온 삶의 전환점이 되는 곳이 되고 이 시점에는 연령이 40~60세에 이르기에 많은 고통을 겪은 분도 있고 어려움 없이 지내온 분도 있다. 이 시기가 새로운 변화가 일어나기 시작하는 중요한 변곡점으로 직업 및 가정의 가족관계 등이 사주와 어떠한 현실로 진행, 변화할 것인지 유추해 보는 것이다.
항상 합이면 묶이고 변화한다.
천간의 년과 시간은 밖으로 보고 사회적인 관계, 직업 변동 등을 본다. 합이 되는 오행이 기신에 해당된다면 합이 되어 묶이면 좋아지고 희신에 해당하는데 묶이면 나쁘게 보며 합이 되는 오행이 기신, 구신, 희신의 관계에 따라 길흉을 예측하고 판단하여 나아갈 길의 길라잡이가 되도록 한다.

충하면 변하고 움직인다. 불화가 생긴다. 창고가 열린다. 꺼내어 사용한다. 월지를 충하면 환경의 변화, 육체적 건강 문제, 수술 문제, 재산 정리, 분가 등 변동수가 심하고 돌아오는 대운의 요소와 육친 오행을 상세하게 본다. 그 사람의 희망 사항이다.
예로 이사를 가려면 남쪽으로 가고 싶다든지 물이 있는 곳, 한적한 곳 등으로 가고 싶어 하는 바람이 있다.

첫 번째 대운은 운의 시작이고 고민살이라고도 한다.
첫 번채 지지 대운은 평생의 고민적 요소이고 정행, 역행에 따라 다르고 남녀에 따라 변화가 다르며 월주에 영향을 많이 받고 사주의 흐름을 결정하며 평생 사주의 길흉에 많은 효과를 나타내고 사주의 시작점이 된다.
어린 시절이기 때문에 집안과 부모의 보호와 영향을 많이 받게 되고 추억의 시절이지만 환경의 변화 등으로 정신적 문제, 건강의 문제, 육신의 문제점 등을 유추해 볼 수 있다.

요즘 현실은 부모의 보살핌과 의료 서비스가 좋아서 별다른 문제가 발생하지 않지만 예전에는 건강상 문제가 많았던 시절이었다.
이 첫 번째 대운의 역할을 해석하는 범위가 넓게 활용되고 유익하게 보았다.

두 번째 대운과 지지를 살펴본다. 직업이나 진로의 결정, 진학 시험의 합격, 결혼 등 중요한 결정을 해야 하는 시기로 모든 운명의 결정적인 요소가 되는 것이다. 십 년의 주기를 함께 봐야 하고 앞으로 나아가는 진취적인 역할의 중심이 된다. 양에 해당하는 지지는 맑게 반듯하고 크게 하려는 경향이 있으며 음 대운의 축과 임에서는 어두운 것, 힘든 것으로 볼 수도 있다. 대운에 따라 사주의 격국과 역할이 바뀌면서 큰 변화가 일어날 수 있다.
개두절각 삼합과 반합, 형충파, 상생, 상극 관계와 천간은 천간과의 관계, 지지는 지지끼리 관계의 변화를 하나하나 대입하여 살펴보아야 한다. 개두 절각은 천간이 지지를 극하는 것으로 개두는 머리를 덮고 누르는 것이라 하며 절각은 다리가 끊어진 것, 다리가 끊어져서 앞으로 나아가지 못한다는 운으로 보며 힘의 변화를 보고 삼합, 반합은 크게 변화를 하며 형충파형은 단발적인 변화를 상징하며 대운이 역행이면 전월의 연속성을 살펴본다.

# 57. 사주의 유의점

사주를 세울 때는 생년월일시를 정확하게 확인해야 하고 음력과 양력, 윤달, 남녀 구분 등과 출생지도 확인하여 지역적 특성을 고려하고 출생 시간에 대한 개념도 추가하는 것이 좋다. 핵심은 계절과 절기이다. 80년대는 썸머 타임이 있어서 한 시간 늦추어서 생활하였다. 시간의 분기점에 있을 때는 오는 시간을 기준으로 보는 것이 원칙이다. 출생 시간을 모르는 경우에 추측하는 방법으로 부선망은 양시, 모선망은 음시 등으로 출생 시간을 유추하는 방법이 있지만 이런 방법은 별 근거는 없고 참고할 수 있는 정도로 알아 두는 것이고 실제 출생 시간이 중요하므로 그것으로 판단하여야 한다.

먼동이 틀 때 산골에 사는 사람과 내륙에 사는 사람의 태어난 시간이 다를 수 있으며 이런 상황을 참고로 하여 실제 시간을 유추하여 보아야 한다. 경우에 따라 호적에 기입된 출생 월일을 기준으로 하여 사주를 세울 수 있지만 이런 방법은 정통적으로 볼 수 없고 권장하지 않는 것이다.

## 58. 통근 관계

천간의 갑과 을이 통근할 수 있는 지지는 인묘진해미이고 병과 정이 통근할 수 있는 지지는 사오미인술이 되고 무토 기토가 통근할 수 있는 지지는 사오진술축미이며 경금 신금이 통근할 수 있는 지지는 신유술사축이고 임수 계수가 통근하는 지지는 해미축신진이 된다. 지지와 지지의 지장간에 동일한 오행이 있으면 통근하는 것이다. 뿌리가 되어 준다는 해석이다.
가장 힘 있는 통근은 일간이 월지에 통근하는 것으로 보며 그다음의 힘으로 보는 통근은 천간의 바로 밑에 있는 지지가 되며 다음은 시지, 년지 순이다. 또는 일간이 자오묘유에 통근한 것이 가장 강하다고 본다. 자오묘유는 황제로 보기 때문이다.

천간이 지지에 통근하지 못하면 구름에 가린 하늘 격이다.
천간의 변화를 가장 주도하는 오행은 인신사해 사생지로 변화하려는 특성은 장생지가 되기 때문이다.
십이운성에서 녹왕지가 되는 곳에 통근하는 것이 강하다.
양간과 양간은 상극 관계라도 상생을 하지만 음간과 음간은 상생을 잘 못하고 앙금이 남으며 화해가 잘 안된다.

년지는 오래된 공간, 고향, 선영, 부모, 인성, 조상에 관한 것, 현관, 주택, 대문, 회사, 국가 등으로 외적 공간, 즉 밖으로의 성질이 강하다. 월지는 생활 공간, 기억하는 공간, 학교 교실, 거실, 마당, 소속 부서 사무실 등 내적 공간, 즉 안으로의 성질이 강하게 본다.
일지는 현재 사용 공간, 자기 자리, 안방, 침실, 가정 등으로 월지와 같이 내적 공간, 즉 안으로의 성질이 강하게 본다.

시지는 비밀적 공간, 자신만의 공간, 공부방, 작업실, 서재, 장롱, 희망하는 자리, 꿈의 자리 등으로 외적인 성질, 밖으로의 성질이 강하다.
관성과 인성이 천간에 있으면 마음과 정신으로 보고 년과 월주에 나와 있으면 명예를 탐하며 점잖고 반듯한 사람으로 본다.

월주 월지가 가장 중요하고 합과 충이 있으면 합과 충으로 일간의 어떤 변화기 있는지 어떠한 영향을 행사하는지의 해석을 해야 한다. 음양의 상대성, 서로 간의 위치, 역할이 드러나는 것, 상대가 없을 경우는 달라지는 것, 상대방이 있어야 변화하는 오행이 행사를 하는 것이다.

## 59. 합과 충의 이해

### (1) 합력의 해석

합의 종류에는 천간의 오합이 있고 지지로는 육합, 삼합, 방합, 암합이 있다.
천간의 갑기합은 토로 변하며 중정지합, 을경합은 금으로, 인의 지합, 병신합은 수로 변하며 위엄지합, 정임합은 목으로, 인수지합, 무계합은 화로 변하고 무정지합이라 한다.

지지의 육합은 자축합은 토로 변하고 인해합은 목으로, 묘술합은 화로, 진유합은 금으로, 사신합은 수로, 오미합은 변하지 않고 화로 된다. 신자진 삼합은 수로, 인오술 삼합은 화로, 해묘미 삼합은 목으로, 사유축 삼합은 금으로 각각 변한다.

합이 되면 화합 변화의 의미도 있지만 묶여서 못 움직이고 활동력이 떨어진다. 좋은 기운이 합하여 나에게 오히려 안 좋을 수 있고 나쁜 기운이 충이 되어 오히려 나에게 좋은 기운을 줄 수도 있으며 본인의 힘을 발휘하기 어렵고 충이나 형이 있어서 방어 능력이 생길 수도 있다. 합이 되어 합화라고 하는 것은 원래의 성질이 다른 오행으로 완전하게 바뀌는 현상을 의미하고 사주 원국의 해석이 달라지는 것이다.

합이 되면 진행이 느려지고 답답하며 본질을 잃어버려서 집착하고 열망하며 세력을 이루고 이 세력이 사주 원국에 있는 비, 식, 재, 관, 인에 어떤 관계를 유지하며 변화를 일으키는지를 검토하고 면밀하게 살펴보아야 한다.

천간합은 음양의 합으로 자연의 기운에 순화되고 순리적 합이라고도 한다. 지지의 합은 행동과 실천이 급하지 않고 천천히 나타나는 경향이 있다. 지지합의 강약은 삼합이 우선이고 다음이 방합, 육합, 반합, 암합 순이다. 합을 육신적으로 해석하면 합이 되는 오행과 잘 맞는다. 떨어지지 않는다. 보이지 않는 끈으로 연결되어 오랫동안 이어지고 좋은 운으로 본다.

서로의 다른 성질로 만나서 합이 되므로 융화되고 친근해지며 가까운 사이다. 지지의 합은 개인적인 성향이 강하고 세력합으로 협력적이고 보편적 합리적 변화를 즐기며 친구, 형제, 동료들과 동질감으로 잘 어울리는 격이다. 개인적인 개성이 강하고 인간관계, 성품, 재능, 행동력이 뛰어나다. 추진력, 행동력이 긍정적으로 결혼은 연애로 성사될 확률이 높으며 취미생활, 재능 발휘, 이직이나 승진, 이사 등 개인적인 변화가 많이 일어난다.

합은 상생하려 하는 기운이 강하고 다른 오행을 보호하고 도와주는 힘이 있으며 합의 종류에 따라 의미가 다소 다를 수도 있지만 협동하고 협조하는 의미에서는 서로의 공통성이 있을 수 있다. 천간합은 겉으로 보이는 대외적인 성향이 강하고 지지합은 내면적이고 변화가 많으며 지지 오행에 큰 영향을 미친다.

심리적으로는 긍정적 판단과 이성에 대한 관심이 높아지며 잘못된 판단으로 오류가 있을 수 있고 집착과 의심이 강하며 불안해하고 유흥과 유혹에 빠질 수도 있으며 집중력과 호기심이 왕성할 수도 있다. 천간합은 사회성으로 결혼, 취업, 변동, 이직, 심리적 변화성이 강하며 부부간의 인연이 있으며 사회적 성패가 드러나고 개인적 변화는 적으며 정신적인 의지와 생각과 계획의 변화가 심하며 긍정적이고 계산적, 논리적이면서 명예, 지위, 권력을 추구하는 경향이 많다.

시주의 천간합은 중년의 형태로 직장운, 재성운, 배우자운의 영향을 받으며 말년에 부부간의 사이가 좋아지거나 종교와 인연이 있을 수 있다. 시지의 합은 자식과 말년운이 좋으며 주위 사람들의 도움을 받을 수 있다. 일간의 합은 가치관과 성품, 정신적 면이 많이 내포되고 직장인이 많다. 일지의 합은 배우자와 관계가 좋으며 건강하고 인덕이 많은 것으로 본다.
월간의 합은 긍정적이고 판단력이 좋으며 사주의 길흉 근거가 되고 월지의 합은 사주 전반의 기운을 결정한다. 선명성, 고유성이 분명하여 자기 자신의 재능을 드러내어 알리기도 한다.

년간의 합은 초년운이 좋은 것이며 유년 시절이 부유하고 부모덕이 많을 수 있다. 년지의 합은 조상 덕이나 부모의 공덕이 있으며 초년운이 좋으며 합이 되는 오행이 재성이면 가장 길한 운으로 본다.

### (2) 상충의 해석

충은 두 천간과 지지의 기운이 서로 충돌하는 것으로 천간 간의 충인 천간충과 지지 간의 충인 지지충이 있다. 천간충은 서로 극하는 상태로 충이라 하지 않고 극하는 관계로 보고 지지의 충은 그 영향력이 강하여 충이라 하는 것이다. 충은 명리학에 있어서 안 좋은 영향을 주는 일이 많지만 서로 견제하는 역할을 하기 때문에 좋은 기회로 보는 경우가 더 많다. 충은 변화와 변동, 움직이는 것, 역마성 등이 있고 분열, 파괴, 갈등, 자극, 사고, 사망, 이동수, 수술, 질병, 건강 문제 등의 나쁜 일이 생길 수도 있으며 충으로 인해 결혼, 시험 합격, 취업, 호환성, 거래, 교환, 교역 등의 시작, 성장이 예측된다.

충이 없는 사주라면 변화와 갈등이 없으며 평탄하기는 하지만 무의미하고 안일하게 보며 충으로 인하여 적극적이고 투쟁력이 발생하여 맡은 업무를 성취하고 하는 일들을 성공으로 이끌어 가는 경우가 많으며 충이 많은 사람은 분쟁과 다툼을 만들고 주체성이 강하여 전투적인 모습과 욕심, 목적의식이 뚜렷하고 강하게 행동하는 성향이 있다.

충이라 하여 나쁘게 판단하고 좋지 않은 것으로만 보는 것은 고려하여야 하며 충을 두려워할 필요도 없고 충을 너무 가볍게 여겨서도 안 된다. 우리 인생의 변화하고 바뀌어 가는 시점이 합충의 변화에 따르는 것이다. 충은 자신의 욕심을 강제로 채우거나 빼앗기는 기운으로 사주가 힘이 있을 때는 방어 능력이 생기지만 힘이 약하다면 당하고 패배하게 되는 것이다.
사주 원국에 충이 있으면 진취적이고 환경을 나타낸다면 운에서 오는 충은 변화를 동반하고 오므로 사건 사고를 많이 일으키는 경우가 많다.

천간충에는 갑경충, 을신충, 병임충, 정계충, 무임충, 갑무충, 을기충, 병경충, 정임충, 기계충이 있으나 이들 모두가 서로 극하는 관계로 충이라 하지 않으며 을신충과 정계충은 충의 세력이 완만하여 충이라고 하고 병임충이나 병경충 등은 서로 좋은 관계로 보며 대운이 충이 되면 큰 변화가 예상되며 세운과 대운이 동시에 충이 된다면 그 충의 세력은 강력할 것으로 본다.

천간은 정신적 영역으로 천간충은 눈에 보이지 않는 생각, 감정, 신념, 꿈, 목표와 스트레스, 정신적 질환, 피로도 등의 마찰이 생길 수 있다.
지지의 충에는 자오묘유 충, 진술축미 충, 인신사해 충이 있으며 이 지지의 충은 상당히 복잡하며 사주의 길흉과 성패를 판단하는 기준이 될 수 있으며 사주의 균형을 잡게 하고 긴장감, 위험성이 생성되고 능동성이 발생한다.

## 60. 천간의 갑기합

갑목이 토의 기운과 만나 목의 기운이 토로 합해지고 토의 기운으로 변하여 내 생각과 마음이 움직이고 있다는 것을 의미하며 두 기운이 조화를 이룬다. 갑목의 순수한 기운과 기토의 현실적인 기운이 잘 혼합하여 명예와 현실성을 이상적인 형태로 변화하고 가치관을 성립시키는 것이다.

자기중심적이고 고집이 세며 저돌적인 성향이 강력하고 의존적이고 집착하며 현실성이 떨어지는 현상이 일어나기도 한다.
남자일 경우는 여자를 만나거나 결혼을 할 수도 있고 인간관계는 남녀와 관계없이 좋아질 수 있는 가능성이 높아진다. 재물에 대한 욕심이 많아지고 소유욕이 강해져 확장적인 요소가 많아진다.

갑기합이 있는 사람은 중심이 바르고 정당함을 주장하며 이해심이 많고 대중적이며 책임감이 강하며 마음이 넓은 것으로 알려져 있으며 다툼이 적고 정직하고 신의가 있으며 포용력과 덕이 있고 대인관계가 원만하여 주위의 존경을 받으나 활동성이 부족하고 지능과 지혜가 떨어지며 사고의 유연성과 행동의 활동에는 융통성이 생기며 공처가, 경처가일 가능성이 높다.
직업은 토목, 건축, 주택, 토지 등에 종사할 관련성이 있다.

월지에 기토가 통근을 하였다면 합의 기운은 더욱 강력하고 다른 지지에 통근하면 합의 기운은 약해지며 뿌리가 없이 합을 하면 합력은 미미하게 본다.

갑 일간으로 합이 되면 재성의 합이 되어 물질적인 증가나 손실이 있을 수 있고 을목이 있다면 부부간의 불화가 의심이 되고 심하면 이별수가 있으며 가정의 생활에 충실하여야 할 것이며 병화가 있다면 길성으로 유리하고 크게 성공할 수 있다.

정화가 있다면 재물 손실이 우려되며 무토가 있으면 부귀하게 되고 경제적 어려움이 없이 살 수 있으며 경금이 있으면 가족의 불화가 있고 서로 떨어져서 살아가며 좋은 관계는 아니다.

신금은 길성으로 덕이 생기고 재물이 불어나며 임수는 항상 바쁘기는 하는데 별다른 도움이 안 되고 분주하기만 하며 계수는 길성이고 일생 동안 편안하게 재물 걱정 없이 생활할 수 있다.

정관으로 합이 되면 정도로 가려는 성향이 강하고 자존심이 강하며 신의가 약간 부족하며 차가운 성격으로 정화가 있으면 엉뚱한 일을 벌이기도 하여 고초를 겪는 경우가 있으며 을목도 좋은 역할을 못 하고 경금이 있으면 가난하게 살 확률이 높으며 병화와 무토 신금은 부귀하고 행복하게 살 수 있으며 길성으로 경찰, 공무원이나 관공서 등에서 성공할 수 있고 출셋길이 열린다.

기토 일간인데 갑목이 있어 합이 되면 정관합이 되고 갑목 일간에 기토가 있어 합이 되면 재성이 되지만 그 효과는 약간씩 차이가 있으나 대동소이하고 갑목은 큰 희망이나 포부가 강력한데 합이 되어 그 큰 희망과 정신력이 약해지고 가정에 충실하며 재물에 집착하는 것은 사실이다. 산속의 웅장한 나무가 논밭에서 자라나는 격이 되어 강력한 기운이 꺾인다.

갑 일간인데 월이나 대운에서 기토가 와서 합이 되면 재성운이 되며 좋은 기회로 하는 일들의 성공할 확률이 높아지는 시기로 본다. 사업을 하고 있으면 사업장의 확장 또는 다른 곳으로 이전 확장이 되고 세운은 사업의 계획 구상, 큰 사업의 도전이 예상되고 재산 증가, 재물 이익이 발생하며 직장인은 승진, 사업 전환, 금전, 현금, 자산 관련 부서로 이동이 예상된다.

여성일 경우에는 직업이 생기고 새로운 사업을 추진하고 사업장의 확장, 이전, 사회의 진출이 가능하고 경제적으로 윤택하여진다.

## 61. 천간의 을경합

을목과 경금이 만나서 합이 되면 금의 성분으로 남아 있는 것으로 목의 봄기운과 금의 가을 기운으로 봄과 가을의 만남이 되고 인의지합이라고 한다. 꽃의 부드러움과 금의 강력함이 만나서 경금의 강인함이 부드러워지고 장수가 어리고 예쁜 여인이 꽃을 들고 있는 현상을 만난 것으로 비유가 된다.

동정심이 많고 을목의 어진 성격과 경금의 의리와의 합으로 순화된다. 성격이 다정다감하고 특히 여성에게 호감을 주며 여성에게 인기가 많아서 호색할 수가 있고 부부지간에도 정이 두터우며 리더십이 우월하다. 부드러움과 강함의 조화를 이루며 변화의 기운이 강하고 일방적이지만 과감하고 강직하며 추진력이 있고 유연하지만 결단력이 조금 부족하다.

무리하지 않고 부드럽게 어려운 일을 잘 처리할 수 있는 장점이 있다. 건강적으로는 난치병으로 고통받는다. 새로운 치료법으로 치유되는 현상이다. 부지런하고 내재적 작용력과 자기주장이 강하며 경솔한 점이 있다.

경금 일간이 을목을 합한 경우에는 무거운 쇳덩이가 꽃을 누르고 있는 모습으로 가끔 잔인한 성정도 나온다. 천하의 경금이 약한 꽃을 누르고 있으니 지배하고 싶고 표정이 어두울 수 있으며 꽃을 피워 내기 위해 고군분투하는 모습으로 연상되며 의지가 강하고 굳건하며 강직하기도 하다. 강인한 성정으로 희생을 아끼지 아니하며 인정이 많고 인자하며 좋은 사람이라는 평가를 받으며 불의와 타협하지 않으려는 성격으로 조직을 위해 바른 일을 할 때는 강력하게 추진하며 환경의 적응력이 강한 장점이 된다.

을경합이 있으면 명예와 관직에 관심이 많으며 개인 사업을 하기보다는 큰 대기업에서 자기의 포부와 능력을 펼쳐 보이려는 성향이 있으며 정관이 되므로 성실하고 책임감이 강해 충성심, 복종성, 신용력이 탁월하여 직장생활에 잘 적응할 수 있는 것으로 본다.

경금 일주에 을목이 있다면 정재 격이 된다.
정재는 소유욕이 강하고 현실적이며 재물에 집착하려는 성정이 있으며 기본적으로 부지런하고 절약하면서 저축하려는 내재력의 작용력이 발생한다. 불같은 성격이 있으나 평소에는 순하고 부드러우며 주의의 문제점들을 잘 평정하면서 타협을 잘 이끌어 내고 차분하며 설득력이 강인하다. 아이디어가 뛰어나며 창작력, 창조력이 우수하고 작가, 발명가, 교수 등 선두 지휘하는 직업에 적응력이 강하고 종사하는 사람이 많을 수 있다.

## 62. 천간의 병신합

병과 금이 만나 위엄지합이라 한다. 수가 되고 강력하게 합을 하려는 성향이 있으며 병화의 강렬함이 아름다운 신금에 빠져드는 현상이 된다. 변화의 기운이 강하고 권위적이며 위엄이 있고 장정하며 호색한 경향이 있다.
냉혹하고 잔인하다고도 하며 경박하게 행동하기도 한다.

여자인 경우는 미인이 많고 목소리가 작고 애교가 있으며 남자들에게 인기가 많으며 병신합이 있는 남녀는 쉽게 만나고 쉽게 헤어지며 재혼하는 부부가 많다. 마음은 편협하고 불안정하며 자기중심적이고 이기주의적이다.

음양으로 구분하면 습한 것은 음이고 건조한 것은 양이다.
병신합은 무엇보다 조습의 기운을 잘 조절하여야 하며 습하면 양의 오행이 필요하고 건조하면 음의 오행이 있어야 조습을 중화시켜 균형을 이루게 되고 사람도 이와 같은 조습에 따라 성품이나 재능이 결정되며 치우치면 좋지 않은 현상이 발생하며 불행한 결과가 실행된다는 의미이다.

병화 일간이 신금을 합한 경우 병화에 서리와 구름이 덮여 빛이 차단되는 격으로 무능력해질 수 있으며 병화의 강력한 힘을 상실하고 상처받을 수 있으며 매사의 행동이 느려지고 힘들어지며 통치력이나 통제가 잘 되지 않는다.
병신합은 재성의 합이 되고 겉으로는 위엄이 서려 접근하기가 무섭고 어려워하며 두렵지만 혹독하고 매정하며 예의가 부족하고 자기의 생각이 강하다. 재물을 좋아하고 두뇌는 총명하며 지혜가 많아 권모술수에 능하다. 무토와 을목이 있으면 길하고 신용도 높아지며 지위와 명예가 빛날 것이다.
기토와 정화가 있다면 성공하기 어렵고 손재수가 있으며 재산을 관리하기가 곤란한 문제점들이 발생한다.

대운이나 세운이 와서 합을 하게 되었을 때 원국의 사주가 신강하면 길하고 새로운 변화를 추구하고 의욕이 생기며 새롭게 자기 일을 시작한다. 사업장을 확장하고 다른 분야와 통합하기도 하고 계약은 잘 성사되며 거래가 활발해지고 체인점 지점 개설이 되며 직장인은 승진을 하거나 명예가 상승하며 영전의 기쁨이 있으며 국가고시나 정치하는 사람에게 아주 좋은 운이 되며 학생이라면 마음을 안정하게 되고 공부에 잡념 없이 충실하여진다.
자영업자라면 문서의 변동이나 사업 확장, 전문 분야 개척, 새로운 사업 운이다.

여성이라면 남편이나 자식의 일로 인하여 기쁨이 생기고 자기가 좋아하는 직업을 가지게 되며 미혼이면 좋은 남자를 만나 결혼도 할 수 있고 유능하고 똑똑한 자식을 얻을 수도 있다.
행운이 지속될 수 있는 시기로 본다.

반대로 사주 원국이 신약하면 신강한 사주의 반대 현상이 일어날 수 있고 직장인이라면 인사이동에 따르게 되며 사업자는 사업을 정리하거나 규모를 줄이고 장소를 변경하기도 한다.

여성이라면 남자 또는 남편 문제로 갈등과 고민에 빠지며, 미혼이면 이성 문제, 결혼의 장해가 오거나 지체되면서 어려움에 처해진다. 물건을 매매하여도 애를 먹게 되고 지연되며. 건강이 악화되어 질병이 생긴다. 건강에 유의하여야 하며 자신의 의지가 약해져 수행이나 기도가 필요하고 언론이나 방송, 예술 분야에서 인기와 인정은 받으나 언행의 실수로 인하여 곤혹스런 상황이 생기기도 한다.

## 63. 천간의 정임합

정과 임이 만나 합하면 목이 되고 목은 봄의 기운이 생성되며 청춘남녀가 서로에게 호감을 느끼는 심리적 현상이 일어난다.
낭만과 집중력의 기운, 변화의 기운이 강하고 아름다움을 추구하며 감정적이고 호색하다. 감정 기복이 심하고 신의가 없고 변덕이 잦다. 정임합이 되면 인수지합 음란지합이라 한다.

인덕과 수명을 뜻하고 남과 여 관계의 음란한 면이 있다고 하는 편이다. 생명의 원천인 수에 열기를 가하여 새로운 생명 목이 탄생하는 현상을 말하며 식물이나 생명의 에너지를 깨우는 새로운 싹이 돋아나는 계절의 기운이다.

다정다감하고 예민하고 감성적이며 인덕은 있으나 정 때문에 의사 결정의 결단력이 부족하고 남녀 관계는 매우 우호적이고 호의적인 면이 있으나 구설이 발생하고 심신 수련이 필요하다.
깨끗한 것을 좋아하고 질투심이 강하며 자아도취, 잘난 체하고 허세가 있으며 음란하기도 하지만 지혜와 신의는 조금 부족한 면이 있으며 재성으로 재산 관리나 재산 축적은 성실하게 수행하고 재물에 기운은 왕성하다.

번식하려는 기운이 강하고 축적하는 성정이 왕하며 감정적이고 민감하며 자신을 과대평가하며 허영과 사치를 좋아하는 경향이 있다. 직업은 사교적인 면이 강한 업이 좋으며 개발적 성향이 있는 업이 길하며 창의적이거나 열정적인 에너지가 발산할 수 있으며 창조력은 강력한 편이다.

대운이나 세운에서 정임합이 되는 경우에는 가정이나 결혼 생활의 좋은 흐름이 나타나며 부부지간의 정이 두터워지고 합력으로 인한 정이 새롭게 발산하며 소원하였던 관계들이 모두 원만하게 해소되는 길한 운으로 보아야 한다.
미혼 남녀 관계이면 결혼이 성사될 수 있으며 연인 관계도 급
속도로 발전할 수 있으며 재물운도 따라오게 된다.

원국의 사주가 신강하면 직업이 없는 사람은 직업이 생기게 되며 새로운 현실에 도전하게 되고 흥미를 가지며 승진, 사업 확장, 새로운 변화를 일으킨다. 새로운 변화를 추구하며 의욕이 생기며 새롭게 자기 일을 시작한다. 다른 분야와 통합하기도 하고 거래가 활발하며 자격시험이나 취업 등이 성사될 수 있는 길한 운으로 자신감을 가지고 도전할 수 있다고 볼 수 있다.

## 64. 천간의 무계합

무토와 계수의 합은 무정지합이라 하고 정 없는 사람끼리 만나서 헤어질 때는 서로를 탓하며 원망하고 다툼이 일어나는 무정한 합이다. 차가운 겨울의 춥고 쓸쓸한 계수의 비로 농작물에 피해만 주는 쓸모없는 물로 보기에 어려운 환경에 처한 상황이나 힘들어하는 형상으로 표현한다. 강압적인 기운으로 변화의 기운은 약하고 배신의 기운이 강하며 남녀 간의 정이 없고 질투심이 심하여 유시무종하고 의심이 많으며 이동과 변동성이 강하며 해야 할 일을 하지 않는 양상이다.

물은 만물을 적셔야 하는 상황에 합을 하고 있으니 무능력하게 된다. 사람은 착한데 게으르다는 말을 듣게 되며 욕먹는 일을 자주 당하고 주위에 피해를 줄 수 있으므로 서로의 많은 조력과 노력이 필요하다고 본다. 춥고 배고픈 계수가 따뜻한 남쪽의 무토에 시집가는 형상으로 배고프고 어려워 정도 없는데 땅 많고 나이 많은 무토에 시집가야 하는 것으로 본다.

총명하지만 무정하고 박절한 성격으로 시작은 있어도 결과가 없는 경향이 있으며, 대체적으로는 결혼을 하더라도 좋은 결과를 얻기가 어려우며 남자는 나이 많은 여자, 여자는 나이 많은 남편을 만날 수 있다. 일찍 고향을 떠나 자수성가를 꿈꾸는 성향이 있지만 성공하는 데 여러가지 어려움이 따른다고 본다.
남자는 학식과 덕행이 높은 것을 지향하고 여자는 성품이 고운 특성을 나타내는 경우가 많이 일어나는 것을 볼 수 있다.

무계합이 되어 화가 되고 총명하고 영리하지만 남에게 진심을 잘 표하지 않으며 다만 처세하는 수단으로 사용할 가능성이 높으며 남자는 안정되고 원만한 가정을 원하고 투기적인 것보다는 안전한 자산을 일구어 가는 경향이 있으며 여자는 용모가 아름답고 다정다감하며 순수하지만 정이 없고 꼼꼼하며 말이 많고 치밀한 성향이 강하며 고상하게 꾸미려는 것을 선호한다. 늦게 결혼하는 것이 좋으며 중매로 인하여 결혼이 성사되는 경우가 많다.

대운 세운에서 을목이 오면 나쁘지 않고 자신의 이미지가 밖으로 표출되며 병화가 온다면 화의 기운이 강하여 화로 인한 액운이 따라오는 현상이 되며 정화가 있다면 온화한 기운이 발생하고 부와 귀가 왕성해질 수 있으며 기토를 만나게 된다면 처자와의 관계가 소원하여지고 재물의 손실이 발생할 수 있으며 기토는 좋은 결과를 만들지 못하는 경우가 많다.

경금이 온다면 금의 기운이 순환을 시키고 하는 일들이 순조롭게 성사되며 신금은 좋게 보지 않으며 매사에 장애가 많고 하는 일들이 뒤로 미뤄진다. 임계수가 온다면 재물이 불어나고 풍부하여 지며 좋은 결과물이 나타난다. 사주의 원국이 신강한 사주라면 무계합으로 인하여 좋은 운으로 본다.

사업자이면 문서로 관계되는 일로 분주해지고 다른 지역에 지점 개설이나 새로운 창업을 준비하기도 하며 공간성을 확보하려 하고 이익이 따라오며 의욕이 강해지고 남의 조언을 듣지 아니하고 자신의 주장대로 밀고 가는 경향이 강해지는 시기이다.

직장인이라면 승진의 기회가 주어지며 영전으로 즐거움이 넘쳐나며 직업이 없는 사람은 새로운 일들이 생기고 호기심과 관심이 늘어나고 하는 일이 잘 진행되며 부지런하여지고 창업을 준비하는 시기가 된다. 친목이나 모임에서의 활동이 많아지며, 자신이 부각되는 현상이 일어난다.

학생이라면 공부할 수 있는 분위기가 조성되면서 시험에 합격하기도 하며 좋은 학교에 진학의 기회가 주어지며 성적이 상승 하기도 한다. 주변의 친구들과의 관계도 원만하여지고, 집중력이 증가하여 안정을 찾아 가는 좋은 기회가 된다.

신약한 사주의 원국에 무계합이 된다면 신강한 사주의 반대 형상이 된다. 장사하는 사람이면 다른 곳으로 이동, 변동하고 싶어지며 사업자라면 금전의 지출이 증가하여 채무 관계가 복잡하여지고 하는 일들이 지체되면서 불이익이 발생하며 마음먹은 대로 일의 진행이 잘 되지 않는 운이다. 주변의 구설이 많아지고 의욕이 없으며 무기력하고 손실 발생으로 인하여 고민만 늘어나며 이런 상황에서 신중을 기해야 하는 운으로 판단된다.
직장인이라면 다른 직장에 관심이 많으며 이직, 변동하는 운으로 본다. 경제는 무리하여 수입보다 지출이 늘어나며 정신적으로 많은 흔들림이 발생할 수 있는 시기로 무엇보다 안정을 되찾고 침착하게 대처하는 슬기가 필요하다. 학생의 경우도 이런 시기에는 무리하지 않고 건강에 많은 주의를 기울이며 차분하게 지금까지의 상태를 유지하면서 기회를 기다리는 것이 유익하다.

# 65. 천간의 갑경충, 을신충

충이라도 충이라 하지 않고 금극목 극으로 보는 경우가 많다.
갑은 거칠고 갑경충은 미완성적이며 경금을 만나서 다듬어지고 모양과 가치를 상승시키고 좋은 길로 인도하며 갑목은 경금이 이끄는 대로 따르게 되고 책임 있게 관리하여 갑목의 큰 역량을 발휘하게 한다.

갑경충의 작용으로 삶의 영역을 확대할 수 있고 탁월한 인물이 될 수도 있으며 실용성이 있고 자손이 왕성하며 새로운 가정을 만들어 행복하게 살아간다. 역사에 남을 만한 업적을 만들 수도 있으며 특별한 사건과 연계되기도 하며 생명을 살리는 역할과 관련이 있고 특히 우울증 환자의 치료나 현대 사회에 영감을 주는 명강연을 펼칠 수 있으며 긍정적인 영향력을 주변에 전파하여 명예와 명성이 널리 퍼져 나가는 형상이다.

을신충은 음간과 음간의 충으로 강력한 충이다.
을목은 연약히고 유연한 나무나 꽃나무 넝쿨 같은 성향의 약한 나무에 신금은 단단하고 제련되고 다이아몬드 같은 가공된 단단하고 강한 금의 성정이 서로 충돌하면서 약한 것과 강한 것의 강한 충돌이 일어나는 현상이다. 이는 세밀함과 강인함의 갈등으로 예민한 변화와 갈등이 일어나는 것이다.

을목의 유연성과 적응력을 상징하며 실제로 부드러움 성향으로 변모하며 신금은 세밀함과 정확성을 상징하며 예리하고 신중한 성향이 충돌하면서 긴장과 갈등이 고조되어 변화되는 것이다.
을목을 신금이 세밀하고 정확하게 가공하고 변화시키므로 을목의 성격은 신금에 의하여 억제되고 목의 성질은 충으로 깨어지고 약해져서 충격을 많이 받은 상태로 바뀌며 금의 성질은 더욱 예리하여지고 무서운 무기, 새로운 병장기, 슈퍼컴퓨터, 반도체 칩 등 빛나는 현상이다. 강력한 힘으로 다듬고 가공하며 잘라 버리려는 의욕으로 충만하여 있으며 일간이 을목이라면 기력이 없고 무기력하며 우울하고 힘들어진다. 행하고자 하는 일들과 계획이 무산되기도 하고 계약이 성사되었다가도 취소하게 되며 어렵고 늦어지고 느려지며 보류하게 되어 손실이 많이 발생할 수 있는 운이다. 스트레스를 많이 받게 되고 신경성 질환이나 신경 쇠약, 정신과 관련되는 질환, 우울증, 수면 부족, 공황장애, 심리적 불안 등에 많은 관심을 가져야 하며 특히 근육과 관련되는 질환이 발생할 수 있으니 근육을 다치지 않게 조심하여야 하고 헬스, 필라테스 등 격렬한 운동을 자제하여야 하며 조심할 시기로 본다.

신금은 예리한 칼날로 보기도 하며 이처럼 예리한 도구로 인한 직업을 가지는 사람은 좋은 기회이기도 하며 행하는 일들이 순조롭고 평탄하게 진행이 되고 사업자라면 주문이 많아질 수 있는 운으로 본다. 신금은 정관이 되므로 정관의 본성질은 날카롭고 강한 성정으로 변모되어 새로운 도전이나 신종 사업에 관심이 많아지고 변화를 추구하며 갈등이 증가하고 집중력은 왕성하여지지만 좀처럼 성사되는 것은 적은 운이다.

분주하게 움직이고 활동성이 늘어나며 부지런하여지고 노력은 왕성하지만 결과는 기대에 못 미치는 현상들이 일어난다.
대운이나 세운에서 신금이 와서 충이 되었다면 행하는 일들에 더욱 신중을 기하고 조심하며 심리적인 안정이 절대적으로 필요한 시기로 본다. 직장을 바꾼다든지 하는 사업을 확장하는 문제는 충분한 시간과 계획을 수립한 후에 안전하게 결정하는 것이 최선의 방책이라 본다. 직장인이라면 변화의 기운이 강하므로 갈등은 많이 일어나겠지만 새로운 변화를 시도하여 보는 것도 좋은 기회가 될 수가 있다.

## 66. 병임충, 정계충

병임충은 양간의 충이라 하지만 충으로 보지 아니하고 길한 것
으로 본다. 병화의 강력한 빛은 임수의 물 위에서 찬란하게 빛나며 멀리 나아갈 수 있다.
거대한 물과 큰 불의 대립이 되고 에너지의 극단적이고 대립적인 관계이지만 양간을 극한 상태로 보고 강력한 변화나 큰 충격을 암시하지만 극하는 힘을 그렇게 강하게 보지 않는다.
병화는 열정과 에너지를 상징하며 밝고 추진력 있는 성향을 가지고 있으며 임수는 유연하고 깊이와 전달을 상징하여 포용력과 통찰력이 있다. 열정과 유연성의 충돌이 일어나 큰 변화를 추구하며 희망과 발전을 성취할 수 있으며 장기적인 계획을 토대로 멀리 나아갈 수 있는 좋은 기회이다.

임수 일간이면 편성이 되고 편성은 고정적인 수입보다 기타 소득의 수입이 많아지고 행하는 일들이 순조롭고 원만하며 예상하지 못한 일들이 발생하여 큰 수확이 나타나고 부모의 재산이나 생각하지 않은 곳에서의 재산이 나타나는 현상이 일어나 즐거움과 기쁨이 넘치는 길한 운이 된다. 경제적, 사회적 활동의 개성을 살리고 유연함과 능숙함으로 적응력과 현명한 능력을 발휘하여 지배력을 풍부하게 활용할 수 있다. 총명하고 영리하며 지혜로운 두뇌의 소유로 발전과 창조, 창의력이 탁월하다.

정계충은 음간과 음간의 충으로 충 중에서 가장 강력한 충으로 본다. 정화의 따뜻한 기운과 세밀한 감성과 지혜가 계수로 인해 약해지고 지워지며 불이 활활 타오르지 못하고 밝히지 못하며 꺼져 가는 현상이 일어난다. 균형이 무너지고 솟아나는 생명력은 약화되어 가는 형상에서 정화는 벗어나려고 하지만 계수의 충돌 작용으로 위협받게 되어 현명하게 활동하지 못하고 좋은 결과를 만들어 내지 못하는 길하지 않은 운이다.

정화 일간에 여성이면 이성 관련하여 폭행을 당할 수도 있고 어려운 일이 발생하거나 이용당하며 괴로워할 수 있고 눈물 흘릴 일이 자주 발생하는 운이다.
심하면 사고를 당하거나 정신적 심한 고통을 겪을 수 있다.
정계충은 수화상전 즉 물과 불의 싸움이 일어나는 현상으로 치명적인 작용이 발생하고 물과 불의 강력한 다툼은 서서히 불이 꺼져 가는 현상이다. 생명력에 영향력을 행사할 수 있고 눈이나 심장의 질환에 약해질 수 있으며 스트레스와 마음과 정신의 변화에 밀접한 관계를 나타낸다.
정계충으로 인하여 감성적 공감과 이성적 사고가 교차하는 운세에 해당하며 이러한 경우는 매사에 조심하고 안전한 선택이 판단의 결과에 도움이 된다.

## 67. 무갑, 기을, 경병, 신정, 임무, 계기의 충

천간의 충들이 있지만 모두 극하는 관계로 보아야 하며 충의 힘은 미약한 것으로 충의 작용은 일어나지 않는다고 본다.
일간에 충이 있는 경우 예민하고 스트레스에 취약할 수 있으며 정서적이지 못하고 약간 심리적으로 불안을 느끼며 이리저리 분주할 수 있으나 그의 영향력은 사주에 제대로 작동하지 못하고 겉으로의 행세만 하고 있다. 이런 관계로 모두 극하는 것으로 보아야 하며 생극의 작용을 대입하면 될 것이며 생극과 상충을 이해하는 데 많은 도움이 될 것으로 추정되어 상세한 설명을 생략하기로 한다.

## 68. 지지의 상충

### (1) 인신충

인신충은 금목 상쟁, 즉 금과 목의 다툼이 일어나는 것이다.
강한 생지끼리 정면충돌하는 양상이며 그 싸움이 치열하여 반드시 상처의 흔적이 남는 특성이 있다.
마치 외나무다리에서 만난 원수와도 같다. 피할 수도 돌아갈 수도 없는 라이벌의 싸움인 것이다.

인신충은 성급하게 일을 추진하거나 계획이나 준비 없이 일을 벌이다가 발생되는 사건 사고이다. 마음만 급하고 행동이 앞서고 각종 위험이나 함정을 보지 못해 시행착오를 겪는 경우가 많다.
새로운 일이나 계획에 대한 욕심이 많아지고 추진력이 강화되며 주로 교통사고, 낙상, 폭행, 수술 등의 사건 사고가 난다.

성품은 겉보기에는 까칠하고 예민하며 정이 많고 희생, 봉사 정신이 있으며 불쌍한 사람을 보면 내 일처럼 도와주는 착한 성향이 있다. 그러나 욱하는 성격이 있어 불의를 보면 참지 못하고 과도한 행위로 법적 문제까지 비화되기 쉽다. 평소 때와 화났을 때 모습들이 완전히 달라져 같은 사람인지 의문이 생기는 경우도 있다. 그 기운이 오래 못 가고 금세 사그라든다.

순간적으로 욱하는 기운만 잘 참고 넘긴다면 화를 면할 수 있다. 약한 것에는 약하고 강한 것에는 강한 것도 인신충의 대표적인 특징이다.

부정적인 사건 사고에 휘말리거나 시작은 잘하지만 끝맺음이 부족하고 스스로 사서 고생을 하는 경우가 많다. 인간관계가 고립되거나 원치 않는 곳으로 부서 이동, 직장 전직, 이사, 주거 변동 등이 나타나며 최악의 경우는 배우자와 생사 이별까지 초래될 수 있다. 정형외과적 수술, 교통사고, 낙상, 폭행 등 물리적이고 인위적인 사고에 연루되기 쉽다. 또한 신경 계통 질환, 간, 담, 폐, 대장 질환도 유의해야 한다. 주로 외적인 수술을 동반한다.

뼈, 골수암, 교통사고, 낙상 등에 관한 질환이 발생할 가능성이 높으므로 주의를 요한다.

역마가 있으니 고향을 떠나 타지에서 생활할 수가 있고 불의의 사고 위험이 있으며 일지가 신이라면 무역업이나 여행업, 운수업 등 이동으로 인한 수입이 발생할 수 있으며 일지가 인이라면 남자의 경우에는 직장의 변동이 있을 수 있고, 여자의 경우는 남자 문제로 신경 쓸 일이 생길 수가 있다.

인신충이 있게 되면 뇌의 신경세포와 뇌혈관의 문제로 인하여 뇌출혈, 뇌경색, 치매, 중풍 질환에 약할 수 있고 두통, 대장 질환이 발생할 가능성이 많다.

### (2) 사해충

사해충은 수화 상전의 기운을 지니고 물과 불의 다툼이다.
사화는 낮이고 해수는 밤이라 밝고 어두움의 대결로 주장과 다툼이 끝이 없으니 융합과 화합이 이루어질 수가 없다.
근심 걱정이 떠날 날이 없고 걱정을 사서 한다. 작은 일을 크게 만들어 손해를 보는 형상이며 처음은 이득이 있으나 후에 더 큰 손해로 이어진다.
사해충은 정신적인 문제를 발생시키는데, 불안정성과 심리적 작용, 감정 기복이 강하며 육친적으로 좋지 못한 운의 시작점이 된다.
운에서 사해충이 들어오면 사회적으로 성장, 확장하기 어려우며 정신적으로 쓸데없는 발상이나 의심으로 인하여 불면증이 생기기도 한다. 육친적으로는 배우자와 생리사별, 인간관계 훼손이나 바람이 나기도 한다.
이 시기에는 이동, 변화, 팽창의 분열하는 기운을 지니고 있다.

인신충은 신체적인 문제이고 긍정적 추진력, 행동력이 강하다면 사해충은 정신적인 문제이며 부정적이고 의심과 걱정이 많은 편이다. 간혹 신체의 병증으로 나타나는데 신장, 방광, 자궁, 호르몬, 갑상선 등의 관련 질환들이 발병한다. 정신적, 종교적, 철학적인 성향이 강해지고 경제적, 현실적인 성향이 나타난다.

사해충 역시 역마살로서 인신충과 동일한 기운이 나타난다.
역마충보다 사고의 위험은 적은데 건강의 적신호가 더 큰 문제로 나타나는 특색이 있다. 사주 원국에 충이 있으면 심혈관 질환과 신장 기능의 이상이 많이 발생할 수 있으며 심장마비, 손발이 붓는 신장 기능의 이상 현상이 많이 생길 수 있으니 이 부분에 특별히 건강관리를 하여야 한다.
정신적, 심리적 형태로 불안정성, 심장, 심혈관, 뇌혈관 질환, 수막염, 신경 정신 계통으로 문제가 발생할 수 있으며 심장, 우울증, 교통사고의 주의를 요한다.

사해충이 년지와 월지에 있다면 조부, 부모가 정 없이 살아가고 덕이 없으며 애정, 금실에 풍파가 있고 고향을 떠나 부모 형제와 생이별, 사별 등이 발생할 수 있으며 어릴 때 질병을 경험하게 되거나 가정 환경이 좋지 않다.
월지와 일지가 충이 된다면 가정 환경이나 배경이 매우 좋지 않으며 부모나 형제간의 정이 없고 덕도 없으며 생가를 떠나 살아가며 대인관계도 원만하지 못하고 시비 구설이 많으며 부부간의 안정성도 불안하며 잔병이 많고 관의 재난도 발생한다.

일지와 시지에 충이 된다면 부부가 원만하지 못하고 서로 대립하며 다툼이 많으며 자녀와도 불화하고 자녀 문제로 근심 걱정이 많다. 사회적으로 아랫사람과 불화가 발생하며 싸움이 심하여 조심하여야 한다.

**(3) 자오충**

자수 기운은 겨울을 의미하고 오화 기운은 여름을 의미하며 왕지충이다. 정남과 정북의 대결로 음양의 투쟁, 정면충돌하여 서로 세력 다툼이 일어난다. 왕지충으로 왕이 둘이 될 수 없듯이 극렬하게 다툼이 일어나고 험난하다.

원국에 있는 것보다 운에서 들어오면 충이 더 강력하다.

자수는 12지지의 첫 글자로 생명의 근원이며 어둠이다.
정체되어 있는 자기를 의미하며 고체인 얼음 상태로 해석되며 고정된 자수를 움직이게 하는 것이 바로 오화이다. 한겨울 눈이 소복이 쌓인 계곡에 봄이 오면서 열기가 생기고 눈이 녹고 땅으로는 습기가 스며들고 나무는 생기를 되찾게 된다.

자수 안에는 임수가 있고 오화 안에는 병화가 있어 수극화 작용은 잘 안 된다. 병화는 만물을 성장시키는 에너지를 가지고 있어 자수를 수생목 할 수 있게 하는 역할을 한다는 것이다. 자수의 성향은 은밀하고 비밀이 많으며 섞이는 것을 싫어한다.

오화의 성향은 드러내고 섞이는 것을 좋아하며 주변을 성장, 확장 시키는 에너지가 있고 움직이고 싶은데 움직이지 못하는 상황이 되는 것이다. 이사나 이직을 하고 싶은데 못 하는 경우나 지금 하고 있는 일이나 업무를 더 확장하고 싶은데 그것을 막는 상황들이 발생하는 현상인 것이다.

세력 다툼으로 서로 강력하게 겨루니 이별, 금전 문제 등의 이해관계가 발생하며 재판, 소송, 구설 등이 발생할 수 있으며 건강적으로는 심장, 심혈관 계통 질환, 혈압, 방광, 신장, 비뇨기과, 산부인과, 정신과 등의 질환들을 염려해야 한다. 오화는 심장을 나타내고 오화가 꺼진다는 것은 심장이 멈춘다는 의미도 된다.

배우자의 문제가 많이 발생할 수 있으며 가정의 불화가 자주 일어난다.

자오충이 사주 원국에 있으면 특별히 도박에 조심하여야 하고 주색잡기로 인생을 망칠 수 있는 경우가 있다.
남녀를 불문하고 이성으로 인해 패가망신을 당할 수 있으니 많은 노력이 필요하고 확고한 결단력이 요구되는 운이라 할 수 있다.

### (4) 묘유충

왕지충으로 봄철의 왕 묘목과 가을철의 왕 유금의 세력 다툼으로 서로의 물러섬이 한 치도 없이 치열하게 주장하며 불화를 이어 가는 현상이다.
상충 중에서 가장 강한 작용력이 일어나는 충이 묘유충 다음이 자오충, 인신충 순으로 왕지충은 어떤 경우에도 다른 오행으로 변하지 않는 성정이 있으며 오히려 다른 오행을 끌어들이는 힘을 가지고 있다.
왕지끼리의 큰 싸움으로 물러섬이 없고 자신의 고유성을 유지하려는 성향이 강해 그만큼 치열한 충돌이 발생하게 된다.

지장간에도 목과 금의 성분 외의 기운이 없어서 다른 오행을
받아들이지 않고 자신감이나 자만심으로 꽉 차 있다.
따라서 충이 되어서 지장간에 있는 목의 기운이나 금의 기운이 투출하게 되면 사주 원국에 강한 작용력이 크게 미치게 되고 많은 변화를 일으키며 확실하게 변화시키는 성향이 있으며 원국의 다른 오행을 끌어들이는 역할을 수행하게 된다.

대운이나 세운에서 일지나 월지에 충을 하게 되면 자신이 의도하지 않는 형태로 변화를 드러낼 수 있고 어렵고 힘든 시기로 변모될 가능성이 높아진다. 사회적으로 지탄이나 비난을 받을 일들이 발생할 수 있으며, 학술적으로 중요한 논문을 발표했는데 표절 시비가 제기되는 등 자신의 명

예나 재능이 손상되는 운에 직면하게 될 수도 있고 시시비비가 일어날 확률이 높아지는 것이다.

건강적으로는 금목 상쟁으로 인해 수술수가 들어오거나 정형외과적 질환 및 신경통, 간, 폐 질환, 조울증, 뼈에 관한 질환이 의심이 되고 각종 사건 사고가 발생할 수 있으며 심하면 실직과 이혼이나 이별, 사별과 같은 감당하기 어려운 현실을 맞이할 수도 있는 운으로 본다. 실직을 당해도 억울하게 누명을 쓰고 해고되거나 실직하고 받은 퇴직금을 잘못 투자하여 많은 손실이 발생하거나 하는 안 좋은 일들이 중첩되는 것이다.

이런 시기에 만난 인연은 3년을 못 간다는 속담이 있으며 망신 구설 관재까지 당할 수 있으니 안전하고 정확한 판단이 중요하며 항상 조심하여야 한다.
사주 원국이 고립되었거나 과다한 오행이 묘유충 할 때는 부정
적인 변화, 변동이 일어나고 도화충으로서 남녀 불문하고 주색잡기보다는 아직 성숙하지 않은 세대는 이성을 알게 되고 이성 관계가 문란해지는 경우가 있을 수 있으며 성인이라면 가정에 충실하지 못하고 애인이 생기거나 두 집 살림을 하는 경우가 있을 수 있고 불화가 많이 발생할 수 있는 운으로 항상 조심하고 유념하여 불화를 잘 조율하여야 하는 시기로 본다.

직업에 관한 선택은 묘목은 손가락, 손 근육 등을 상징하고 금은 정밀하고 섬세함의 성질이 강하여 정밀 부품 가공, 성형, 연마기, 고속 가공, 사출, 금형 프레스, 귀금속 세공이나 여성이라면 세밀한 디자인, 인테리어, 조경, 원예, 미용, 네일아트 등이 유익할 것으로 추천하는 것이다.

특히 음과 음의 충은 그 영향이 오래도록 남아 있으며 한번 실패하고 다시 재기하려 하는 기운이 강하며 재기하려면 좋은 기회가 될 수도 있다. 묘는 손가락의 모양이라 손재주가 뛰어나기 때문에 손가락을 사용하여 할 수 있는 일들이라면 무엇이든 잘 소화할 수 있다.

### (5) 진술충

진토는 음양오행의 근원으로 모든 만물이 처음 시작한다는 의미가 있으며 계절로는 봄의 끝자락이며 방향은 동남쪽으로 수의 기운 고장지 역할이 강하며 술토는 음양오행의 끝으로 천문이 닫히는 시기로 모든 만물이 죽음으로 들어가는 통로 역할을 하며 계절로는 가을의 끝자락이고 방향은 서북쪽이며 화의 기운 고장지 역할을 수행한다.

토의 충은 강력하지도 않으며 친구의 충으로 땅만 늘어나는 현상으로 보며 토는 모든 오행을 수용하는 기운이 있어 충력은 미온적으로 보는 경향이 있으며 계절과 계절의 사이에서 환절기 역할을 한다. 진술충은 지지의 충 중에서 강도가 가장 약한 충으로서 나쁜 경우도 있지만 충으로 인하여 좋은 경우도 매우 많이 발생할 수 있다. 진술축미 중 한 글자라도 사주 원국에 있기를 기대할 정도로 좋은 오행이고 사주 원국에 진술축미 한 글자라도 있어야 부자 소리를 들을 수 있으며 예체능에 소질이 있고 인생을 풍요롭게 흔쾌하고 멋있게 사는 좋은 오행이다.
창고를 의미하고 넓은 대지를 의미하며 재주가 많으며 도량이 넓으며 배려심도 많고 인정도 많으며 베풀기도 잘하고 인기도 많으며 리더십이 강하고 주위의 관심을 이끌어 내기에 충분한 역량이 내재되어 있다.

사주 원국에서 월지와 충을 하게 되면 어려서 학업이 중단될 가능성이 있으며 나이가 들어서라 자신의 특기를 다시 살려 학업을 이어 가거나 그 분야의 일을 다시 하게 되는 경우가 있다.

년지와 충을 하게 되면 학업은 계속 진행되지만 나중에 자신의 전공을 바꾸게 되고 전공과는 다른 일을 하면서 살게 될 가능성이 높다. 고집이 세기는 하지만 의사, 기술자, 간호사, 전문직 종사자가 많으며 자기의 특성을 잘 살려 성공하는 사례를 많이 볼 수 있다.

진술충은 봄과 가을의 충으로 늙은 남자와 여자의 다툼으로 대결하는 형상이나 금실이 안 좋고 독수공방하는 격이다. 자기주장이 강하여 불화, 쟁투가 일어나며 외롭고 고독한 형국이다.

진술은 창고의 성질과 묘의 성질이 강력하며 충으로 인한 지장간의 투출로 인한 사주 원국에 어떠한 영향을 행사하는지를 잘 살펴보아야 한다. 진술충은 위장 계통의 질환에 약할 수 있고 소식하는 습관이 중요하며 위장, 소장, 췌장, 소화기 계통, 과식과 기름진 음식을 피하고 야채 위주의 식습관이 좋으며 비만이 발생할 수 있다.

진술충은 이상에 대한 열망과 이상적인 사고방식, 철학적이나 고고학적 취향이 강하며 어떤 사고방식에 대하여 쉽게 적응하고 많은 이해관계와 조정, 포용력으로 끌어안는 힘이 강하다.

창고의 문이 열려 개고 현상이 일어나고 수의 기운과 화의 기운이 투출하여 격돌하게 되지만 그 힘은 강하지 않다.

대운이나 세운에서 진술충이 된다면 시작과 변화, 변동이 예상되며 성장의 기회, 이사, 이직, 유학, 이민, 주택이나 땅, 토지 관련 변동이 발생할 수 있으며 관재구설, 사건 사고가 발생할 수 있고 정신적 고통을 겪을 수 있다. 이성에게 인기는 많지만 사교성이 부족하고 외로우며 고독하고 산속이나 조용한 교외나 인적이 드문 조용한 공간을 선호하기도 한다.
일지에 진토나 술토가 있으면 인생을 두 번 사는 경우가 많으며 액운이 많이 발생하기도 하며 주변 환경의 변화를 경험할 수 있고, 대운이나 세운에서 진술충이 된다면 그 변화는 더 크게 될 것이다. 진토는 수의 창고이고 술토는 화의 창고이다. 직업과 배우자 변동성이 가장 크게 작용하고 배우자와 헤어지거나 사별할 수도 있으며 직업 변동이 생기며 완전히 다른 직업으로 바뀌는 경우도 있다.

배우자와 헤어지고 홀로 새로운 삶을 시작하거나 새로운 사람과 다시 시작하는 경우가 있고 사회적으로 회사원이 사업을 시작하거나 업종 자체를 변경하는 경우가 상당하다.
경제적으로 현실적인 문제가 발생할 가능성이 높으며 정신적, 철학적인 문제가 생겨날 개연성이 많다.

### (6) 축미충

축토는 가장 추운 시기이지만 내부에서는 생명에 대한 갈망이 매우 강하고 계절로는 겨울의 끝자락이며 방향으로는 북동쪽이고 금 기운의 고장지이다. 미토는 가장 무더운 시기로 내부에서는 생명의 마감이 시작되는 기운이 있고 계절로는 여름의 마지막이고 방향은 남서쪽으로 목 기운의 고장지로 충력은 미미하며 개고, 입고 현상이 강하고 은밀하고 천천히 진행한다.

진술축미는 창고라는 개념을 가지고 있다. 창고는 무엇을 보관하는 것이고 원치 않는 것을 보관하거나 보관함에 이상이 생겨 들어 있는 보관물이 훼손되기도 한다. 창고가 무덤의 기능을 하거나 창고가 멸실되어 보관물이 변질되는 상태가 된다.
이때 고지충이 발생하면 창고 안에 있던 오행이 밖으로 나오게 되는데 이를 개고라고 하고 천간에 있던 오행이 창고 속으로 다시 들어가는 것을 입고라고 한다. 개고와 입고는 상대적인 개념으로 동시에 발생될 수도 있고 개고와 입고 중 무엇이 더 좋고 나쁨도 없다. 생지는 시작의 기운, 도화는 완성의 기운이라면 고지는 변화의 기운이라고 할 수 있다. 고지는 생지와 왕지를 거쳐 나온 결과물을 저장, 보관하는 역할을 한다. 어떤 과정을 끝냈다면 그다음은 다시 새로운 과정을 시작하거나 끝낸 관정을 보관 유지하고 있게 된다. 생왕고의 과정을 순환, 반복한다.
화개에는 끝과 시작이 함께 들어 있고 변화한다고 한다.
인생의 큰 변화가 발생한다. 진술축미는 3년마다 한 번씩 돌아온다. 고지충의 가장 근원적인 문제는 육친의 흉화이다.
사람은 땅속에 있는 것이 병약 자체를 의미하기 때문이다.
가장 근원적인 해결법은 마음가짐이다.

재성이 개고가 되면 남자의 경우 아내가 사회적 활동을 시작할 수도 있고 그동안 저축했던 재물을 꺼내어 집을 사거나 창업을 할 수도 있다. 축토는 금 기운의 고지이고 미토는 목 기운의 고지이다. 고집이 강해지고 욕심이 생기는 것이다. 상대의 물건을 빼앗아 내 창고에 보관하고 싶은 것이다. 가볍고 작다고 하여 친구 충 붕충이라고 하며 음의 특성으로 나타난다.

소화기 계통, 비장, 위장, 수술, 교통사고에 주의를 요하며 췌장 기능이 약할 수 있으니 당뇨병에 특히 유의하며 종기와 종양 발생이 많으니 조심하여야 하는 운세이다. 친구, 동료, 형제, 친척, 동업자, 지인들과 멀어지고 소외될 수도 있다.
주위의 사람들과 어울리는 것을 반가워하지 않으며 만나는 것 자체를 꺼려 자기 생각에만 몰두해 있는 성향이 강하고 무관심한 면이 있다.

주어진 일에 최선을 다하고 자신이 해야 하는 일에만 관심을 두고 집중하며 성실, 근면하지만 융통성이 부족하고 심리적 고착 상태에 빠지며 이익 실현에 따른 큰 감정의 소모가 나타나며 매사에 이해타산적 사고방식이 강하여 이익에 흔들리고 움직이지만 중심을 잘 잡고 이익을 실현해 내는 성향이 있으며 자기중심적인 면이 강하고 따뜻한 면이 부족하다.

축미충은 복잡한 기운이 내재되어 있으며 자기 내면의 복잡한 감정을 잘 표현하지 않고 계획이 번잡하고 산만하여 집중력이 떨어지지만 재물적이나 금전적 적응에 강력한 면이 돋보인다.

## 69. 창고와 입묘

입고, 입묘, 개고 현상의 공통점은 모두 토에서 일어난다.
토는 축장(저장의 의미)의 기능이 있고 오행의 저장과 통관의 역할도 한다. 진은 수의 기운 창고이며 지장간의 중기는 계수가 되고, 술은 화의 기운 창고이며 지장간의 중기는 정화가 되고, 축은 금의 기운 창고가 되며 지장간의 중기는 신금이 되고, 미는 목의 기운 창고이며 지장간의 중기는 을목이 된다.

토는 목화금수를 보관, 유지하고 있다가 물리적인 힘에 의하여 활성화되게 하는 현상을 개고, 입고, 입묘라고 하는 것이다.

개고라 함은 입묘나 입고되어 있는 오행을 충형파로 인하여 창고가 열리는 현상으로 지장간의 오행이 투간하여 사주 원국에 영향을 미치게 한다. 이러한 현상은 중대한 사건을 만들며 주로 나쁜 일들의 가능성이 높게 나타날 수 있으며 이 시기에는 조심하고 사전에 대비하는 것이 바람직하다.

그중에서 입묘는 육친적 관점에서는 자신에게 나타나는 불운과 함께 가장 가까운 가족에게 최악의 사건이나 사고로 나쁜 일이 발생하는 현상으로 본다.

비견 겁재가 입묘하는 경우는 자자입묘라 하여 스스로 무덤에 들어가는 암시가 되어 자살이나 자해, 형제자매, 친구, 동료에게 문제가 발생할 수 있으며 심각한 병증으로도 나타날 수 있으므로 상당한 주의를 요하는 것이다. 입묘가 되면 자신의 운신 폭이 대폭 축소하게 되며 육친적으로 드러나고 움직이는 기운을 무력화시키는 것으로 정신적인 측면과 행동력을 무디게 만들어 행하는 일들이 느려지고 취소되며 포기하는 현상이 일어나기도 한다.

입묘는 침잠, 갇혀 있는 현상과 재물의 보관, 축적, 동결 등 움직이지 못하는 것을 의미하며 극심한 변화, 충돌, 갈등이 발생하여 건강 문제로 병원에 입원하거나 구금되는 현실을 생각할 수 있으며 개고 즉 충형으로 갇혀 있는 기운이 투출하므로 병이 완치되어 퇴원이나 구금에서 풀려나는 현상을 유추하여 볼 수 있다.

결국 살아 있는 기운을 무력화 또는 위축시키므로 입묘를 만나면 미궁에 빠져 죽었거나 없어지거나 생존 또는 활동하고 있다면 신음하는 상태를 연상하는 것을 뜻하게 된다.
십성의 명칭에 의하여 식상입묘, 재성입묘, 관성입묘, 인성입묘로 분류한다.
식상입묘는 숨겨진 재능이고 육친적으로는 여성이면 식상은 자식이 되고, 자식의 관련이 되면 무서운 작용이라 볼 수 있으며 식상은 자신의 건강과 활동성의 연관성이 있어서 불길한 징조로 자식에게나 자신에게도 많은 주의가 필요한 시기로 본다.
입고는 물질적인 관점이고 입묘는 육친적인 관점에서 관찰하여 보아야 하고 남성은 관고, 재고가 안 좋고 여성은 관고, 식상고가 가장 나쁘다.

대운이나 세운에서 용신이 입묘되거나 일간이 입묘되는 경우는 자신의 목숨까지 위태로우며 엄청난 인생의 풍파를 겪을 수도 있으며 육친으로는 가까운 혈육이나 배우자가 죽거나 다칠 수 있으며 사회적으로는 재물의 손실, 사기수, 구설수, 관재수, 명예, 건강, 직장 변동 등 최악의 사건 사고가 발생할 수 있다.

재성입묘는 숨겨둔 재물이 될 수 있고 육친적으로 남성에게는 아내에 해당하고 남녀 모두에게는 아버지에 해당한다.
아내나 아버지가 무덤으로 들어가는 현상으로 아내나 아버지가 아프거나 큰 사건 사고가 생길 수 있으며 아내의 가족 중에 변고가 생길 수 있다.
재성은 욕망과 재물, 목표 등의 결과를 의미하는데 이와 연관된 안 좋은 일도 발생할 수 있고 흉한 현상이 일어나기도 한다.

관성입묘는 육친적으로 여성에게는 남편에 해당하고 남성에게는 자식에 해당한다. 남편과 자식은 가족 구성원 중 가장 소중한 존재이다. 따라서 입묘 중에서도 관성입묘는 가장 나쁜 현상이라고도 하는데 실제 관성입묘가 일어나면 이혼, 사별이나 자식 때문에 마음고생을 하기도 한다.
이 시기에는 투자나 확장, 이사, 이전, 창업 등의 행위는 일체 삼가는 것이 좋다. 관성은 명예 직장 조직 사회적 가치 등을 의미하며 관성입묘가 발생되면 실직이나 명예 실추, 사회적 가치 훼손에 관련된 사건 사고가 발생하기도 한다.

인성입묘는 육친적으로 어머니에 해당한다. 어머니는 자신을 낳아 주고 길러 준 가장 소중하고 고마운 존재이다.
이것이 입묘된다는 것은 실제 어머니뿐 아니라 그동안 어머니처럼 자신을 도와주고 격려해 준 모든 사람이나 환경 등이 사라진다는 것을 의미한다.
인성은 문서, 자격, 절차, 공부, 수용, 전통 등을 상징하며 인성입묘가 일어나면 이와 관련된 문제가 발생할 수도 있다.

# 70. 형살과 삼형살

형살은 가두어 둔다. 억제하고 제어한다는 의미를 내포하고 있는 살이다. 가둔다고 하면 감옥이나 형무소, 제어한다면 군대, 군인 등을 떠올릴 수 있고 억제되는 기운들이 일시에 한꺼번에 폭발하는 형태를 보이기도 한다.

일간의 강약에 따라 다르게 작용하는 경우가 있으며 성패와 길흉이 다르게 나타나고 일간이 강하면 추진력이 왕성하며 권력 지향적이고 긍정적인 판단으로 볼 수 있으며 일간이 약하면 관재 소송 시비가 발생하고 폭력적 무법적으로 작용할 수 있어 부정적으로 작용될 개연성이 높아진다.

형살의 가장 중요한 요소는 직업이나 업무, 사회 활동 등에 많은 관련성을 가지고 있지만 개인적인 탐욕은 금하고 욕심을 줄이며 대의적으로 봉사적인 생각과 행동으로 대처한다면 좋은 결과를 이루어 길하게 작용을 한다. 형살은 상충보다는 약하게 보는 관점이 있으며 두려워할 필요는 없다.

일반적으로 육영, 활인업에 종사하는 자가 많으며 의사, 한의사, 간호사, 약사 등 사람을 살리는 의료인이 있고 군인, 검사, 경찰, 경비원, 교도관, 공무원, 종교인, 상담사, 교사 등 사람을 돕는 일 등 그 범위는 매우 다양하고 우리 사회에 아주 넓게 분포되어 있다. 인사신 삼형살은 사주 원국에서 화기가 강하면 가장 강하게 작용을 하며 수기가 많으면 그 작용이 미미하게 나타난다.

사주가 어떤 오행의 형태를 유지하고 있는가에 따라 차이가 있겠지만 위의 업무를 잘 수행하여 명예를 획득하거나 승진이 되어 좋은 작용을 하기도 하며 명의가 되어 명성을 멀리 떨치는 분도 있고 훌륭한 스승님으로 많은 제자를 양성하여 존경받기도 하며 종교적 지도자로 종교 단체를 이끌며 많은 종교인의 은혜를 베푸시는 경우가 있고, 예술인으로 그의 이름을 알리고 작품활동에 크게 성공하여 모든 사람이 우러러보는 대상이 될 수 있다.

형살은 길할 때도 많지만 자신이 신약하면 흉한 기운도 내포되어 있다.

법률의 다툼이 심하고 시시비비를 가리려는 성향이 있으며 관재구설, 폭력, 수술, 이별 등 정상적인 활동을 못 하는 경우가 있으며 몸이 아프고 손해 보는 현실이 많고 탐욕으로 실패하고 비타협적이며 마음속에 비밀이 존재한다. 여성이면 불화가 심하고 고독하며 괴로움, 이별, 질병 등에 시달릴 수 있다.

삼형살은 인사신 축술미로 구분하며 특성은 사주의 구성에 따라 조금 다르다. 인사신은 무은지형이라 하며 모두 생지로 구성되고 강력한 추진력과 속도감이 있으며 성급함과 자만심으로 인하여 실패할 가능성이 있다. 동료의 배신이나 다툼 등이 생기며 심리적 불안감이 증가하고 욕심이 많아지는 현상이 일어나기도 하며 대부분은 속전속결의 성향으로 실패하는 경우가 많으며 속도와 관련된 사건 사고 발생률이 높으며 교통사고, 낙상, 폭행, 급성 질환 등이 빠르고 강하게 나타나며 순간적으로 발생하는 문제가 많다.

상대를 제압하는 힘과 다스릴 수 있는 힘이 있으며 그 힘을 바탕으로 목적을 실현하고 정리하며 길흉과 성패를 결정하는 강력한 기운이다. 사회활동으로는 권력 지향적인 면이 왕성하며 군인, 검찰, 경찰, 교도관, 감사관 등 권력 기관에 업무 활동이 많으며 올바른 권력을 행사하는 경우가 많다.

일간이 신약하여 강력한 힘을 발휘하지 못하면 반대로 작용하여 자신에게 되돌아오는 현상이 일어나며 그 힘으로 인하여 자신이 해를 당할 수도 있다. 질병이 따라올 수 있고 다툼이 일어나며 관재가 발생하기도 하며 불의를 못 참아 사고를 유발하며 이러한 시기에는 조심하고 견제하며 참아야 하는 때이다.

삼형살 축술미는 지세 지형이라고 하며 사람을 살리는 활인성이 강하다. 만물을 생육하고 보호하는 어머니의 모습을 상징하며 사회적 목적을 실현한다. 자기주장이 강하고 자기 생각이 진리라고 주장하며 중심이 강하고 이치에 밝으며 타의 모범이 되고 불의와 타협하지 않으며 정의파로 의협심이 상당하며 까다로운 성격이나 안정감을 좋아하고 확실하게 행동하는 것을 원한다.
기본적으로 살리고 키우는 일이 적합하고 가장 좋은 직업은 의사, 한의사, 약사, 간호사, 치료사 등 사람을 치유하는 업무로 볼 수 있다.
의료행위로 수술 치료, 처방 약 등이 있으나 종교, 교육, 예술 등에서도 좋은 역할을 기대할 수 있으며 좋은 결과를 만들어 가는 성향이 있다.

일간이 신약하다면 병약하고 시비 구설이 심하며 고독하고 외롭게 살며 금전적인 문제도 자주 발생할 수 있으며 불길한 운세로 조심해야 하고 주의를 요한다. 친분이 두터운 사람과 사소한 일로 다툼이 있거나 금전 관련 분쟁으로 인해 불신, 반목, 배신 등의 일로 마음고생을 하는 경향이 높다.

여성의 경우에는 부부관계가 불미해져 부부 불화가 심하고 별거나 이혼으로 고독하게 홀로 사는 경향이 많고 부모, 형제간에 시비, 쟁투, 분쟁이 일어날 수 있으며 임신 중에 고통을 받을 가능성이 높고 심장, 위장, 뇌 신경계의 질환이 잠재해 있을 가능성이 있다.
축술미 삼형살은 형살 중에서 가장 작용력이 강하며 상대방에게 은혜를 베풀어도 그 은공이 배신으로 돌아오는 흉살의 성분으로 보아야 한다.

축술미 삼형살은 사주 원국 어디에 있어도 그 역할은 대동소이하고 완전하게 피해 나가기는 어렵지만 영향력을 감소시키는 방법은 직업의 선택이나 자신의 행동으로 축소할 수가 있는데 직업 중에서 육영, 활인업이 가장 효과가 있으며 도축업이나 강한 직업을 선택하는 방법이다.

자기 운명을 개선하고 보다 더 풍요롭고 순조로운 행복한 인생을 살게 하는 방법은 타고난 자신의 사주를 원망하거나 자포자기하며 신세 한탄 하지 말고 항상 긍정적인 생각으로 주의하며 타인을 배려하고 끊임없이 노력하며 밝은 삶을 살아가면 두려워하거나 크게 걱정하지 않아도 된다고 생각한다.
충동적인 행동과 방심을 하지 않고 하루하루 최선을 다해 살아가면 타고난 사주팔자보다 더 나은 삶을 살아갈 수 있다는 사실이 더 중요한 것이다.
연월일시에 관계없이 모든 사주에 동일하게 작용하며 사주에 축술미 3글자가 모두 있을 때가 흉의 작용력이 가장 강하고 축술, 술미 2글자만 있으면 그 역할이 많이 감소한다.

공무원 시험을 준비하는 사람으로 세상과 단절하고 수옥살처럼 가두어져 공부만 할 수 있는 경우라면 이 운에서 호재로 작용할 수 있고 액운에서 벗어나 시험의 합격이나 진급 등으로 새로운 출발점이 될 수 있으며 병원에 입원하여 수술과 같은 시련으로 액을 면하는 경우도 있다.

자묘형살은 자묘상형 또는 유금까지 합하여 자묘유 형살이라고도 한다. 삼형살보다는 특정한 기운이 명확하지 않으며 작용 면에서 조금 다른 결과를 보이며 도화의 기운이 강하여 자기중심적이고 주위를 의식하지 않으며 무례한 태도를 자행하고 성질이 난폭하며 예의가 없고 타인에게 불쾌감을 주는 일이 많으며 패륜, 불륜, 무례, 간음 등을 내포하고 있으며 남을 배려하는 마음이 부족하여 무례지형이라고 한다.
물상적으로는 한겨울 차가운 물속의 나무 모습으로 꽁꽁 얼어 있는 동목으로 꽃을 피울 수도 없고 수생목 하기도 힘들다.

부부관계는 불안정하며 자녀와의 관계도 의견 충돌이 심하게 일어난다. 구설수와 관재수가 발생하며 술과 관련되는 사고, 사건이 생기기도 한다. 화의 기운이 있어서 수생목이 이루어지게 된다면 자묘형살의 기운에서 벗어날 수 있으나 그렇지 못하면 매우 힘들고 고통스런 시간이 될 수 있다.

원국이나 세운, 대운에서 형살이 된다면 대인관계의 문제가 발생할 수 있으며 행하는 일들이 느려지고 지연되며 포기하기도 하며 액운이라 할 수 있다.
질병으로는 수족냉증, 심혈관 질환, 자궁, 뇌 질환, 비뇨기과 계통, 신장에 관련이 있고 불안정성이 자주 일어나 건강에 매우 나쁜 영향을 미친다.
옳고 그름을 시시비비하며 신경질적이고 고집이 세며 투쟁적 성질로 잘 다투고 구설수가 그치지 않으며 감사하는 마음이나 고마움을 모르는 경우가 많다. 형사, 판사, 검사, 의사, 간호사, 군인, 교도관 등의 직업이라면 길하다. 일간이 신강하다면 권위, 권력을 잡고 위엄있고 세심하게 병권을 장악하며 길한 기운으로 변경되어 간다. 일간이 신약하다면 반역자가 되며 불충하고 불복하며 재앙과 형벌을 당한다. 위엄이 있고 화려하게 보여도 비인격자이며 고집불통과 자기주장만 강력하여 융화를 이루지 못하며 화합할 줄 모르는 이기주의자로 변모되어 간다.

여성이라면 불량하고 예의가 없으며 허세, 허풍이 세고 수치를 모르며 주위에 화친하지 못하고 허영심이 많고 욕먹는 일들이 자주 발생하는 운세이다. 신강하다면 미용 관련 직종이나 연예인, 산부인과 의사, 비뇨기과 의사, 관광산업, 오락산업, 유흥 관련 계통에서 두각을 나타내는 경우가 많다. 도화의 기운으로 화려하고 예쁘며 아름다우나 음기의 절정으로 본다.

자형은 자신과 같은 기운을 만나는 것으로 뜻은 스스로 벌을 내리고 받는다는 의미로 해석하며 사주에서 같은 글자가 나란히 있는 것을 말한다. 진진, 오오, 유유, 해해가 있으며 같은 기운끼리 함께 있기 때문에 문제가 발생할 수 있는 소지가 있다는 것이다.
음과 양의 조화를 이루어 상생이나 상극을 하고 그 기운의 변화를 조합하여 원국의 사주와 어떤 관계의 작용이 일어나는지를 살펴야 하는데 자형은 동일한 오행으로 기운을 상쇄하고 차단하여 장해를 일으킨다는 것이다.

자형은 스스로를 괴롭히고 필요 없이 에너지를 소모하며 소심하고 불평불만이 많으며 불안감이나 불쾌감을 주기도 하며 심리적으로 매우 불안하고 부정적이며 의심이 많고 고독하며 이기적이고 냉정하여 주변에 적들이 많을 수 있다.
예민하고 신경질적이며 불친절하고 욱하는 성향이 있고 시기, 질투가 많으며 수다스럽고 자기 선명성이 뚜렷하여 타인과 다툼이 잦으며 잘난 척을 하면서 다혈질적 성향이 높을 수 있다.
자형은 물상에 비유하면 해일이 일어나고 파도가 몰아치며 폭우가 쏟아지는 형상으로 재해가 발생하며 손재로 인하여 불합리한 현상으로 보아야 한다. 스스로 의심하고 변화를 추구하며 탐욕으로 실패를 발생시키며 변덕성이 강하며 내 영역이 아닌 곳을 침범하여 관재를 유발하며 마음속에 비밀을 간직하고 있으며 스트레스로 인한 질병이 발병할 확률이 높아진다.

자형은 삼형살과 유사하며 신강하면 권위가 있고 근엄하며 성공할 수 있는 운세이다. 직업으로는 군인, 경찰, 판사, 검사, 검찰, 의사, 약사, 간호사, 산부인과 의사, 법조계, 정치계, 미용사, 이발사, 양복 기술자, 의상실 등에서 두각을 나타내며 현실적으로 성공하는 사례들을 많이 볼 수가 있다.

여성이면서 신약한 일주이면 매우 좋지 않은 현실을 맞이할 수가 있다. 사주가 흉한 운세라면 엉큼하고 외골수로 음침하고 음란, 음탕하고 무지하며 관재 송사 발생률이 높으며 구설이 많고 비인격자일 경우가 많다.

오오 자형이라면 화기가 너무 강하여 모두를 태우는 격이니 좋을 것이 없고 가문을 해롭게 하거나 이혼할 수가 있으며 패가망신하는 경우가 있을 수 있다. 사주 원국에 자형살이 있고 대운이나 세운에서 오는 오행으로 형충파해가 가중될 경우에는 한층 더 불리한 상황이 전개될 수도 있으므로 이에 대한 사전 예방과 관리가 필요하다고 할 수 있다.

오오 자형과 유유 자형은 도화와 관련되어 있으며 이성에 대한 아름다움이 오히려 상처가 되고 너무 사랑하여 스토킹이나 의부증, 의처증이 나타나기도 하며 사랑이 지나쳐서 애증이 되는 경우가 있고 마음의 상처가 심할 수 있다.

이성과 관련하여 각별하게 조심할 필요가 있으며 희롱이나 폭행 등의 문제로 고통받거나 감옥에 갈 수도 있으며 지나친 질투나 간섭은 오히려 화를 부를 수도 있으니 욕심을 내어 소유하려 하지 않는 것이 상책이다.
오오 자형살은 불과 관련한 형살로 불조심을 유의하여야 하며 화상을 입거나 방화 등의 문제를 발생시킬 수 있으므로 각별한
주의를 하여야 한다.
유유 자형살은 쇠와 관련한 형살로 칼에 베여 피가 자주 나는 형상으로 기구와 관련한 범죄에 연루될 수도 있고 기계의 작용으로 인하여 다칠 수도 있으며 범죄자들의 습격을 받을 가능성을 배제할 수 없으며 직장이 기계를 사용하는 곳이라면 특별히 유념하여야 할 것이다.

진진 자형살은 신중한 생각을 하여야 하고 좋은 일보다는 스스로 걱정을 하고 안 좋은 일이 일어날 가능성이 높으며 심하면 신경이 쇠약해지고, 공황장애와 같은 공포를 느낄 수도 있으며 지나친 생각으로 우울증이 발생하기도 한다. 진진 자형살은 토양과 관계가 있으며 땅이 무너지거나 산에서 흙이 내려와 덮여서 사건 사고가 발생하기도 하고 산이나 흙더미에서 굴러 낭떠러지로 떨어져 다칠 수도 있는 기운이라 많은 주의를 하여야 하는 운세이다.

해해 자형은 역마와 관련성이 있으며 이동 중에 상처를 입을 수 있고 특히 교통사고와 관련하여 문제가 발생할 수 있으며 손재가 생기기도 한다. 해해는 큰 물과도 관련이 있어 배를 타고 가다가 사고를 당하거나 관련 사고로 어려움이 생기며 물놀이를 하다가 사고를 당할 수도 있으니 조심해야 하며 물가에 가지 않는 것이 사고를 미연에 방지할 수 있는 방법이다.

자신이 신강하면 소방관, 구급대원, 경찰관, 렉카차 운전사 등이 되기도 한다.

해와 파는 중요하게 보지 않는 것이며 상생, 상극, 합, 충으로 충분한 판단을 할 수 있을 것으로 추정되며 별다른 의미가 없으므로 간단히 살펴보기로 한다. 해는 합을 방해한다는 논리로 해석하며 합을 이루면 좋은 작용을 할 수가 있는데 해로 인하여 합을 못 하게 방해하니 좋은 기운을 막아 버리는 의미로 나쁜 운세로 변화되는 과정으로 보아서 해는 좋게 보지 않는다.

인사해, 신해해, 자미해, 축오해, 묘진해, 유술해로 구분할 수가 있다. 파는 같은 기운끼리 서로 밀어내는 관계를 형성하며 합을 하거나 충을 하는 것을 원래의 위치로 되돌려 놓는 형상이며 생지는 생지끼리, 왕지는 왕지끼리, 고지는 고지끼리 서로 깨뜨린다는 의미도 있다.
몸이 아픈 사람이라면 파로 인하여 되돌려 놓는다면 병의 치유가 되는 것으로 볼 수도 있으니 파는 나쁜 기운이라고만 볼 수가 없다. 인해파, 사신파, 자유파, 묘오파, 축진파, 술미파로 구분할 수 있다. 인사해는 같은 역마의 기운끼리 만나서 급하게 속전속결로 진행하는 형상으로 좌절, 실패, 손상, 파괴할 수 있는 기운이 강하며 인사형이 되기도 한다.

신해해는 하극상이 일어나고 억울하게 누명을 쓰거나 상대방의 잘못으로 인하여 손재가 발생할 수도 있으나 금이 수를 생하는 격으로 좋게 보는 경향이 있다.

자미해는 원진살도 되고 서로 미워하며 비밀이 드러나서 실패하고 망신

당하는 기운이 강하며 좋은 기운으로 만났으나 헤어질 때 원망하고 불화를 일으킨다.

축오해는 원진 귀문관살도 되고 정신적 안정이 안 되며 정신 분열, 우울증, 신경 쇠약에 시달리며 부정적 사고와 의심과 집착이 강하며 배우자와 관계가 불화하여 이별이나 이혼 등 아픔이 많으며 정신적 육체적 고통이 심화된다.

묘진해는 크게 나쁘게 보지 않으며 배신과 질투와 갈등이 심하며 고생하여 이룬 것을 무너뜨리는 아픔이 있으며 다 된 일에도 어려움이 발생할 수 있다.

유술해는 모든 생명이 죽고 천문이 닫히는 시기로 지켜야 하는 운세로 욕심을 삼가고 공격적 확장이나 새로운 창업을 한다면 착오 등이 발생하고 이로 인해 실패할 확률이 높으니 축소하고 안정하면서 운과 때를 기다리는 것이 좋다.

인해파는 합도 되면서 파도 되고 선합 후파의 결과를 중요시 한다. 과욕과 만용을 삼가고 급하게 서두르지 않으면 길하다. 처음에는 서로 뜨겁게 열애를 하다가 후에 이별한다는 기운으로 천천히 진행하는 것이 좋은 것이다.

사신파는 합도 되고 형살도 되며 승부욕은 강하고 잔재주가 많으나 자신의 능력을 과신하다 망신을 당하거나 실패할 수 있으며 관재나 구설운이 있으며 교통사고, 폭력, 수술 등 건강 면에서도 많은 주의가 필요하고 조심해야 한다.

자유파는 자유 귀문관살도 되며 매사 막힘이 많아 어려우며 정신적으로 불안하고 안정이 안 되며 우울증이나 신경 쇠약, 공황장애 등 신체적으로 병증이 발생하기 쉬운 운이며 자식으로 인하여 고통이 따를 수 있는 기운이 강하다.

묘오파는 배우자의 복이 약하고 변덕이 심하여 이성적으로 문란하며 구설수가 있으며 유흥이나 오락, 주색잡기 등에 빠지기 쉽고 직장은 불안정한 편이다.

축진파는 권모술수가 능하고 육친 간 불화가 심하며 형제간이나 가까운 사이에 재산 관련 다툼이 송사로 이어지는 현상이 있으며 인덕이 부족하고 주위의 도움을 받지 못하며 자포자기로 실패하는 형상이 된다.

술미파는 형살이 되기도 하며 매사가 부정적이고 정신력이 불안정함이 가중되어 스스로 자멸하는 현상이 일어나고 고독하고 외로우며 이성 간에 인연이 어려울 수 있으며 배신을 당하거나 이용당하는 현실로 인해 고통이 많아진다.

# 71. 지지 삼합(地支 三合)

지지의 삼합은 서로의 목적합이라 하며 둘의 오행만 있으면 이합 또는 반합이 되지만 반드시 제왕이(자오묘유) 있어야 삼합 반합이 성립되는 것이다.

삼합에는 신자진은 수국, 인오술은 화국, 해묘미는 목국, 사유축은 금국이 되어 합화의 기운으로 변화하게 되며 삼합은 세 가지 기운이 삼각형을 이루는 피라미드 형태로 가장 안정적인 기운이 되지만 이합은 안정성이 결여되는 형태로 불안정을 가중시키는 요소로 작용할 때가 많다. 이합이 되어 있을 때 세운이나 대운으로 인하여 삼합이 이루어지면 삶에도 큰 변화가 일어나고 혼인, 이직, 이사, 합격, 창업, 승진 등 다양한 형태로 변화할 수 있으며 심리적 현실적으로 안정감이 형성된다.
지지의 합은 쟁합이나 투합의 개념이 없이 무조건 만나면 합을 이루려는 성질이 있고 이것은 음양합이 아닌 형제, 친구들의 합으로 보기 때문이다. 삼합의 기운이 지나치게 강하면 부정적인 의미도 있으며 무서운 흉기도 될 수 있을 정도이며 건강에도 치명적인 작용을 할 수가 있다.

삼합이 성립되어 있을 때 왕지의 충이 발생하면 합의 형태가 무효가 되면서 거대한 변화를 발생시키고 이혼이나 이별, 사별, 사기, 폐업 등 여러 가지 형태로 나타나는데 그 기운이 사주 원국에 어떤 영향을 주는지에 따라 그 강도가 달라지며 심리적으로 불안정하고 긴장감이 조성되기도 한다.

왕지 기운이 용신이나 일간을 극하고 있었다면 그 충으로 인하여 극의 형태가 해결되어 길한 기운이 만들어질 수 있으며 막혀 있던 길이 열리는 현상이 일어나고 빠르게 건강이 회복되며 상황이나 환경을 반전시키는 계기가 된다. 미혼이라면 결혼이 성사되기도 하고 사업의 성패가 달라지기도 한다.

합이 되면 묶인다, 변화한다, 움직인다를 반복하면서 회복하는 현상이다. 사주팔자도 자연의 원리처럼 합충 변화와 순환을 통해 조화와 균형을 추구한다. 합은 앞으로 나아가려는 추진력이며 충은 멈추려는 작용력이 강하다.

합은 좋은 것이고 충은 나쁜 것이라는 극단적 이분법적인 관점에서 벗어나야 하며 오행의 순환 과정의 균형을 유지하며 변화와 성장을 활성화시키고 생극 제화를 통해 성장 조절되어 결실을 맺는 순환 과정이며 자연의 자체인 것을 판단할 수 있다.
일생 중에서 합과 충을 적절하게 활용하고 응용하면서 사주 원국과 관계를 살펴보면서 개별적으로 작용할 때와 복합적으로 작용할 때의 차이점을 구분한다.

천간의 합충은 약하고 짧게 나타나는 특성이 있으나 지지의 합 충은 길고 강하게 나타나므로 특성과 역할을 잘 파악하고 이해하는 것이 가장 중요하다. 각 오행의 상징과 특징은 일지와 월지를 중심으로 이해하고 유용하는 것이며 합충의 복합적인 관점을 잘 살펴보고 참고하여야 한다.

합충은 세운이나 대운에 의하여 발생하기도 하는데 충은 내가 충을 받는 것보다 내가 충을 하는 것이 피해가 적을 수 있으며 완충 현상이 일어나고 합은 원국에 있는 나쁜 오행의 기운이 합하여 묶이면 좋은 현상으로 변화를 동반하고 조화의 균형을 이루며 새로운 기운을 생성하여 목적을 달성 가능하게 되고 원국의 오행이 좋은 기운으로 작용하고 있는데 합이 되어 묶이게 되면 하던 일이 멈추게 되고 나쁜 기운으로 변화되어 피해가 발생할 수 있다. 합충도 생극과 같은 원리로 음양오행이 적용되고 합은 새로운 기운을 생성하고 변화를 동반하고 있지만 충은 원국의 기운을 훼손하기도 하지만 변화를 발생시키는 공통점을 찾아볼 수도 있다.

합충의 변화는 원인이 해소되면 본래의 형태로 돌아가는 복원력을 가지고 있으며 영원하게 좋고 나쁨이 지속되지 않는다는 원리인 것으로 보아서 합충은 서로의 목적과 그 기능이 비슷한 형태로 보아야 한다. 합의 가장 강력한 힘은 다수의 기운이 모여서 한 가지의 기운으로 변화하는 에너지가 되므로 협동, 협력, 협조하는 현상이 뚜렷한 것으로 보아야 한다.

합은 목적과 이익을 추구하며 이유나 조건 없이 결합하고 혈연 지연 관계가 밀접하며 정략적이고 사회적인 활동이 활발하게 움직여서 목적을 달성하지만 발현 속도는 천천히 나타나고 그 힘은 초기에는 강력하고 점차 약해진다. 삼합은 왕지를 중심으로 일지, 월지, 시지, 년지 순으로 결합력이 강하고 가까울수록 결속력이 증대하며 결속력과 힘은 계절의 기운이다.

지지합은 무조건 서로 협동, 협조하는 성향을 가지며 혈연적 결속력이 매우 강하게 나타나며 희생정신까지 포함하고 있으며 강한 충극력이 없으면 쉽게 결속력이 약해지지 않으며 왕지에 충 극이 발생하면 합은 해체되는 것이다.

왕지는 방향성과 중심 기운이며 동쪽의 중심은 목왕지가 되고 남쪽의 중심은 화왕지, 서쪽의 중심은 금왕지, 북쪽의 중심은 수왕지가 된다. 삼합은 왕지를 중심으로 나란히 세 가지 오행이 붙어있을 때 완전한 삼합이 결성되고 강력한 효과를 나타내지만 그사이에 다른 오행이 끼어 있으면 완벽한 삼합을 이루지 못하고 삼합의 효력은 미미하게 나타나는 것으로 본다.

삼합은 세 가지 오행의 기운이 가지고 있는 본래의 오행 성분은 약해지고 새로운 기운으로 합성하여 왕지의 오행 기운으로 이동하고 변화하는 것으로 본래의 오행 성분은 변질된 것으로 보아야 하며 오직 왕지 오행의 성질로 이해하여야 하고 삼합은 내면적인 변화로 보아야 한다.

예를 들면, 인오술의 삼합이 성립하려면 나란히 인오술이 있어야 삼합이 되고 인묘오술이 된다면 삼합이 완전하게 성립하지 못한 것이 되는 것이며 반합도 동일하게 오술이 있거나 인오가 있으면 반합의 성립이 되는 것이고 인묘오가 된다면 반합이라 보지 않으며 그의 영향력도 아주 약하게 보는 것이다.

인오술 삼합이 되면 인과 술의 기운은 왕지인 오의 기운으로 이동하여 변화하고 인과 술의 기운은 모두 오의 기운으로 모아져 완벽한 오화의 기운으로 새롭게 표출된다고 보는 것이며 강력한 합력의 화의 기운이 탄생한 것이다.

삼합의 성립은 약간 복잡하기는 하지만 쉽게 이해하기 위해 왕지의 오행은 절대 다른 오행으로 변하지 않는 성질을 기억하고 다른 오행을 끌어들여서 자신의 기운으로 변화시키는 기본적인 관계를 잘 이해하여야 한다.

암합(지장간의 합), 월지의 삼합, 일지의 삼합, 시지의 삼합, 년지의 삼합 등이 있으며 생지, 고지, 왕지, 묘지의 삼합이 있어서 삼합의 세력이 합화를 하여 어느 방향으로 이동하여 생하고 극하고 제하는지와 왕상휴수사에 어떤 영향력을 행사하는지 면밀하게 살펴서 합력의 이동 경로를 파악하고 형 충 파로 인하여 합력의 강약의 구성을 이해하고 특히 암합으로 인한 변화 지장간이 투출하여 사주 원국에 미치는 기운의 변화를 인식할 필요성이 있다.

### (1) 신자진 삼합

신자진 삼합은 가을의 생지인 신금과 겨울의 왕지인 자수 봄의 사지인 진토가 결합하여 수의 기운으로 변화하고 강한 수국을 형성한 것이다. 삼합은 서로 다른 오행이 모였지만 왕지의 특성이 세 개 모인 것보다 강하다. 삼합이 성립하는 것은 사주 지지에 세 개가 다 있거나 두 개가 사주에 있고 대운이나 세운에서 만나면 삼합이 완성되는 것이다.

삼합은 강력한 결합이지만 각각의 오행 특성이 완전히 없어지는 것은 아니고 서로 합력하여 수의 기운으로 이동하여 협동하는 형태를 의미한다. 신자진 삼합의 길흉은 수가 필요한 사주이거나 용신이 되면 길운이 되고 원국에 수가 다수이거나 기신이 된다면 합으로 인하여 묶이는 형상이 되어 흉신의 형상이 되어 좋지 않은 작용을 할 수도 있다.

신금의 지장간은 무임경으로 임수 자수는 임수와 계수 진토는 을계무로 계수가 있어 물의 창고가 되며 지장간에 있는 수의 힘들이 결합하는 기운이 강력하여 왕성한 수의 기운으로 보는 것이며 창고의 개념은 형충으로 인하여 합의 기운이 파해되기도 하는 것을 볼 수가 있다.

일지나 월지가 삼합이 된다면 작은 일에 예민하게 신경 쓰고 큰일에는 대범한 특징이 있으며 대체적으로 천재적 기질이 강하고, 노력이 부족하기도 하지만 자신의 뛰어난 재능으로 크게 성공하는 사례가 많으며, 사고의 폭이 넓고 아이디어 뱅크로 불릴 만큼 잡기에 능하며 호기심이 많고 새로운 시작을 추진하며 지식을 전달하는 직업, 교육자 등이 적합하고 예술적인 기질도 강하다.

신자진 삼합이 있으면 소방관이 되는 경우가 많으며 소방관의 역할을 강력하게 할 수 있다. 진화 작업을 수행할 때에도 수 기운이 강하여 더 오래도록 화 기운을 진압할 수 있으며 불로 인한 사고를 예방하고 화기로 인한 피해를 직접적으로 감소시킬 수 있는 원인이 되기도 한다. 수의 기질은 깨끗하거나 오물이거나 모두 받아들이고 이동하며 세척하는 성향으로 모든 사람들과 잘 어울리며 협동하고 이끌어 나가며 강력한 리더십의 소유자이며 이해심과 포용력이 아주 뛰어나다.

### (2) 인오술 삼합

인오술 삼합은 새봄의 생지인 인목과 여름의 왕지인 오화, 가을의 사지인 술토가 결합하여 화의 기운으로 변화하고 강한 화국을 형성한 것이다. 원국에서 삼합이 되어 있거나 이합이 되어 있을 때 대운 세운에서 만나면 삼합이 완성되는 것이다.
화기가 가장 왕성한 것으로 보며 원국에 화의 오행이 있다면 수의 기운을 완전히 말려 버리며, 금을 녹이는 형국이 된다.

인오술의 지장간 중 인은 무병갑, 오는 병기정, 술은 신정무가 있으며 모두 화가 중심에 있는 것을 알 수 있으며 왕지인 화의 기운으로 변화되는 것이다. 인시에 출현하여 새싹을 움트게 하고 오시에 정점을 이루어 꽃을 피워 열매를 맺게 하며 술시에 수확을 거두어 목적을 달성하고 내일을 약속하며 사라지는 화의 기운은 끝없이 활동하고 표현하며 분출하는 형상이 된다.

인오술 삼합은 활동성과 리더십이 강력하고 목표 지향적이며 결단력이 확실하며 적극적인 상황을 주도하는 성향이 있으며 처음부터 끝까지 일관성 있게 목표를 추진하는 능력이 있고 성사시키는 경우가 많이 있다. 너무 과도한 추진력과 강한 의지로 인하여 타인과의 갈등을 초래할 수 있으며 조화롭게 에너지를 발산하고 지나치게 앞서려는 욕심을 자제할 필요가 있다.

화의 특성은 스케일이 크고 큰일을 하고 싶어 하는 욕구가 강력하여 부를 이루려는 욕심이 있으며 열정적인 성격으로 고생을 많이 하는 경우가 있고 이동이 잦으며 그 움직임이 크게 작용한다.
봉사 정신과 희생정신이 강하며 따뜻함을 내포하고 있고 정신문명이 발달하여 열기와 광채를 발산하며 정열적이고 친밀하며 화려하기도 하다.

스포츠 계통이나 연예계의 재능이 강력하여 대중에 인기가 많지만 불같은 성격으로 매사에 급하고 남에게 굽힐 줄 모르며 양은 냄비같이 급하게 열을 발산하다가 쉽게 식어 버리는 성격의 단점이 있기도 하다.
직업은 기름 등 연료 계열이나 화학, 공업, 종교, 문화 시설, 연예인, 사회 사업 등에서 좋은 결과를 나타내고 있는 현실이다.

### (3) 해묘미 삼합

해묘미 삼합은 겨울의 생지인 해수와, 봄의 기운인 왕지 묘목, 한여름의 사지인 미토가 결합하여 목의 기운으로 변화하고 강한 목국을 형성한 것이다. 해묘미의 지장간 중 인은 무갑임, 묘는 갑을 미는 정을기가 있으며 모두 목이 중심에 있는 것을 알 수 있으며 왕지인 목의 기운으로 변화되는 것이다.

얼어붙은 땅에서 새싹이 돋아나 꽃을 피우고 열매를 맺게 하는 이치의 계절로 순항하는 의미이며 순수한 목의 성향이 나타나는 것으로 본다.

해묘미의 목 기운은 한번 결정하면 번복하지 않으며 목의 상승 기운으로 변화무쌍하며 기억력이 좋고 성격은 어질고 곧아서 남에게 굽힘이 없으며 성실하고 창조력이 월등하며 남에게 베풀기를 좋아하며 명랑하고 사교적이며 솔직하고 사색을 좋아하며 실천력이 있고 자존심이 강하고 포부가 크며 인정이 많고 매사에 아주 적극적으로 이상주의자이다.

년운에서 해묘미 삼합이 된다면 일 년간만 삼합의 기운을 행세하는 것이며 대운에서 왔다면 5년 동안 삼합의 기운을 누리게 되므로 대운 오행에서 길흉화복을 결정하고 이끌어 가는 것을 알 수가 있으며 대운의 오행을 잘 살펴서 장래에 나아가는 방향을 결정하는 데 집중하여야 할 것이다.

일지나 월지에 해묘미가 있다면 규율을 잘 지키고 매사를 중요하게 생각하고 올바른 인식이 강하며 사회 질서를 굉장히 중요하게 여기고 학자 타입이며 원칙주의자로 호인이며 반듯한 사람이다. 반면 개인적인 성향이 강력하며 독선적 성향이 있으며 고집이 세고 이기적이며 자기중심적이며 비밀이 많다. 남에게 피해 주는 것을 싫어하고 규칙에 지나치게 집착하는 경향이 있으며 자기와 인연을 맺은 사람을 배신하지 않는다.

직업군은 나무를 가공하거나 다루는 업의 종사자가 많으며 가구, 목재, 펄프, 건축 자재, 건축물 등에 관련된 업종이 매우 유리하다.
섬유류, 과수원, 농장 등에 관련된 업종에 적합한 경우도 있으며 언론, 문화 예술, 학원, 교육 사업, 유아 관련 사업에서도 많은 성공 사례가 있다.

### (4) 사유축 삼합

사유축 삼합은 여름의 시작인 생지 사화와 결실을 거두어들인 왕지의 유금, 곡식을 축적하고 저장하는 사지의 축토로 결합하고 강한 금의 기운으로 변화하여 금국을 형성한 것이다.
사유축의 지장간 중 사화는 무경병, 유금은 경신, 축토는 계신기가 있으며 모두 금이 중심에 있는 것을 알 수 있으며 화와 토의 기운을 모두 모아서 왕지인 금의 기운으로 변화된다.

사화의 따뜻한 기운으로 꽃피우고 아름다운 열매를 맺게 하여 얻어진 결실을 수확하여 다듬고 가공하여 장래를 위하여 축적하고 저장하는 의미이다. 금은 단단하고 강하며 겉으로는 냉정하고 차가우나 속으로는 여린 면이 있다. 정의를 존중하며 과감하고 신속함이 있으며 맺고 끊는 것이 너무도 확실하며 자기의 속내를 좀처럼 노출하지 않아서 베일에 가려진 형상이다.

금의 강력한 기운으로 절단하려는 성격이 강하며 단절의 의미도 있다. 금국은 정의감이 있고 신념이 있으며 실천력이 강하고 선두에 서는 행동파다. 의지력이 강하고 과묵하며 결사적이며 올곧고 협심력이 있으며 과

단성이 있으며 불의에 강하고 항거하며 불의와 타협하지 않는다.

혁신, 혁명주의적 사상이다. 논리적이고 타산적이며 지혜가 있고 이해력도 많으며 조직력이 강하지만 소극적이며 사교성이 부족하고 내면적인 면이 있으며 측은지심이 있고 비밀이 많아 이기적이고 자기본위적이다.
직업적 특성은 권력 지향적이고 단체나 조직, 금융, 법관, 경찰, 검찰, 사법, 행정, 상공업, 회계학, 세관원, 경제, 재무 관련 업종에서 호조를 보이고 있다.
대운이나 세운에서 사유축이 형성된다면 사업하는 입장이면 동업을 하거나 사업 확장의 시기로 보며 이사, 이동의 기운이 왕성한 것으로 본다.
직장인이라면 승진의 기회이고 부처의 이동이나 새로운 업무로 전환할 수 있는 좋은 기운으로 변화를 추구해 볼 필요가 있다.
미혼 남녀면 이때 결혼이 성사될 수도 있고 새로운 문서를 잡게 되고 재산을 증식할 수 있고 확장할 수 있는 호기가 된다.

## 72. 지지의 방합

방합은 방향의 합이며 해자축, 인묘진, 사오미, 신유술의 봄, 여름, 가을, 겨울과 동, 서, 남, 북 계절과 방위의 합의 기운으로 자연의 위치에 부합하는 것이다. 방향성은 계절이 순환하면서 발생하는 현상으로 그 순환 과정에서 시작과 성장, 쇠퇴가 형성되고 한난, 조습의 변화 작용이 일어나게 된다.

방합은 결합이 강력한 대신 기간이 짧고 변화도 급격하게 일어나기도 한다. 방합은 단기적이고 무정한 특성이 있으며 이익이나 목적에 의해 만났다가 무정하게 흩어지는 경향이 있다.
월지를 중심으로 합이 형성되며 세력의 합이라고도 하고 횡적인 합이고 동질적이며 기운을 강화하고 단기적인 세력을 유지하는 형제적인 체의 합이다. 같은 기운들이 합쳐져서 한가지 목적을 이루며 결합력이 아주 강하고 이합은 성립하지 않으며 반드시 3가지 기운이 있어야 합을 이루는 것이다.

인묘진이 있으면 목의 기운이 되지만 인진이나 묘진이 있다면 목의 한가지 기운이 존재하지 않고 목의 기운과 토의 기운 두 가지 기운의 형태가 된다. 사주의 중요한 것은 오행의 기운과 흐름이 길흉을 결정한다는 것이다.

방합이 사주에 있다면 사회적으로 세력을 만들거나 함께 일을 도모하는 재능이 있으며 가족끼리 기업을 하거나 사업이나 장사를 하는 경향이 많으며 부모 형제가 한곳에서 같이 살아가는 경우가 많고 사회 초년부터 진로가 결정되어 확정적으로 꾸준하게 활동하며 변화가 적은 편이다. 세운이나 대운에서 방합이 이루어진다면 추진력이 강력해지고 고집과 아집이 강해져 주변의 흐름을 정확하게 판별하지 못하는 경우가 발생한다.
자신을 지지하는 세력이 강해지는 시기로 인간관계가 나빠질 수도 있으며 상대방에 대한 배려와 인내가 필요한 운세이다.
대운이나 세운에서 일지나 월지가 방합이 완전하게 성립되면 미혼이라면 결혼이 성사된다. 방합은 가족력의 세력이 강하여 새로운 이성을 만나기도 하며 집안의 소개로 또는 동창이나 고향 친구, 평소에 아는 사람 등 정을 중심으로 만남이 이루어지며 결혼에까지 성공할 수가 있다.

### (1) 해자축

겨울 기운이 가득하고 강력한 수국으로 차가운 북쪽의 기운이 강하며 오행 중에 응축력이 가장 왕성하며 새 생명을 탄생시키는 힘의 원천이다. 모든 생명 활동이 멈추어 있는 것 같은 한기가 충만한 시기이지만 그 속에서는 새 생명이 움직이고 준비하는 생명의 씨앗을 품고 있는 형상이다.

지나간 세월의 고도로 응축된 정보를 가진 수의 기운이 봄의 계절 목에게 전달하려는 준비 단계에 해당이 되며 그 시기를 기다리고 있는 것이다. 방합으로 강력하게 결합되어 있을 때 충이나 극을 받아도 합의 기운은 약간 약해지지만 합이 깨어지거나 해산되지 않는 것은 계절의 합이고 방향의 합으로 결속되어 있으며 시간은 변동 없이 진행하고 있기 때문이다.

해자축으로 수국이 형성된다면 보이고 나타나는 것이 전부가 아니고 그 속을 알 수 없으며 생각은 많으나 행동력은 약하게 나타날 수가 있다. 성격은 지혜롭고 유연성이 있으며 생각이 깊고 비밀이 많은 편이며 겉으로 쉽게 판단한다면 실수가 많으며 정확하고 신중하게 이해를 하여야 한다.

강한 수국으로 화의 기운이 공격을 받는 형상으로 보아야 하며 화가 약하면 심장, 심혈관 같은 계통의 건강 문제가 생겨날 수 있으며 화의 기운이 재성 관성으로 약하면 재물의 손해나 직장의 변동이 발생할 수 있는 것이다. 목의 기운이 강성한데 해자축 수국이 되면 인성이 되고 나무에 너무도 많은 물을 공급한다면 뿌리가 상하게 되거나 죽을 수도 있는 이치로 어머니가 자식에게 많은 도움을 제공한다면 그 자식은 본래의 성질을 망각하고 주색잡기에 빠지기 쉬우며 방탕한 생활을 즐기면서 비정상적인 심리 상태로 변하여 인간관계나 건강에 피해를 당할 수도 있으니 조심하여야 할 운세이다.

해자축의 직업군은 수국의 완성으로 보아서 유흥업소, 해외 진출, 숙박업, 항구, 수산물, 커피, 술 등으로 물과 관련되는 일들이 적합하며 물의 흐름을 상징하는 물상론으로 지식을 전달하는 종교 기관, 연구 시설, 역술학, 철학, 학교 시설, 교수, 학원 등의 계통이 가장 좋을 것으로 유추하여 본다.

### (2) 인묘진

인묘진 방합은 동쪽의 합으로 봄의 기운이 왕성한 목국을 형성하는 것이다. 새로운 것을 시작하는 봄의 순수하고 따뜻한 기운으로 새싹이 돋아나는 형상으로 생산성이 극대화되는 시기이며 수의 기운이 많이 필요한 것이다.

방합은 가족 간의 합으로 보며 어려운 일이나 위기에 봉착하면 더욱 강해지고 서로 협력하는 관계를 형성하며 인묘진은 새로운 시작의 단결력이 단단하여 시작할 때 반드시 마무리에 대한 계획을 준비하여야 한다. 추진력과 저돌성의 기운이 강하고 성격은 밝고 명랑하며 긍정적이고 순수하지만 마무리가 약하고 고집이 강력하여 독선적인 성향이 있다.

원국에 방합이 결정되어 있다면 고집이 지나치게 강하여 타인들과 마찰이 심할 수 있으며 가족 간의 불화 등이 생길 수 있으므로 상대방의 의견을 경청하는 자세와 태도를 유지하는 것이 많은 도움이 된다. 강한 목의 기운으로 토의 기운을 제어하는 형국이 되며 토의 기운이 약하거나 토가 없다면 목 계절의 힘을 이용하여 무참하게 공격할 수 있고 그 피해는 극심할 수 있으며 매우 어려운 상황에 처하게 될 수도 있다.

토의 오행이 재성이나 관성이 된다면 부부간의 불화가 심하여 이별을 할 수도 있으며 재물의 손해가 발생하고 사업가이면 금전의 문제로 인하여 큰 고통을 겪을 수 있는 운세이며 직장에서 파면되거나 이직을 예상하여야 한다.

대운이나 세운에서 인묘진의 합이 형성된다면 권력 지향적인 성향이 강해지고 명예와 품위에 대한 의지와 주관이 뚜렷해지며 자존감이 강해진다. 단점으로는 차근차근하게 진행하지 못하고 한 번에 해결하려는 성향이 발생하여 업무의 폭주에 시달릴 수 있는 운세이기도 하다.

건강에도 주의를 하여야 하며 특히 토의 기운이 약해지는 관계로 소화기 계통, 위장, 비장의 문제가 발생할 수 있으니 각별하게 조심을 하여야 한다. 간의 기능은 건강하고 활동적이지만 행동이 진취적이고 강하여 어려움을 해결하려는 의지가 굳은 만큼 과로하여 피로를 많이 느끼기도 한다. 봄철은 식욕이 왕성하지만 식탐을 줄이고 소화장애가 발생할 수 있는 음식을 삼간다.

### (3) 사오미

사오미 방합은 남쪽의 합으로 여름의 기운이 왕성한 화국을 형성하는 것이다. 강렬한 태양의 빛으로 열매를 키우고 무르익게 만들어 결실을 맺게 하는 계절로 열기가 가장 강한 낮의 뜨거운 불의 기운의 화국이 되는 것이다.

강한 추진력과 충만한 에너지로 활동성과 열정이 넘치는 형상이지만 과도하게 행하지 않고 균형의 조화를 이루어 가는 경향이 있다. 목표를 정하면 꾸준하게 장기적인 계획으로 무리하지 않고 신중하게 안정적이며 인내심과 끈기로 성장을 하지만 열정이 지나쳐서 무리하게 추진하려는 성향이 있으므로 적절한 속도 조절이 필요하다. 성품은 예의 바르고 정의감이 있으며 조금 급하고 불안정한 면이 있다. 가장 강렬한 에너지가 발산, 팽창, 활동하는 시기로 하는 일을 지나치게 확대하는 오류를 범할 수 있으며 불같이 화려하고 강인한 성질이 있다.

수의 기운이 가장 필요하며 습토가 있으면 열기를 분산하여 유용하기도 하다. 사오미 화국은 다른 오행에 좋지 않은 결과를 만드는 것이 대부분인데 목을 불타게 만들고 땅은 갈라지게 하며 물을 증발시켜 말라 버리게 하고 금은 불로써 녹여 버리는 형상이다. 대운이나 세운으로 인하여 사오미의 방향합이 형성되면 새로운 일을 확장하거나 새롭게 시작하지 말고 기존에 있는 것을 보호하고 정리하며 안정을 취하는 것이 최선의 결과이고 자신의 위치를 보존하는 것이다.

사업가라면 새로운 투자나 개발, 사세 확장을 뒤로 미루는 것이 가장 좋으며 직장인이면 현재의 위치에서 보존하는 자세가 가장 유리한 형국이다. 금의 일주로 합이 되었다면 강력한 열로 금을 녹이는 현상으로 재물이 녹아 없어지며 흔적도 없이 사라지는 불합리한 형국을 유추해 볼 수 있다.

금이 강력하게 공격받으면 건강에 문제가 발생할 수 있다.
호흡기 계통이나 폐, 대장, 정형외과 관련 부분의 건강에 유의하여야 한다. 적절한 수의 조절이 절대적으로 필요하고 안정적인 습토로 인하여 열기를 식혀 조습의 관계를 유지하는 것이 병과 약의 처방이 될 수 있다.

### (4) 신유술

신유술 방합은 서쪽의 합으로 가을의 기운이 왕성한 금국을 형성하는 것이다. 서늘하고 예리한 금의 기운으로 무르익은 열매는 단단하고 아름다운 것이다.

결실의 계절로 봄, 여름 동안 성장한 생명체를 수확하며 씨앗 형태로 저장하는 시기이고 다음 계절을 위하여 휴식기에 접어들며 모든 생산활동을 정지하고 다음 생산활동을 위한 구분 작업을 준비하는 시기로 보아야 한다. 신유술 합은 강력한 금국으로 결단력이 강하며 의지력과 명예를 존중하며 권위를 상징하고 사회적으로 인정을 받는 모범적인 모습을 좋아한다.

대운이나 세운에서 신유술 방향합이 된다면 외향적 에너지와 대외적 성공을 추구하는 경향이 나타나며 사회적 지위와 사회적 성공을 나타낸다. 대외적 이미지를 강화하는 역할을 하며 중요한 인맥을 형성하고 능동적인 움직임으로 높은 지위를 유지하는 데 유리한 형국이 된다. 강력한 금국이 형성되면 목의 영향력을 상쇄하게 되고 목이 약한 경우에는 상당한 충격을 받게 되며 목이 재성이면 재산적 피해가 심각하게 발생할 수 있으며 이성적 문제도 여러 가지 형태로 나타날 수 있다.
심하면 이혼, 이별, 별거 등으로 고통을 겪을 수 있는 상황으로 바뀐다. 금의 강력한 힘을 중심으로 하여 나무를 잘라 버리는 현상이며 힘의 배분이 적절하다면 나무를 다듬고 가공하여 좋은 작품을 탄생하는 기회도 된다.

직업군에서는 연예계에서 두드러지게 두각을 나타내는 성향이 있으며 법률의 전문성이나 검찰, 경찰, 군인 등의 강한 이미지의 업종을 선택하는 것이 유리하며 상공업 계열이나 경제학, 경영학, 회계학에서 좋은 결과를 유발할 수 있으며 운송업이나 금융업, 선박업 등에서도 호조를 나타낼 수 있다.

냉정한 면이 많고 차가우며 냉혹하기도 하지만 의리는 강한 면이 있다. 혁신적이며 앞서가려는 의향이 강하고 불의에 대항하는 의협심이 뚜렷하며 힘으로 해결하려는 성향 때문에 주위에 오해를 불러오기도 하고 모함을 받기도 하는 성향이 있으나 차분하고 치밀하게 원칙적 해결책의 진행이 필요하다. 건강 문제는 신경 분비 계통과 간담 계통의 발병이 예상되는 것이다.

## 73. 용신의 종류

용신은 결론이다. 용신을 찾아야 답이 나온다는 것으로 가장 중요한 부분이다. 사주의 맥이라고 할 만큼 감명의 핵심이 되고 미래를 예측하는 길잡이의 역할을 하며 사주팔자의 생극제화, 합충형파, 왕상휴수사에 영향을 미치게 되므로 용신운의 분석에 초점을 집중하게 되고 연구 대상의 이론이라 할 수 있다. 용신을 못 찾으면 길흉화복의 해석이 불가하며 정확한 판단을 유추하지 못하는 결과가 성립하게 되는 것을 경험하게 될 것이다.

많은 명리학자들께서 용신의 분석과 연구를 집중하고 임상을 거듭하여 완전한 학문의 기틀을 마련하려고 애쓰는 분들이 많이 있으며 이와 같이 용신은 미묘하고 맥의 이치가 복잡하여 과학이 발달한 오늘날에도 연구는 지속되고 발전하고 있는 것으로 보아야 하는 것이다.

용신의 종류에는 조후법, 억부법, 통관법, 전왕법, 병약법으로 용신을 구분한다.

일주가 기준이 되며 월주를 파악하여 오행의 강약을 구별하고 용신, 희신, 구신, 기신, 한신의 관계와 오행생극의 왕하고 쇠하는 이치를 해석하여 사주 원국에 미치는 영향력을 분석하여 용신을 결정하는 것이 정법이라 하겠다.

사주 원국에서는 강한 기운이 있고 약한 기운이 있으나 용신은 강한 기운을 억제하거나 설기하고 약한 기운은 보조하고 보충하여 균형을 맞추어야 되겠고 이때 사용할 수 있는 기운을 용신이라고 생각하면 되겠다.

### (1) 억부용신

일주의 강약을 보아서 억제하고 보강하는 방법으로 용신을 취하는 것이다. 일주가 강하면 일주를 극하는 오행이나 일주가 생하는 오행을 용신으로 정하고 일주가 약하면 일주를 도와주는 오행이나 일주와 같은 오행을 용신으로 취득하여 사주 원국의 흐름을 조화시켜 보는 것이다. 사주 원국에서 강한 오행이 있다면 이 강한 오행을 극하거나 설기하는 오행을 용신으로 정하고, 극히 약한 오행이 있으면 이 오행에 도움을 주는 오행을 용신으로 취득하여 사용하는 경우도 있다.

### (2) 조후용신

일주나 사주 원국의 한난, 조습의 조화에 따라서 억제하고 보강하는 방법이다. 사주가 심하게 차갑고 습하면 열기를 더하고 습을 설기하는 오행을 용신으로 정하고 일주나 사주 원국이 너무 뜨거우면 열을 식혀 주는 오행을 용신으로 취하고 지나치게 건조하다면 습한 오행을 용신으로 취득하여 사주 원국의 흐름을 조화시켜 보는 것이다.

태어난 계절 월지를 중심으로 정하는 방법으로 겨울의 추운 계절의 출생자이면 추위를 제할 수 있는 여름의 오행을 대입하고 따뜻한 계절이라면 한습한 계절의 오행을 용신으로 취한다.

천간의 문제이면 천간에서 취하고 지지에서의 문제면 지지에서 용신을 찾아서 해결하는 것을 원칙으로 보아야 한다.

### (3) 병약용신

사주 원국이나 일주가 병이 있다면 약이 되는 오행을 용신으로 취득하여 사주 원국의 흐름을 조화시켜 보는 것이다.

병이라 하는 것은 중요한 오행을 극상하는 오행이나, 사주가 한곳으로 편중되어 있어 기울어진 것을 뜻하며, 약이라 하는 것은 중요한 오행을 극상하는 오행을 극제하는 오행이나 기울어진 것을 바르게 세우는 것을 약이라 하고 이를 병약용신이라 하는 것이다.

### (4) 통관용신

사주 원국에서 두 가지 이상의 오행이 서로 세력으로 대립하여 강약이 비슷하고 양쪽 모두의 세력을 억제하기가 곤란하고 힘들거나 서로가 막혀 있어 기운의 흐름이 원만하지 못한 경우이면 이것을 해소할 수 있는 오행을 대입하여 서로의 대립된 세력을 풀어내고 흐름을 통과시키고 조화를 이루는 관계의 오행을 용신으로 취득하는 것이다. 서로의 오행 관계가 극하는 상태이면 중간에 생하는 오행을 용신으로 취하여 극하는 관계를 생하는 관계로 돌려놓아서 조화시키는 것이다.

**(5) 전왕용신**

사주 원국에서 오행의 기세가 일방적으로 편중되어 그 세력이 왕성하여 억제하기 곤란한 경우에 그 세력을 따라서 가는 오행을 용신으로 정하고 그 대세력에 순응하는 용신법이 전왕용신이다. 강한 자를 따라간다는 의미로 종격 사주라고도 하고 그 흐름에 순종하는 것을 원칙으로 하여 사주 전체 흐름의 조화를 이루는 것이다.

식상이 강력한데(식상이 많음) 식상을 도와주는 인성까지 있다면 식상의 오행을 용신으로 취용한다는 원리의 용신법이다.

# 74. 십이지 신살법

십이신살은 열두 개의 운명 곡선을 나타내며 그 길흉의 시기와 암시를 판단할 수 있는 논리로 오래전부터 활용되어 온 것이며, 간명 수단의 근본이 된다. 지지와 지지의 관계를 기준으로 행운의 암시를 정하는 시기를 의미하며 길흉이 일지에 미치는 영향력을 파악하는 수단으로 이해하면 되겠다.

십이신살은 일지, 월지를 기준으로 볼 수도 있지만 사주 원국
전체에 영향력을 행사하므로 원국과 대운, 세운을 잘 살펴서 길흉과 행운의 작동력을 감지하여야 하며 상호 간의 충극의 관계가 있는 것도 살펴야 하는 것이다.

십이지 신살은 두 개 이상의 신살이 겹쳐서 오는 경우도 있고 겹쳐져 있

는 경우도 있으므로 그 관계가 미묘하며 겹쳐져 있다면 그 효과는 두 배로 강력하게 나타나는 것으로 볼 수도 있다. 대운으로 인하여 신살이 겹쳐진다면 그 작용력은 더욱 강해질 것이며 이러한 형태의 관계를 잘 이해하여야 한다.

신살이 사주에 미치는 영향력은 아주 약하게 나타날 수도 있고 그 영향력을 무시할 수 있을 만큼 소극적일 수도 있지만 삼합의 관계나 대운의 관계로 인하여 무시할 수 없을 만큼 작용력이 강할 때도 있으므로 조심을 하여야 하지만 무서워한다거나 크게 걱정할 수준은 아닌 것으로 판단이 된다.
신살의 종류는 겁살, 재살, 천살, 지살, 연살, 월살, 망신살, 장성살, 반안살, 역마살, 육해살, 화개살 등으로 구분하고 천간과 지지의 관계로 형성되는 공망이 있으며 월지 공망, 일지 공망, 년지 공망, 시지 공망으로 구분하고 분류하여 공망이라 한다.

### (1) 겁살

겁살은 자신의 기운이 쇠약해지는 형국으로 잘못 판단하여 재물을 취하려 하는 경쟁심과 이기심이 발동하여 수행하다가 오히려 대가를 치르고 재물의 손실이 일어나는 현상이며 흉살 작용을 하는 것으로 보아야 한다. 재물을 강제로 빼앗기거나 수용당하기도 하며 액운으로 인하여 많은 곤란을 겪는 경우도 있으며 결과가 불미스럽고 관재구설에 시달리는 운세로 본다.
스스로 재앙을 불러 그 속에 빠진다는 의미로 낙상살이라 하고 재산의 손해를 볼 수 있다는 의미의 대모살이라고도 한다.

친근한 사람에게 이용을 당하거나 사기를 당하는 일이 번번이 일어날 수 있다. 법적 문제, 채무 관련 송사, 건강 문제까지 겹쳐질 수 있으며 동산, 부동산 등에 강제 경매나 압류 건이 발생하여 법적인 문제로 많은 고통을 당할 수 있다.
이전, 분리, 조성, 동업, 사직, 이별 등의 변화가 일어날 수 있으며 도난이나 도박, 사치와 낭비벽이 심해질 수 있고 투기적인 업에 관심이 많으나 실패할 확률이 높으므로 이 시기에는 새로운 업을 시작하는 것보다 하고 있는 일에 몰두하면서 현재의 위치를 지키려는 것이 더 중요하고 종교에 의지해 보는 것도 좋다.

겁살이 있으면 흉하기만 하고 길한 운은 약한 것 같다.
부모와 자식 간의 관계도 원만하지 못하고 부부간에 불화가 잦으며 타향에서 고생하면서 어렵게 생활하는 경우가 많으며 사업가라면 거듭 실패를 경험할 수 있고 매듭이 잘 풀리지 않는 형상으로 빠르게 진행되지 않으며 한 걸음씩 느리게 나타나는 때가 있고 특히 건강에 많은 조심을 하여야 한다. 재살과 더불어 12신살 중에서 가장 강하게 작용하는 대흉살로 구분한다.

대체로 자기주장이 강하지 못하고 기가 약한 편이고 자신의 것을 외부로 강탈을 당하거나 방해받는 경우가 많이 생기고 노력에 비해 결과가 미미하고 관재구설에 손재운, 재물운, 건강운이 약한 시기로 긍정적인 마음가짐이 중요하며 자신의 부족한 점을 채울 수 있도록 끝없는 노력과 올바르게 솔선수범하면서 변화를 추구하면 없던 행운도 돌아와 운명이 바뀔 수도 있다.

성격은 호전적이나 주변과의 마찰이 심하며 조급하고 괴팍하여 경쟁심과 쟁취하려는 성향이 있으며 투쟁적이고 전투적이며 자기중심적으로 의심이 많다. 질투심이 강하여 문제의 여지가 있으며 나눔을 싫어하고 경쟁을 통하여 쟁취하는 성향으로 경쟁적인 직업이 적합하며 운동선수, 도박사, 도살장업, 철공업, 식육점, 투기 사업 등에서 좋은 결과를 나타낸다. 대운에서 살이 된다면 업을 확장하거나 새로운 업을 시작하는 것보다 안정적이고 현실적인 것이 중요하며 현재를 지키는 것이 유리하다.

### (2) 재살

외부의 힘으로 인하여 강탈당하거나 빼앗기는 신살로 겁살과 비슷하다. 수옥살이라고 하기도 하며 글자대로면 감옥에 갇힌다는 의미지만 자신을 지키기 위해 치열한 생존경쟁을 하게 되며 관재구설에 노출되거나 감금, 관재, 납치, 포로, 망명, 구속, 질병, 교통사고, 송사 등이 있을 수 있고 신경이 예민하고 불안 심리가 팽배하여 의기소침하고 기가 짓눌린 형상이 되며 재물과 재난의 손실이 발생할 수 있으며 부모, 형제나 가족관계가 원만하지 못하고 불화가 심하며 분쟁으로 인하여 많은 고통을 받을 수 있다.

지혜를 발휘하여 적극적으로 대응하고 폭력적인 성향을 줄이며 자신을 보호하는 자세로 주위를 잘 정리정돈하고 안정감을 찾아야 하는 중요한 시기다. 재살이 있으면 총명하고 지혜가 많으며 분석력과 판단력이 뛰어나며 수재형으로 상대를 배려하고 존중하며 의기투합하는 경우가 많다. 육체노동보다 정신적 노동이 적합하며 이해득실에 민감한 편이다.

사주 원국에 재살이 두 개 이상이거나 대운이나 세운으로 인하여 재살이 중과된다면 그의 효과와 작용이 더욱 늘어나며 특히 건강에 아주 유념하여야 한다. 좋은 점보다 나쁜 점이 더 많아서 종교에 의지하여 보는 것도 하나의 방법이다. 어릴 때 사고를 당하거나 부모와 헤어져서 살아가는 아픔이 있기도 하다.

심리적으로 불안한 상태가 지속되므로 한곳에 정착하지 못하며 인덕이 부족하며 자존심이 강하여 목적의 달성을 위해서는 수단과 방법을 가리지 않는 성향이 있으며 재산을 축적하는 욕심이 많다. 성격은 소심하고 명예를 중시하며 외롭고 주변에는 사기성이 많은 인맥이 많으며 사고와 재난을 피하는 지혜가 필요하지만 끈기와 리더십이 부족하여 큰 사업은 어려움이 있다.

부부간에도 불만이 많고 갈등이 심하여 원만하지 못하며 생사의 기로에 달린 수술의 비운을 맞을 수도 있으며 불안하고 무기력해지는 성향이 있으며 변동이 많고 심신도 불편하여 다툼이 많은 편이다. 사주 원국에 재살이 두 개 이상이거나 대운이나 세운에서 재살이 되면 그 작용력이 강력하고 관재나 교통사고를 유의하여야 하고 조울증이나 공황장애가 발생하고 사업의 부도가 날 수 있으며 동업이나 금전 관련 보증은 금물이다.

사소한 작은 일도 크게 벌여져서 관재구설이 따르게 되며 빈번한 재난과 손재수를 많이 당하게 되어 재산 혹은 유산이 있더라도 탕진할 경우가 많다. 직업은 생살여탈 활인업 경찰 검찰 법관 세관 군인 감옥과 관련된 직업이 가장 좋으며 살의 운으로 작용하게 되어 승진이나 출세를 하게 되며 관재구설을 면할 수 있다.
건축물의 증축이나 개축, 신축은 하지 않는 것이 좋으며 노상 횡액에 취약하므로 주의해야 하고 비밀이 누설되어 공든 탑이 무너지는 형국이 된다. 그러나 좌절하지 말고 포기하지 않으며 끝까지 인내하고 노력하면 스스로 운명을 바꿀 수 있고 좋은 형국을 만날 수도 있다. 일지와 월지, 년지, 시지 모두 볼 수 있으며 위치에 따라 영향력은 달라진다.

### (3) 천살

겁살과 재살의 빼앗고 빼앗기는 치열한 공방전을 통해 하늘이 심판자로 나서는 형국이다. 태동기를 의미하며 혼란과 변혁기에 해당한다. 세살, 천고살이리고도 하며 하늘이 내리는 형벌이며 천재지변을 의미한다. 인간의 의지와는 상관없이 발생하는 살로 폐해의 범위는 천지인에 골고루 영향을 미친다고 한다.

하늘을 우러러 공경하고 조상을 잘 섬기어 천살을 대비하면 소리 소문 없이 왔다 가는 것이 천살의 특이한 점이라 하겠다.

천살은 운의 변곡점이 되고 시련의 시기와 운기가 바닥을 지나는 것을 암시한다. 호시절을 뒤로하고 암울한 시절이 돌아옴을 암시하는 것으로 볼 수 있다.

하늘을 주관하는 천신이며 땅에는 지신이 있고 가문에는 조상신이 있는 것처럼 윗사람을 공경하고 조상에게 기도하면 길하듯이 천살은 좋은 기운으로 본다. 원국에 천살이 있으면 성격이 까다롭고 방자하며 업신여기는 기질이 강하고 독보적인 사업이나 특허 관련 사업 등에 종사하는 경우가 많다.

투쟁적이고 승부수에 강하며 지고는 못 사는 성격이다. 대운에서 천살이 온다면 원국이 흉한 운에 있다 해도 좋은 운으로 변화하며 이상적인 것을 추구하고 자신을 드러내는 행동을 하기가 쉽다.

천살 방향은 높고 높은 상고좌를 의미하고 제사를 지내는 방향이나 조상에게 기도하는 방향, 묫자리의 방향을 기준으로 하고 있으며 공부하는 사람도 책상을 천살 방향으로 두면 실력이 향상되고 시험에 합격이 된다고 하며 이사를 할 때에도 천살의 방향으로 한다면 복을 받을 수 있다고 한다.

그 외에도 어떤 방향을 지정할 때에는 천살의 방향으로 정한다면 사고도 예방이 되고 재물도 취득하게 되는 현상의 발복이 된다고 한다. 천살이라 하여 종교적인 의식을 취하는 것은 옳은 방법은 아니라고 생각한다. 연월일시에 모두 포함되며 삼합의 첫 오행의 앞 자가 해당된다. 하늘이 내리는 천재지변을 말하며 자신의 노력이나 의도에는 관계없이 뜻하지 않는 액난이 찾아와 하늘을 보며 탄식한다는 살로서 한해, 화재, 수재, 낙뢰 등 자연재해와 인간 세상에서 일어나는 불행에 관여하지만 그 작용력은 약하다.

천살의 방향은 시계의 12시를 정북(正北)에 맞추었을 때 미는 7시, 진은 5시, 축은 2시, 술은 10시 방향이며 자신의 사주 방향으로 향하게 하면 된다. 대운에서 천살이 된다면 미리 준비를 하고 예측을 하여 대비하는 것이 좋으며 대세를 따르거나 환경의 흐름에 맡겨 두고 순리에 따르는 것이 길하다고 본다.

예지력과 직감력이 우수하며 공부나 배움에 욕심이 많고 공과 사가 분명하다. 걱정거리가 많이 발생하는 시기로 보아야 하며 직장을 옮기거나 새로운 사업을 준비하거나 시작하는 것은 좋지 않고 현사의 유지를 하는 것이 길하다. 천살의 직업군은 사주 명리, 점성학, 철학, 종교, 예술 분야 등에서 좋은 감각을 나타내며 명예와 명성을 중요하게 생각하는 면이 강하며 활인업이나 심리 상담, 교육 계열이 적합한 것으로 보며 종교에 귀의하는 경우도 나타난다.

사업가라면 기밀 누설로 인하여 손재나 관재가 발생할 수 있으며 동업이나 합작 새로운 투자와 변화는 불리하게 작용한다.
직장인이라면 고속적인 승진이나 영전이 예상되며 좋은 결과를 기대할 수 있다. 건강 문제는 마비성 질환이나 증표암 등이 중요하고 중한 질환이 의심이 된다. 여성의 경우는 남편을 무시하고 경시하는 경향이 있으며 심하면 이혼이나 생사 이별 등의 상황이 발생할 수 있는 것이다.

### (4) 지살

땅과 관련된 살로 이동을 의미하며 번번한 이동으로 인하여 가족과 인연이 원만하지 못하고 부평초 같은 심리 작용으로 정체성이 모호하기도 하다. 내심으로 비밀과 슬픔을 간직한 채 남이 모르는 고통에 시달릴 수 있다.
지살은 시작, 착수의 의미가 강하고 타인의 지시에 의하여 움직이는 수동적 성향으로 초대살, 지배살, 시작살, 행려살 등 여러 가지 이름으로 불리기도 한다. 재물과 인연이 깊고 특히 부동산과 연관성이 있으며 부동산과 관련되는 일이 있다면 자신과 함께할 귀인을 만나 성공할 수 있는 확률이 높아진다.

땅에 의한 재앙으로 인하여 한곳에 오래 있지 못하고 자주 이동하게 되므로 객지 생활을 하게 된다는 의미도 있으며 국내나 해외 이동이 있으며 타향에서 또는 해외에서 재산을 모아 크게 성공하는 자수성가형이다.

이동수가 많은 관계로 가족과의 인연이 멀어져 고독하게 되고, 항상 바쁘고, 잦은 이동으로 인해 부부 사이가 멀어지게 되면서 이별하는 경우가 있다. 교통사고, 화재 등의 재앙이 겹쳐 크게 다칠 수도 있으며 이러한 재앙으로 인하여 모든 것을 잃게 되고 손재를 당해 파산하는 경우도 있다.

연월일시에 모두 적용이 되고 문장과 예술에 재주가 있으며 명랑하고 쾌활한 사람으로 판매, 유통, 배송 등 활동력이 많은 직업이 길하며 해외이민, 이동, 이사, 여행, 이직, 출장, 전근 등이 많을 수 있으며 금융업에서의 활동도 유리하다.
다양한 경험을 토대로 자신의 목표를 잘 활용하여 당당하게 자신만의 특화된 능력과 매력으로 성공할 수도 있으니 항상 자신감을 가지고 만남에 명확히 한다면 경쟁에서 밀려나는 일이 없을 것이며 자수성가의 지름길이 되고 승진, 승급, 영전이 있을 수 있다.

### (5) 년살

도화살, 욕패살, 함지살, 매살, 가식살, 착각살, 편법살, 세파살, 자패살 등의 많은 살과의 동등한 위치로 보며 동일한 뜻으로 해석하고 활용하고 있는 것이다.
신중하지 못하고 색정적 의미로 해석하는 경우도 있으나 현대적 관점에서 보면 인기도 좋고 활동력이 풍부하여 자신감이 넘치고 긍정적 요인이 많으며 외모가 화려하고 표현 심리가 완만하여 좋게 보는 경향이 있으며 연예계에서의 활동으로 인기가 있으며 시선을 끄는 성향이 있어 이름을 떨치게 되는 것이다.
자신의 감정을 과격하게 표출하는 경향이 강하고 활동적이며 명랑한 성격으로 이성에 밝으며 일찍 결혼하는 형국으로 보며 재능과 예술 분야의 활동이 뛰어나므로 향락 사업에 성공할 수 있으며 호색의 기운이 강력하기도 하다.

부부지간에는 상당한 문제가 있을 수 있고 이혼, 이별을 하는 경우가 많지만 스스로의 노력으로 지혜롭게 해결하는 경향이 있으며 얼마든지 바꿀 수 있는 능력과 긍정적인 요인으로 서로가 충만하게 해결하여 갈 것으로 본다.

직장으로는 자신을 드러낼 수 있는 구술업, 의료업, 디자인, 인테리어, 예술, 기예 등이 무난하고 보관업, 위생업, 음주 가무, 모텔, 풍류성, 시선 집중, 소모성, 지출성이 강한 업에도 길하며 고치고 가꾸고 하는 것에도 재능이 있으며 남녀가 함께 있는 곳이나 사교적인 면이 있는 곳이 좋게 작용한다.

이성에 조숙하고 결혼은 일찍 하는 편이며 연상의 여인이나 연상의 남자와 인연이 있고 연애 결혼하는 경우가 많다.
도화의 뜻은 복숭아나무 도에 꽃 화를 써서 선명한 분홍빛을 지닌 복숭아꽃을 의미하며 남자는 여자에게 인기가 있고 여자는 남자에게 인기가 있으며 이성을 매혹시켜서 자신의 주위에 머물게 하는 힘이 강력한 것이다.

남녀 구분 없이 과도하고 잘못된 성욕으로 재앙을 당하게 된다고 하여 좋지 않게 인식되고 여자는 얼굴에 홍조를 띤다는 속설이 있으며 이런 여자는 한 남자로는 음욕을 채우지 못하여 여러 번 결혼하게 되는 경우가 있으며 이런 여자를 만난 남자는 몸이 쇠약하여 죽게 된다는 잘못된 정설이 있기도 하다.

과거에는 음탕한 기생 사주라 하여 좋게 보지 않았으며 현대에 와서 연예계가 인기가 많아지고 활동력이 강력하여 명성이 드러나게 되었으므로 긍정적으로 보는 경향이며 이성에게 섹시하고 매력 있게 느껴지는 살로 아주 호전적이다. 연예인들이나 화려한 직업을 가진 사주에는 도화살이 많이 있다고 한다.

년지와 일지를 중심으로 보며 사주 원국에 자오묘유가 있다면 도화살이 된다. 스스로 지혜롭게 잘 해결하여 가는 경향이 있으며 현대에는 인기 있는 직업으로 되었다.

대운이나 년운에서 도화를 만나게 된다면 심신이 산란하고 허영과 향락에 빠지기 쉬우며 치정과 불륜을 조심하여야 하며 관재구설수가 따르고 윗사람의 충고를 수용하며 자신의 지혜를 활용하고 행동에 조심하여야 한다.

직업으로는 자신을 잘 나타낼 수 있는 종교 분야, 교육 분야, 디자인, 예술 분야와 시선을 모을 수 있고 인기를 활용할 수 있는 연예인, 방송 분야, 정치인이 있으며 타인에게 어필하는 직업이 좋을 수 있고 사교가 필요한 사업가, 외교관이나 서비스업, 유흥업, 화려한 업종 등이 적합할 것으로 본다.

### (6) 월살

어두운 밤에 달빛이 희미하게 비추는 모양이며 달빛의 도움이 없으면 난국을 돌파하기 어려운 시기임을 암시하는 흉살이다.

고초살, 고갈살, 장애살, 침체살로 부르기도 하며 월살이 사주 원국에 있으면 어떤 일들이 성사될 듯하다가 중도에서 좌절되거나 해지되는 현상을 보이며 허무하게 끝나는 경우가 대부분 일어나며 서류상의 문서 관련 운과 계약 관련 운에서 중도 해지되거나 보류되는 경우가 심하게 나타난다.
씨앗의 발아에 영향을 준다고 하여 파종일은 금하고 이사의 택일이나 결혼의 택일은 절대 피해야 하는 흉살이고 악살이다.

대운이나 세운에서 월살을 만나면 가정과 직업에 재앙이 닥쳐오고 고통스러운 일이 발생하기 쉬운 경향으로 우울증에 걸릴 확률이 높으며 마약이나 반사회적 일에 몰입하여 패가망신하거나 부부관계가 원만하지 못하며 여성이면 남편과의 관계가 소원해지면서 신이나 종교에 귀의하는 경우가 있다.
노력하는 만큼의 성과는 일어나지 않고 부모, 형제의 덕이 없어 자수성가해야 하며 기능 계열에서 일한다면 효과가 있을 수 있고 한 우물을 파야 한다.

잔병이 발생하며 허약하고 풍파가 많으며 매사가 지지부진하여 근심 걱정이 떠나지 아니하고 부부 중에 한 사람은 새로운 병마와 싸우게 되며 자식으로 인하여 고통이 발생하고 편할 날이 없으니 아주 흉한 운이라 하겠다. 절 사업이나 남을 도와주는 일을 한다면 액운은 조금 해소될 수 있으며 말년에는 편하게 지낼 수 있으니 많은 노력이 필요한 상황이다.

월살은 음을 상징하는 것으로 음기가 왕성하여 음과 양의 균형이 깨어져 있다. 대운이나 세운으로 월살을 만난다면 마음이 허탈하여지고 기운이 약해지며 현실적으로 성사되는 것이 없고 우울감, 불안감, 외로움과 갈등으로 주의의 관계 악화와 오해로 인한 의심이 발동하여 사회적 활동이 위축되고 피로감, 스트레스, 불면증 등 만성적 질병에 시달리는 경우가 많다.

현대적 질병으로는 신경 쇠약, 정신 박약, 정신 이상 증세가 나타나며 신경 정신과 계통의 이상과 공황장애가 발생할 수도 있고 심하면 신을 접하는 경우도 있다. 신흥 종교나 무속인, 스님, 목사 등 종교인이 많으며 실명학, 점성학, 의약, 서예, 작가, 시인, 포교원, 기도원, 명상 센터, 단학 도장, 단식원, 중개, 소개, 중매, 매매업, 의사, 공무원, 기술자, 자영업 등이 적합하고 활동하는 성향이 많으며 월살이 온다면 상속이나 증여가 발생할 경우에는 아주 유리한 면이 있을 수 있다.

운의 기세는 상승하다가 하락하고 다시 상승하는 기세를 반복하는 것으로 무조건 나쁜 살이라고 단정할 수 없으며 마음을 차분하게 하고 매사에 신중하며 겸손과 끈기로 내면의 성장을 이루며 노력하면 진정한 행복을 이룰 수 있다.

피할 수 없다면 경험을 토대로 기회를 삼고 변화와 미래를 설계하고 목표를 정해서 협력과 소통을 중요시하여 새로운 도전을 시도해 본다면 결코 절망의 운세만 있는 것은 아니며 어려움을 극복할 수 있고, 외부의 도움으로 인하여 횡재수를 기대할 수 있는 호기의 운세이기도 하다. 대운에서 월살이 된다면 미리 준비를 하고 예측을 하여 대비하는 것이 좋으며 원국에서 충극이 일어나면 반사이득이 일어나 길한 운으로 변한다.

### (7) 망신살

나의 실수나 욕심으로 인해 나의 권위나 위상이 크게 실추되고 돈과 이성 문제에서 부정적인 현상이 나타날 수 있는 흉살로 보아야 한다. 예기치 않은 일로 원망하고 억지를 부리다가 망신을 당하게 된다는 살이다. 억지살, 원망살, 관부살이라고 하며 망하다 없어진다는 개념이 강한 살이다.

망신운이 들어오면 실물수가 있으며 빨리 진행되다가 수포로 돌아가는 현상이 있으며 이익을 취해도 오래가지 못하고 손실을 나타내는 흉살이다. 자신의 내적 요인에 의한 자중지란의 성격이 강한 살로서 수신과 수성에 전력해야 하고 망신으로 인하여 성숙한 모습으로 다시 성장할 수 있는 기회도 된다. 성격이 급하여 행동이 앞서며 고집이 세며 남을 무시하는 경향이 있는 편이다.
명석한 두뇌의 소유자로 유머 감각이나 센스가 있으며 연예계, 예술 분야에 재능이 있어 개그맨이나 코미디언, 스포츠 선수 엔터테인먼트 계열이나 정치인, 서비스 업종에 적합하며 자수성가하는 경우가 많으며 여자이면 섹시하고 얼굴이 예쁘며 멋있는 형상이지만 부인병과 관련하여 조심하여야 한다.

남의 여자나 재물을 탐내기도 하고 비자금, 공금 횡령을 저지르기도 하며 비밀이 발각되거나 과거 문제로 구설수에 시달리며 명예가 실추되기도 한다. 부동산 투기나 술, 도박, 유흥에 빠지기 쉬우며 음주 운전, 소송, 파산, 파혼, 이혼, 뺑소니 사고 등으로 인하여 재산을 탕진하는 경우가 발생한다. 특히 이성 문제로 망신을 당하며 부정한 관계가 발각되는 형상이다.

공연한 일로 관재구설이 있어서 경찰서나 법원을 가게 되고 몸을 다치거나 금전적으로 큰 손해를 당할 수 있으며 부모, 형제, 부부간의 불화로 인해 고독한 생활을 할 수 있으며 어려운 현실을 겪을 수도 있다. 노력은 하지 않고 허풍으로 남을 속이거나 자신의 잘못으로 일이 잘못되면 남에게 책임을 전가하고 원망하는 경우가 있다. 진심과 정성으로 행하며 자신의 잘못을 인정하고 책임질 줄 알며, 부족한 점을 채우려 노력하면 주위에 인정받고, 성공하는 살로도 볼 수 있다. 직장인이면 승진의 기회를 살리지 못하며 수험생이면 시험운이 없으며 정신적인 고통보다 물질적인 피해가 우선으로 발생할 수가 있다. 망신살은 그 영향력이 강하다고 할 수 없어서 크게 걱정할 필요는 없고 미리 알아 두고 이에 대비하여 원만하게 대처해 가는 지혜가 필요한 것이다.

사주 원국의 연월일시 중 어디에 있는가에 따라 다소 작용과 역할이 다를 수 있으며 대운이나 세운에서 망신살이 되어도 그 역할은 강하게 보지 않는다. 사업하는 경우는 금전운에 집착하기 쉽고 크게 성공하려는 기운이 강하며 그 강한 기운으로 욕심을 내어 실패하는 현상이 일어난다.

건강상으로는 눈, 입, 코, 귀, 방광, 항문 관련 질병이 올 수 있으며 특히 피부에 관한 질병 발생률이 높으며 부부간의 애정이 결핍하여 이혼하는 경우도 있다. 산부인과, 이비인후과, 피부과 등의 의료 관련업이 적합하기도 하다. 여성의 경우는 남편을 무시하고 경시하는 경향이 있으며 심하면 이혼이나 생사 이별 등의 상황이 발생할 수 있는 것이다.

### (8) 장성살

어려운 환경이나 시행착오로 인하여 경험한 능력을 토대로 성숙한 모습으로 나타나는 현상이며 진취적이고 전향적인 길신으로 보아야 한다. 사왕지의 자리로 십이운성의 제왕 자리에 해당하며 영도살 확장살로도 불리며 만인을 통솔하는 의미와 정상의 위치로 일생의 황금기에 해당되는 시기이다.

오행의 기운이 태왕하여 아집과 독선의 강한 성향을 보이고 현실 지향적인 성향이 있고 관직이나 직업군인, 경찰, 간부, 검찰과 같은 조직적인 면에서 성공하는 경우가 많으며 행정직, 고위직, 교육자, 학장, 총장, 대학자 등의 명성과 지위를 득할 수 있으며 업무에 집중하고 몰입하는 경향과 주도적이고 결단력이 강력하며 명예욕과 승부욕, 지도자나 권위적 성향이 강력하고 열정적으로 노력하는 성향이 있으며 자신의 위치에 독보적인 경향이 있으므로 자영업으로 크게 성공하거나 유명한 기업을 운영하는 사업가 기질이 왕성하여 크게 성공하는 경우가 많으며 끈기와 인내력이 강한 연예인, 예술가 등에서도 좋은 결과를 나타내는 경향이 많아지고 있다.

단점으로 본다면 자만심, 자존심, 독불장군의 기질이 강력하여 주위와 불협하고 불화하는 과도한 권위주의 의식과 고집, 완벽주의, 강한 책임감 등의 요소에 역기능적 문제가 있을 수 있으므로 배려하고 협력하는 변화가 필요하기도 하다.

모든 것에 집중하고 몰입하다 보면 주위를 살펴보지 못하는 경향이 있으며 건강에도 일시적인 변화가 발생할 수 있으므로 매사에 유의하고 조심하며 좋은 기회를 잘 활용하는 유익한 시기로 성장시켜 나가야 할 것이다.

여성이면 성격이 무뚝뚝하고 애교가 적은 편이며 자신이 가주가 되는 경우가 있으나 명예는 높아지고 자력이 풍부하여 긍정적인 면이 더 강한 편이다. 가정생활보다 사회 활동에 더 많은 관심을 보이며 가정에 소홀해지는 관계로 부부간의 금실은 원만하지 못한 경우가 많으며 이혼을 하거나 가정의 불화가 심화될 수 있으며 가정생활에서의 직·간접적 관계를 이해하고 분별력 있게 잘 판단하여 원만하게 해결하려는 노력이 필요하다.

배타성이 강하고 자수성가하려는 심리가 있으며 실천력과 강한 리더십을 갖고 있고 남에게 지는 것을 싫어하며 타협과 화합을 성사시키지 못하는 성향의 문제가 있으므로 겸손함을 유지하고 양보하고 타협하는 성향으로 변화한다면 장성살의 길한 기운을 유지하면서 크게 성공할 수 있는 것이다. 여성의 경우는 신의 기운이 강하며 종교에 대한 관심이 많아서 종교에 귀의하거나 종교 활동에 심취되는 경우가 발생하기도 한다. 집안에서는 중심적인 역할을 하며 독보적인 성향을 보이기도 하므로 외롭고 고독하며 우울한 성향이 있으며 신적인 병이 발생할 수 있으니 항상 주변과 협력하고 타협하여 변화하는 것이 바람직하다.

대운이나 연운에서 장성살이 오면 길한 기운으로 승진이나 승급으로 중심적인 위치에서 활동할 수 있는 좋은 기회가 될 수 있는 것이다. 사업가이면 성공할 수 있는 기회가 되므로 강한 추진력과 결단력을 바탕으로 새로운 투자나 사업의 확장, 개설 등에 집중적 노력이 필요한 시기로 본다. 미혼이면 혼사가 성립할 수 있고 취업 준비생이라면 취업이 성사되는 좋은 기운으로 적극적 활동력이 요구되는 시기이기도 하다.

### (9) 반안살

말 등에 놓인 안장을 의미하며 성공과 출세를 상징하고 십이운성의 쇠에 해당하며 안장살, 번영살, 급여록이라고도 한다.
명예와 직위가 보장되고 유지되며 운세의 상승으로 성공 확률이 높고 부가 축적되면서 매사가 순조롭게 진행되며 도와주는 은인의 길방으로 평가된다.

장군이 말을 타고 승전하여 돌아오는 형상을 의미하기도 하며 권력의 상징으로 주변의 도움과 혜택이 많으며 부모, 형제, 인복이 있고 유복한 환경에서 태어나고 성장하는 것으로 본다.
언변이 좋고 유창하며 책임감도 강한 편이고 육체적 노력보다는 아이디어나 기획, 지혜가 필요한 업무에 적합하고 전문직에 종사하는 경우가 많다.

재물에 집착이 강한 편이며 임기응변적 성향이 있고 자금 회전력은 좋은 편이며 명성이 떨쳐지는 부귀명의 운세로 의식주를 해결하는 데 문제가 없다. 지혜가 출중하고 학문에 흥미가 있으며 목적의식이 분명하여 공직자로 성공하는 경우가 많고 학문적 대업을 성취하거나 공무와 관련된 업무가 적합하다.

반안살은 명예, 지위와 부 어느 하나 부족하지 않아 일평생 걱정 없이 산다는 개념이 강하며 청년기에 성공하는 경우가 많고 주위에서 존경받으며 신망을 얻고 부부간의 금실도 좋아 화목한 가정을 꾸려 행복하게 사는 경우가 많다.
가업이나 개인 사업으로 번창할 수 있으며 기술과 관련된 업종에서 성공한다. 심성이 온화하고 자수성가 운이 강하지만 사업 확장이나 창업 등 사세 확장보다는 지키는 것이 더 안전하고 유리한 국면이 되는 것이다.

대운이나 세운에서 반안살을 만나게 된다면 어려운 일들이 잘 해결되게 되고 학생이면 진학이 성사되며 직장인은 승진, 승급하고 사업가는 번창할 수 있는 운세로 염원하던 일들이 이루어질 수 있는 시기로 보아야 한다. 성공과 출세를 할 수 있는 소중한 기회로 자신감과 노력이 결합된다면 목표 달성과 원하는 바를 성취할 수 있는 시기로 놓치지 말아야 하는 운세이다.

느긋한 성격으로 적극적이거나 부지런하지 못하며 자존심이 강하여 허세와 허영심이 많아 항상 겸손하고 안정된 자세를 유지하는 것이 중요하며 주위의 가까운 인연과의 관계 유지가 필요하기도 하다. 헛된 욕망과 허영심으로 사치가 지나치게 되면 좋던 기운도 서서히 흩어지게 되고 명예와 지위도 잃게 되는 경우가 있을 수 있으니 어렵고 힘든 주변을 보살피고 도와주며 바른 일에 충실하고 올바른 마음가짐이 필요하다.

말 위에서 떨어지는 모습을 연상하여 본다면 낙상으로 큰 상처를 입을 수 있으며 이로 인한 상처가 깊어서 회복하기 어려운 경우도 있을 수 있다. 지나치면 좋았던 시절이 물거품이 되고 허상이 될 수도 있으니 이기심을 버리고 지나친 욕심을 삼가며 자신의 부족한 점에 주의를 기울이고 보완하면서 운세의 흐름에 순응하여야 좋은 운기를 유지할 수 있는 것이다.

만족하는 결과를 얻어내기 위하여 무리하고 허세를 부린다면 흉으로 작용하여 기분만 상승하고 결과가 없어지는 형상이 있으니 매사에 당당하게 대처하고 극복하려는 자세가 매우 중요하며 길방의 유지를 안정하게 하는 것이다.

### (10) 역마살

돌아다닌다는 뜻을 가진 역마살은 인신사해, 무무, 술술이 있으며 이동범위가 아주 넓고 광대하며 자발적 이동으로 십이운성의 병에 해당이 된다. 한곳에 정착하지 못하고 강제적으로 여기저기 돌아다니는 운명이다. 어떤 장소나 직업이 불안정하여 정착을 못 하여 정서적으로 불안하고 한 가지 일에 몰두하지 못하며 잦은 이동으로 인하여 건강에 문제가 발생한다.

학교를 여기저기 전학하기도 하고 여행을 즐기며 현대적 감각으로는 행운이 좋은 것으로도 해석하기도 한다.

사방살, 이동살로도 불리며 대단히 진취적이고 활동적이며 긍정적인 생각이 강하고 주변과의 관계과 원만하여 사업가적 기질이 있으며 외무직, 공무원, 무역업, 여행업, 홍보직, 영업직, 보험 직종, 운송업, 유흥업 등 다양한 직업의 적성이 있으며 활발한 성향으로 커다란 환경 변화를 추구하기도 한다.

현대에 와서는 항공기 기장이나 스튜어디스 또는 해외 주재원으로 파견되거나 대기업의 해외 관련 업무에 꼭 필요한 업무이기도 하다. 다소 분잡하고 유동성이 심하여 일관성 유지가 어렵고 신뢰가 떨어지며 이동이 심하여 안정성의 부족함이 있고 분주하기만 하고 결실은 적은 편이다.

실속 없이 분잡하고 설치는 경향이 있으며 부부간에도 갈등이 심하고 이별이나 이혼을 하는 경우가 많으며 객지에서 풍상을 겪으면서 자수성가 하는 형상이다. 해외와도 연관하여 이동이 있으며 외국 이민이나 자녀 유학 등 해외 생활을 경험하는 경우가 많으며 종교와 신앙에도 관련하여 변화를 일으킨다.

이사나 분가 등의 독립적인 형상을 좋아하고 재주가 많아 팔방미인 격이지만 전문성이 떨어져 박학다식해도 크게 활용하지 못하는 경우가 많다. 서로의 관계가 소원하여도 상대방을 음해하거나 비방하지 않으며 악하게 대하지 않는 특징이 있다.

대운이나 세운에서 역마살이 된다면 사고 발생률이 높으며 신체 상해, 교통사고 등의 주의가 절대적으로 필요하다. 구금을 당해 있는 경우라면 구금이 해제되고 석방이 되어 자유의 몸이 되는 행운이 되기도 하며 재물의 손재로 인하여 고통받고 있는 때라면 원래대로 회복이 되며 급격하게 재물이 불어나는 경우가 있다.

역마살은 외향적이고 진취적인 성격으로 해석할 수 있으며 스스로의 적극적인 노력 여하에 따라 옳고 바른 길로 인도 한다는 의미도 있는 것이다. 장벽을 만나 좌절하는 경우도 있겠지만, 이를 바탕으로 다시 재기한다면 큰 성과를 가져올 수도 있는 것이며 운명은 스스로가 개척하여 가는 것이다.

현재는 자기를 선전하는 시대이고 통신의 발달과 정보의 교환이 홍수가 일어나듯이 빈번한 상태여서 역마살의 작용이 이를 주도한다고 볼 수 있다. 역마살은 풍문이고 소문으로 해석할 수도 있으며 소문은 대화로 이어져 토론을 주도하고 설득으로 상대를 편하게 하여 길잡이가 되는 경우가 많다. 산달을 모두 채우지 못하고 조산으로 일찍 태어난 경우도 있으며 초년에 고향을 떠나 타향에서 어렵고 고통스럽게 지내는 운이기도 하다.

### (11) 육해살

육합을 방해한다는 의미로 육해라 하고 십이운성의 사 자리에
해당된다. 천지인에 미치는 해로서 질병과 관재구설을 비롯하여 수마와 화마에 의해 피해가 발생하게 되는 살로 모든 것이 멈추어진다 하여 침체살, 구멍을 뚫듯 마음에 상처를 낸다는 의미로 상처살 또는 육액이라고도 하며 정상적인 일을 뒤틀어지게 한다는 흉살이다. 누수를 막기 위해 문단속을 하듯 자기 관리에 철저한 특성을 보이는 면이 있으며 서둘러 결과를 획득하려는 속성으로 성격이 급하고 다소 경망스러운 점이 있기도 하며 예민하게 반응하거나 눈치가 **빠른** 경향이 있다.

액운과 업이 모이는 곳으로 항상 깨끗하게 하고 반드시 정리정돈이 필요하다. 분주하게 활동을 하여도 얻는 것보다 잃는 것이 더 많아지며 자기주장이 강하여 타인을 원망하고 증오하려는 경향이 있어 주변과의 인연이 소원해진다.

원만한 결혼 생활도 어렵고 형제자매로 인해 남모르게 고생을 하는 경우가 있고 이유 없이 몸이 아프거나 마치 신병 같은 증상을 나타내기도 하여 조상신을 받아 모셔 두고 섬기며 조상에 숭배하거나 제사를 잘 지내고 순성하면 좋은 결과를 볼 수 있는 경우가 있기도 한다.

재물의 소비가 많아서 빈곤하게 되는 경우가 많으며 생활이 어렵거나 성정이 온순하지 못한 경우가 많으며 청결을 유지하고 단정하게 하면 행운이 올 수 있으며 대운 세운에서 만난다면 고생과 어려움을 암시하는 운으로 보아야 한다.

관재구설이 심하며 덕이 없고 부모와 형제, 부부간 인연이 약해서 불화가 잦으며 고독하고 외로우며 특히 믿었던 사람에게 배신을 당하고 경쟁심은 강하고 노력형이지만 만사가 뜻대로 되지 않는 경우가 많으며 교통사고나 낙상 사고 등으로 크게 다칠 수도 있으니 상당한 주의가 필요한 것이다.

육해살은 자미, 축오, 인사, 해신, 묘진, 술유로 구성되어 있으며 자미, 축오가 가장 강력한 작용력이 있다고 알려져 있고 나를 해치는 여섯 가지 살이라 한다.
자신에게 나쁜 액의 영향을 끼치는 악한 살로 유명하다.
감수성이 풍부하고 예술적인 감각이 좋아서 연예인 사주에 육해살이 많다. 초년운이 더 어렵고 근심 걱정이 많으며 힘들고 고통스러운 일들이 많아진다. 육체적 직종보다는 학문, 학자, 봉사, 종교인, 활인업, 의사, 상담가, 철학자, 예술인, 무당 등의 직업이 적합할 것으로 예상이 된다.

육해살은 숙명적인 요인으로 전생 업장, 전생 인연, 선대 조상, 조상 묘소, 조상 영가 등의 불편 사항들을 잘 판단하고 상관성이 있는지 살펴보는 것이 중요하다. 조상과 관련이 있는 살이기 때문이다. 힘들고 고통스러운 난관을 지나면 고생 끝에 낙이 온다는 것이다. 성정을 느긋하게 하고 매사를 차분하게 순리적으로 해결하여 간다면 좋은 결과를 만들 수 있으며 모든 일에는 인과가 있는 법이나 자신의 업을 갚기 위해 항상 참회하고 노력한다면 자연스럽게 개운하여 복이 찾아오기도 하며 흉하기만 하겠는가, 행운으로 바뀔 수도 있다. 피할 수 없으면 부딪치고 남을 배려하고 이해하려는 마음가짐을 가지면 어떠한 어려운 일도 얼음이 녹듯이 순하게 풀려 가는 경우도 많다.

### (12) 화개살

시작의 분기로서 절처봉생의 재생살을 의미하고 새롭게 업그레이드하는 사명감으로 연구하고 궁리해야 하는 시기이고 능력과 재능을 비장하고 일관하는 살이고 시작과 끝을 관장한다는 의미에서 시종살이라 하고 생명 탄생의 지난한 세월을 인고하기 위해 휴식기에 들어가는 시기라 하여 휴지살로 불리며 반복되는 성향이 있다고 하여 복고살이라고도 한다.

조용하고 관조적 태도를 취하려 하는 경향이 있으며 끝과 시작의 반복점의 변곡점에서 선택의 고민으로 이별과 만남을 반복하는 경향이 있고 생활 습관도 반복적인 업무에 익숙하며 매너리즘에 빠져 다른 변명과 아집이 일어나므로 게으름을 줄이고 자신의 성격과 습관을 개선하지 않으면 과거의 나락에서 벗어나지 못하고 상생 발전함의 길함이 오래가지 못한다. 행동보다 생각이 많은 편이며 예술적 감각이 강하며 학문적 개성으로 학자가 될 수 있으며 장남과 장녀의 운명으로 가무의 업적을 빛내는 의무가 있다.

여성에게 작용력이 강하고 고독한 가운데 고상한 면을 좋아하기 때문에 교육과 종교와 역술학에 관심이 많으며 자수성가할 수 있는 운세이다. 직업은 재활용 사업, 중개업, 중매 사업, 고고학, 철학, 심리학, 종교학, 경제학, 경영학 등과 관련한 사업이 적성에 잘 맞을 수 있다. 봉사하는 활동이나 궂은일에 솔선수범하는 경향이 있으며 필요 이상의 지출을 줄이고 절약하는 습관이 강하며 종교적 갈등이 일어나기도 한다.

진술축미가 주동이 되고 재결합과 재생의 의미가 강하며 남녀의 재결합, 복학, 복직, 미제 사건 등에 회귀하는 현상이며 행운이 발생할 수 있는 확률이 높다. 잠재적 재능을 보유하고 있으며 약해 보여도 실제 적으로 박학다식하며 판단 능력이 뛰어나며 실속이 충만한 부류에 속한다.

장자의 기운이 강하지만 장자 노릇을 잘할 수 없는 현실이 되고 의식적으로 가문의 명예를 빛내야 한다는 책임 의식이 강하다. 빛을 덮어 버린다는 개념이 있고 무덤, 창고, 저장고 등을 표현하며 만물을 추수하여 창고에 보관한다는 의미가 있으며 자존심이 강하고 고집이 세며 굽히기를 싫어하는 경우가 있으며 유혹에 쉽게 빠져 불륜, 도박, 폭력배가 되기도 하는데 자신의 행동에 각별히 신중하고 후회하지 않을 일들을 해야 한다.

주위와 잘 어울리고 함께하는 기회를 자주 마련하여 화합하는 운세이다. 집중력이 좋고 똑똑하며 이성적 생각을 분명히 하고 판단을 잘하면 성공한다. 재생을 뜻하여 재물을 찾아야 하는 오뚜기 같은 가능성이 있으며 총명한 머리에 예능적인 감각이 훌륭하며 성공과 실패를 경험하는 경우가 있다.

사색을 좋아하며 고독과 외로움으로 우울하지만 매력이 넘치고 자신감이 있으며 호감도가 높다. 혼자만의 시간과 공간을 생각하는 경우가 많고 새로운 생각과 새로운 예술을 창조하고 동떨어진 매력을 발산하는 의미가 있고 화려하고 명예를 얻을 수 있는 긍정적인 역할이 잘 발휘된다고 할 수 있다. 재물복을 타고나며 큰 기업의 회장이나 출세한 연예인들의 대표적인 활동이 두드러지게 나타나며 정치 계통에서도 성공하는 사례가 많다. 화개살은 나쁘게 보지 않으며 길하고 대길하는 운세로 보는 것이다.

# 75. 십이운성

### (1) 십이운성의 분류

| 장생 | 목욕 | 관대 | 건록 | 제왕 | 쇠 | 병 | 사 | 묘 | 절 | 태 | 양 |
|---|---|---|---|---|---|---|---|---|---|---|---|
| 長生 | 沐浴 | 冠帶 | 建祿 | 帝旺 | 衰 | 病 | 死 | 墓 | 絕 | 胎 | 養 |

십이운성은 십이지지와 십간과의 각각 기운과 계절을 고려하여 왕쇠의 관계를 설정한 운명 곡선이다. 삶의 궤적을 열두 단계로 나누어 생성, 발전, 쇠퇴, 소멸의 시기적 과정에 따라 운명의 길흉화복을 추명하는 간명 기법이다.

모든 탄생의 과정을 거쳐 왕성한 활동기를 맞이하고 쇠퇴기를 지나 정지의 영역으로 침장한다. 이러한 생왕쇠사를 인생 방정식에 대입하여 간명하는 술기 체계를 십이운성이라 한다.

실제적이고 현재적인 상황을 분석하는 신살의 기법 체계이다.
십이운성은 장생, 목욕, 관대, 건록, 제왕, 쇠, 병, 사, 묘, 절, 태, 양의 열두 단계로 구분되어 순환한다. 각각의 운성에는 득실의 묘미가 숨어있기 때문에 하나의 운성이 사주 전체를 의미하지는 않는다.

십이운성은 극양 극음의 생극필반과 양생 음사의 절처봉생이 앙상블을 이루어 끊임없이 순환하는 변화의 법칙 위에 놓여 있다.

길흉의 관계는 합국의 묘미와 운성 자체의 의미가 갖는 행간의 숨은 뜻을 잘 파악하고 이해하며 길흉의 국곡은 새로운 길흉으로 변곡점일 뿐 영원하지 않기 때문이다. 천간이 특정된 지지를 만날 때 어떤 세력을 가지는지를 알아내고 그 기준은 천간이 된다.

그에 해당하는 12지지가 천간의 에너지를 인간사의 각 단계에 대입하여 설명한 이론으로 포태법 또는 절태법이라 부르고 양과 음으로 구분하여 양 포태, 음 포태라고 하며 양은 순행, 음은 역행의 원칙을 사용한다.

## (2) 십이운성 조견표

| 일간<br>지지 | 甲 | 乙 | 丙 | 丁 | 戊 | 己 | 庚 | 申 | 壬 | 癸 |
|---|---|---|---|---|---|---|---|---|---|---|
| 亥 | 장생 | 사 | 절 | 태 | 절 | 태 | 병 | 목욕 | 건록 | 제왕 |
| 子 | 목욕 | 병 | 태 | 절 | 태 | 절 | 사 | 장생 | 제왕 | 건록 |
| 丑 | 관대 | 쇠 | 양 | 묘 | 양 | 묘 | 묘 | 양 | 쇠 | 관대 |
| 寅 | 건록 | 제왕 | 장생 | 사 | 장생 | 사 | 절 | 태 | 병 | 목욕 |
| 卯 | 제왕 | 건록 | 목욕 | 병 | 목욕 | 병 | 태 | 절 | 사 | 장생 |
| 辰 | 쇠 | 관대 | 관대 | 쇠 | 관대 | 쇠 | 양 | 묘 | 묘 | 양 |
| 巳 | 병 | 목욕 | 건록 | 제왕 | 건록 | 제왕 | 장생 | 사 | 절 | 태 |
| 午 | 사 | 장생 | 제왕 | 건록 | 제왕 | 건록 | 목욕 | 병 | 태 | 절 |
| 未 | 묘 | 양 | 쇠 | 관대 | 쇠 | 관대 | 관대 | 쇠 | 양 | 묘 |
| 申 | 절 | 태 | 병 | 목욕 | 병 | 목욕 | 건록 | 제왕 | 장생 | 사 |
| 酉 | 태 | 절 | 사 | 장생 | 사 | 장생 | 제왕 | 건록 | 목욕 | 병 |
| 戌 | 양 | 묘 | 묘 | 양 | 묘 | 양 | 쇠 | 관대 | 관대 | 쇠 |

## (3) 장생

출생 직후 울음을 터트려 탄생을 알리는 순순한 그 자체를 의미한다. 자식이 태어나면 부모의 지극한 사랑이 필요하고 귀여워하며 보호해 주는 후견인 역할을 하듯이 장생의 기운도 동일하게 보아야 하며 곤란한 환경을 맞이해도 후원자의 작용으로 위기를 극복하는 기운이 강하다는 것이다. 장생은 후견성, 모방성, 감수성, 창의성, 예술성, 발전성을 암시하는 운성이다. 장생은 평안과 번영을 의미하고 일간이 장생이면 귀함이 증가하며 길성이다.

장생의 역할은 다양하며 사주 원국 어디에 위치하는가에 따라 그 작용이 광범위하게 나타내므로 재성, 관성, 식신성, 인성을 구분하여 보아야 한다. 호기심이 많아 진취적인 면이 강하고 새로운 것에 대한 도전을 두려워하지 않으며 새로운 환경에 잘 적응하는 편으로 다양한 분야에 관심이 많으며 폭넓은 지식의 탐구에 게으리하지 않으며 주위와의 관계도 유연하게 대처하며 원만하게 관계를 유지하는 데 능숙한 편이다. 긍정적이고 낙관적이며 온화하고 세밀하여 남을 배려하는 것을 좋아하고 융통성이 뛰어나서 밝은 에너지를 전달하는 성향으로 본다.

대인관계가 원만하여 호감도가 높으며 평화 지향적이고 천진난만하기도 하다. 진취성과 결단성은 조금 부족하지만 사심이 없고 공명정대하여 인덕과 신망을 얻어서 성공할 수 있는 잠재력이 있으며 감수성이 예민하여 예술 계열에서 두각을 나타내며 박학다식하고 교양인의 부류에 속한다. 공직과 일반 사업 등에서 작용력이 강력하여 성공하는 사례가 많으며 이동성이 강한 직업, 활동 반경이 넓은 직업 등에서 활용도가 높아진다.
조직 생활에도 잘 적응하는 편이며 관리 업무에 적합하고 무역업, 보험업, 광고업 등의 직업 적성에도 잘 어울리는 편이다.

일지의 장생은 남녀 모두 배우자 덕이 좋은 편이며 현모양처와 인연이 깊어 처덕을 누리며 주위의 후원으로 인하여 승승장구하는 경우가 많다. 총명하고 영리하며 성격이 온순하고 유순하여 남과의 다툼이 없고 욕심이 적으며 원만한 성격으로 순진하고 반듯한 편이다. 전문직이나 기술직, 학문의 연구, 개발, 연예계 등에 적응력이 강한 편이다.
의욕은 왕성하고 신념은 뚜렷하여 목표를 향해 전진하려는 성향이 강하다. 주변의 영향력을 많이 받기 때문에 독창성과 주체성, 통솔 능력이 부족한 편이며 대인관계는 대립하는 것보다 대화하고 소통하는 것이 우선이며 인덕은 많으나 후견인의 후원을 받지 못하면 성공하지 못하는 경우가 있다.

자신만의 기준으로 판단하고 행동하는 경향으로 갈등 발생의 요인이 될 수도 있으며 경솔하고 성급한 행동으로 일관성이 부족하고 끝까지 수행하지 못하고 중도에 포기하는 성향이 있으며 노력하지 않고 안일하게 처신하여 성장을 저해하는 경우가 있으며 무책임한 태도로 집중력을 잃어버릴 수도 있다.

우유부단하여 결단력이 부족하고 조급하여 쉽게 실수할 수도 있는 성향이 있으므로 자신의 결점을 잘 정리하고 이해하여서 고쳐 간다면 모든 면에서 크게 성공할 수 있는 길성의 기운을 살려 갈 수 있을 것으로 본다.

### (4) 목욕

목욕은 매일 씻는 행동의 반복으로 반복성이 표상되기도 하며 지나친 깔끔함과 과시, 변동, 멋과 호색성이 화근이 된다는 점에서 욕패라고도 한다. 모든 것이 새롭고 신기하여 진위에 관계없이 보이는 대로 답습하고 수용하려 하므로 감성적이며 호기심의 상징으로 표현되기도 한다.

성격은 적극적이고 활발하지만 자제력이 부족하여 바쁘기만 하고 실제로 얻어지는 이득은 약하게 나타나고 말로 하는 경우가 많으며 행동에 앞서 소문을 먼저 내어서 내실보다 외형에 치중하는 심리가 강하다. 시작은 거창하게 하는 듯하여도 중도에 중단하는 경우가 있으며 과시욕은 강하나 일관성이 부족하고 지구력이 약해 이익을 득하지 못하는 부류에 속한다.

변동이 심하고 안정성이 약해서 시류에 영합하는 경향이 있으며 수완가이지만 일생에 굴곡이 심한 편이다. 풍류기가 있으며 음적 호기심이 발동하여 향락적 발상을 즐기기도 한다.

변덕, 변화, 변동이 심하고 고독과 이별의 풍파로 인하여 파란이 따르게 된다.

일지가 목욕이면 고향을 떠나 거주하며 부모 형제의 덕이 부족하고 불화할 확률이 높으며 이동성이 있는 직업에 적응력이 있고 기예와 문장력이 있으며 문필가, 언론인, 활인업, 예능계 등의 직업을 선택하는 것이 적성에 맞으며 유리하다. 유머 감각과 사교적 감각, 세밀한 감수성, 창의성이 비상하며 순수함과 호기심의 에너지를 바탕으로 영업직, 외교관, 해외 상사원, 교섭자, 중재자, 도매업 등 활발하고 사교적 능력이 발휘되는 직업에서 크게 성공할 수 있다.

자신을 치장하는 데 관심이 많으며 사치를 좋아하고 욕망과 자기 과시욕이 강한 편으로 여러 가지 사건에 얽힐 수 있는 확률이 높고 매력의 발상이 높아지고 불필요한 호기심은 자기 스스로를 망치게 하는 결과를 만든다. 사람 사귀는 것을 좋아하나 권력이 있고 힘이 있는 상대에게 무조건적으로 의존하려는 경향이 있으며 끈기가 부족하여 결실을 맺기는 어렵고 규범을 쉽게 무시하는 성향으로 고난의 길을 가게 된다.

정신적으로 불안정한 상태로 볼 수 있으며 진실과 거짓의 판단력이 부족하여 이성 문제나 색난, 풍류, 향락, 경거망동, 풍파, 도박, 낭비 등의 유혹에 약해서 실수가 잦으며 주변의 통제와 절제가 필요하기도 하다. 부부간에는 서로가 불만이 많을 수 있으며 서로 양보하고 이해하며 대화가 절대적으로 필요하며 재물을 얻게 되면 겸손하고 자제력이 요구되는 시기이다.

매사에 도전적이지만 일관성이 부족하여 완수하지 못하고 중도에 포기하는 경향이 있으며 충동적인 성격으로 신속한 결정과 행동을 하지만 확실한 계획 부족으로 예상치 못한 문제에 직면하게 되는 경우가 많으며 책임감도 부족하여 약속을 지키기가 어려우며 제시간에 처리하지 못하여 실망감을 안기게 되고 호기심으로 다양하게 관심은 보이지만 집중력이 떨어져서 업무를 잘못 성사시키는 일이 많고 충분한 정보가 없거나 불확실한 상태에서 사리를 잘못 판단하여 실수를 초래하는 경우가 있다.

### (5) 관대

단정히 의관을 갖추고 출사를 준비하는 단계로 혼인과 직업 등 사회진출의 뜻을 담아 장대하게 나타나고 드러냄을 상징한다.
자신만의 독립된 공간을 구축하는 냉정한 고통의 세파 속에 안착하는 시기이다. 육체적 성숙도에 비해 정신적으로 미성숙하나 기운은 충만하여 타인의 간섭을 배제하고 독단적이며 기백은 왕성하나 지혜가 부족하고 자신감은 있으나 지략이 미약하여 결과는 불분명하고 실전 경험과 수양이 필요한 시기이다.

청년기의 시기로 자신을 성숙한 장년기로 착각하여 타인의 말을 무시하고 유아독존의 독단으로 오해를 불러일으키며 타인의 결점을 비판하고 선민의식의 우월감에 빠져 자신이 최고인 것 같이 행세하는 경향이 있다. 자신과 주위와 관계를 비교하는 습관이 생기며 기고만장하고 좌충우돌하는 모습으로 만용을 부리며 타협 대신 아집을 앞세워 억누르려는 기질이 있다.
시행착오를 통해 값진 교훈을 배우게 되고 굽히지 않고 왕성한 정기로 재도전하는 시기로 성공의 길로 봉착하게 되는 기운이 강한 것으로 본다.

혈기가 왕성하고 야심 차고 정신과 육체가 가장 건강한 시기로 모든 직업에 적응할 수 있으며 위험성, 직선성, 저돌적 번영, 발전, 공명심, 개척 정신, 투쟁심, 명예심, 성취욕, 자존심 등이 충만한 시기로 활동적이고 목표 지향적인 직업이 적합하다.

성취욕이 성대한 정재계나 법조계, 언론계, 교육 계통, 군의 장교, 검찰, 의료 계통 등에서 성공할 수 있는 확률이 높다.

성격이 급하고 집요한 심성이나 자신의 장단점을 잘 파악하고 시종일관 전진하고 돌파한다면 어떤 어려움도 모두 해소할 수 있는 시기임은 분명하다.

초년의 부족한 경험과 독선적이고 승부욕, 명예욕 등 왕성한 활동으로 사회의 쓴맛을 알게 되고 다시 일어서며 재도전하여 중년에 성과를 나타내며 재복이 있거나 직장의 승진, 사업의 확장, 재취업, 안정기에 들어가며 대기만성형의 현상이 일어나는 경우가 많다.

일주에 관대가 있으면 박학다식하고 후덕하여 공명을 얻고 발전하는 형이다.

부부지간에는 사소한 일로도 파탄이 일어날 수 있으며 파란과 굴곡을 암시하는 운세로 좋게 보지 않으므로 항상 조심하고 타협하며 이해하는 습관을 가지고 원만하게 해결하여 가려는 의지를 표출하며 준비하는 자세가 필요하다. 여명이라면 종교에 봉신하는 경우가 있으며 무속인이 되는 경우도 있다. 가정과 애정 문제에 불안함이 상존하며 우울증이나 정신질환에 시달릴 수 있다.

승부욕이 강하여 경쟁에서 이기려는 경향이 있고 승부에 수단과 방법을 가리지 않는 성향이 있으며 시기와 질투가 심하며 대립적이고 적이 많으며 인정이나 동정심, 관용, 자비가 부족한 편으로 남의 허물을 보면 비판과 공격을 하는 반면 자신의 허물이나 잘못을 인정하지 않고 저돌적인 면이 강하다.

상대가 자신을 비판하거나 허물을 들추어 내면 용납하지 못하고 좌충우돌하면서 상대를 넘어뜨리려는 관념이 강력하며 뒤돌아보지 않고 앞으로만 나아가는 성품으로 고집과 아집으로 제압하려는 포악한 심성이며 이용 가치가 없으면 단절하는 정도로 냉정하고 기고만장하기도 하다. 젊은 혈기로 투합하기보다는 이해관계에 따라 협상하는 자세가 필요하겠다.

### (6) 건록

장년의 시기로 만족도가 높고 안정감이 있으며 행동에 앞서 심사숙고하며 치밀함과 타인을 배려할 줄 아는 성숙한 의식과 사상이 건전하다. 이론과 경험이 풍부하여 박학다식하며 공적 업무에 불편하거나 부당함이 없이 공사의 개념이 분명하고 자수성가하여 식록에 빈곤함이 없다. 자신의 황금기에 접어들어 영과 육체의 온전함으로 완숙한 인간미와 지덕의 용모를 갖추며 반듯한 성품으로 부귀영화를 누릴 수 있는 완전한 시기이다. 임관 또는 사관이라고 하며 한 글자로 녹이라 하기도 하는 최고의 길성이다.

육친과의 운은 부족하지만 장수 길명으로 자수성가, 부귀, 발전, 개운, 재록, 성실, 겸손, 건강, 장수 등 크게 발복할 수 있는 중년의 운은 틀림이 없다. 계획과 실행의 단계가 치밀하고 정밀하여 실수를 줄이고 자력으로 문제를 해결할 수 있는 능력이 충만하며 만족도가 높고 실패할 확률이 낮아진다. 직업의 선택은 정신적 노동에 중점을 두고 집중하는 것이 적성에 어울린다. 교육 계통이나 의료계, 정치, 재계 등의 연구 분야가 적합할 것으로 본다.

업무와 관련하여 통제를 받지 않는 자유로운 직업이 안정적이고 유리하며 영업직, 강사, 연구, 개발, 스포츠, 문화 예술, 프리랜서, 기능직, 기술자 등에 관련된 업무를 잘 수행할 것으로 보며 적응력이 뛰어나다. 배우자와의 관계는 원만하지 못하고 배척하는 성향이 있으며 독단의 기운이 강하고 업무에 우선순위를 두기 때문에 약간 소외되는 느낌이 있다.

어려움과 고통의 시간을 지나온 장년의 시기에는 강력하게 도전하고 실행하면 성공할 수 있는 운세이므로 사업가라면 과감하게 도전하고 기회를 포착하며 행운의 기운을 발휘하여 사세 확장, 투자, 새로운 사업의 시작 등등 주위에 눈치 볼 것 없이 자신의 의도대로 추진하는 것이 유리한 운성의 기운이다. 크게 성공하는 사업가가 많으며 신용과 신망이 두터워서 주위에서 존경을 받는 기업인이나 대기업을 운영하는 경우도 많이 나타나고 있다.

여명이라면 가정보다 직장에서 활동하고 지휘하는 운성으로 가정에서의 작은 일들을 무시하는 경향이 있으며 이로 인하여 불화가 연속되기도 한다.
사회 활동이 적성에 맞으며 밖으로 나가려는 성향으로 기회를 포착하기도 하며 자신을 과신하여 실패를 경험하기도 하는 시기이기도 하다. 서로를 인정하지 않으려는 경향이 있으며 배타적 성품이 강하므로 서로를 이해하고 의견을 존중하며 속도 조절이 필요하고 부족한 사교성을 서로 인정하고 조금씩 양보하여 교만함과 독선적인 성향을 줄이고 다듬으며 품위를 지켜 낸다면 충분히 가정에서도 원만하게 조화를 이룰 수 있을 것으로 판단한다.

결혼은 늦게 하는 것이 좋은 편이며 슬하에 자식을 잘 교육하여 성장시키고 성공하게 하는 현명한 기운을 충분하게 활용하는 길성의 표상이다. 강력한 힘으로 주위를 배척하고 무질서하며 호색할 수도 있고 급한 성품으로 충동적이며 고집이 강하여 타인의 의견을 무시하는 경우가 있으며 융통성이 부족하여 감정표현이 어렵고 주위의 비판에 민감한 편이며 과도한 책임감과 경쟁으로 인하여 스트레스를 받으며 건강에 문제가 발생하기도 한다.

### (7) 제왕

천하를 통솔하고 호령하는 제왕의 기운이 강성하며 강건한 기상의 시기이다. 십이운성 중에서 가장 강력한 힘의 표상이며 한 분야의 우두머리에 속하고 최고의 위치에 도달한 형상이며 권력과 권위를 모두 성취한 중년의 상태이다. 기상이 크고 이상이 원대하여 자신이 최고라고 생각하며 자존심이 강하여 꺾일지라도 굽히지 않는 성정이며 권위적이고 배타성과 독립심이 월등하여 출세 지향적이고 타인의 지배와 구속을 허용하지 않으며 배격하는 편이다. 타협과 협력을 수용하지 않으며 독선적이고 내성적이며 고집이 세고 외골수로 왕은 왕이다 하는 의지를 항상 내포하고 있는 것이다. 왕으로서 권위를 갖추어 의지가 강하고 왕자다운 기품이 있으며 누구에게도 신세를 지는 것을 가장 싫어하며 배포가 크고 도량이 넓은 편이다.

폭넓은 재능의 비범성으로 옹졸함과 궁색함이 없으며 자기중심이 확고하고 치밀하여 무리하지 않고 동요하지 않으며 자신을 편달하기 위해 노력하는 형으로 잘못된 점을 지적받으면 즉시 수용하는 개방성과 관용의 미덕이 있다.

산전수전의 경험이 풍부하며 심오한 지혜와 영민함은 매사를 신중하고 조신하게 처신하는 근본이 되고 쉽게 나서거나 대적하지 않는 경향이 있으며 신의와 인정이 많고 중후하고 듬직하며 정점과 성공을 표출하기도 한다. 긍정적인 사고방식으로 끝없이 노력하고 도전하며 솔직하고 정직하다. 자신감이 넘치며 활발하고 에너지가 충만하며 주위에 대한 관대함이 많다. 강력한 리더십이 있으며 개인주의적 성향이 강하고 자수성가하는 경우가 많으며 직장인이라도 앞서서 선두 지휘하는 입장을 고수하기도 한다.

경쟁적인 분위기를 좋아하며 조직적인 활동을 전제로 하는 직업이 유효하며 포용력과 융통성이 조화를 이루며 여유와 깊이 있는 업종에서도 잘 적응한다. 정재계나 교육 계열, 육영사업, 호텔업, 무역업 등에서 발전적인 모습을 보이고 사업이나 공직자로 활동 하는 경우도 많이 있다. 부모나 처가의 도움을 받기는 어렵고 자신의 능력과 힘으로 성공을 한다. 영웅적인 기질로 방만하고 오만함으로 인식되어 불미스런 일들이 발생하기도 하고 고집이나 아집으로 인하여 주위에 적이 많이 생기고 불편한 관계를 유지할 수 있고 융화에 정성을 들이며 아량을 베푸는 습관이 필요하다.

자신의 야망과 공명을 지키기 위해 필요 이상의 낭비와 지출이 많아질 수 있으며 자신의 힘이 너무 강하고 비타협적이라 결국에 외로워지거나 고립이 된다. 정점에 도달하면 다시 내려가는 위치로 사세를 너무 확장한다든지 과잉 투자를 삼가며 현재 자신의 위치를 지키려는 노력이 필요하다.

여명이라면 부부간의 사이가 원만하지 못하고 불화가 심하며 이혼하는 확률이 높아지며 가정적 생활보다 사회적 활동이 더욱 빛나게 된다. 결혼은 늦게 하는 것이 유리하며 결혼 이후에도 직장을 유지하는 것이 좋다. 남편의 덕을 기대하기 어려우며 자신이 가정의 경제적 위치를 감당하여야 하고 가세를 일구어 가는 것이 가정적으로는 성공하는 길이다. 지식이 많고 이론적이며 남편보다 우위에 있는 것을 좋아하고 남편을 부양하거나 지배하려는 성정으로 충돌이 예상되며 심하면 정신 계통 질병이 올 수 있다.

### (8) 쇠

일시적 굴곡은 있지만 말년에 발복하므로 늦게 보상을 받는 길성이다. 어제의 제왕을 회상하고 상념에 젖어 현실을 비관하고 후회를 잘하는 편이다. 성정은 온순하고 원만한 편이며 끝까지 책임질 줄 아는 성실성이 있으며 조직에서 일찍 성공하는 편이며 다양한 경험과 원숙함으로 융화되어 외부인이 범접할 수 없는 비범한 지성을 표출하며 실수와 실패를 최소화하는 재능이 있다.

복종적이고 순종적이기에 조직 생활에 적합하고 기획력은 화려하며 점잖고 지혜로우며 적극적인 면이나 진취성이 조금 부족하지만 인내의 달인이다. 사물의 처리가 분명하고 진퇴의 성패를 확정 지으며 지혜롭고 이성적으로 합리적 판단력을 실행하는 정신적 최고의 전성기로 볼 수 있다. 은퇴기에 있지만 정신은 현역의 견제를 과시하며 지혜의 대명사로 불릴 만큼 만사에 조신하고 확인하며 점검하며 적당히 현실과 타협하고 적절하게 처신하므로 대인관계가 원만하고 실패의 확률을 최소화한다.

안전을 제일로 삼고 소극적으로 업무를 진행하는 편이며 좀처럼 감정을 표출하지 않으며 부드럽고 분노를 참고 견디어 내는 인내는 대단한 편이다. 다정다감하고 동정심이 많으며 경쟁 관계에서는 밀리는 경우가 있으며 말년까지 말단으로 자리를 지키다 허무하게 퇴직하는 경우가 많다. 직업 적성은 꼼꼼하게 기획하고 연구하는 정신노동과 교육 계통, 종교, 활인업 일반적인 조직 생활, 신앙생활 등의 정적인 업무가 적성에 잘 맞는다.

현실을 고수하려는 심리가 강하고 끊고 맺음이 불분명하고 의타적이기 때문에 손재에 취약한 면이 있으며 성실하고 부지런하여 자수성가할 수 있다. 경험이 많고 노련하지만 새로운 일을 해야 하는 독창성이나 능동성이 매우 부족한 편이며 남이 시키는 대로 하는 수동적인 면이 강하게 나타난다. 보수적이며 소극적이고 수동적이며 안전성을 좋아하고 순종하고 복종하는 부류에 속하며 리더십은 약하나 평화주의자에 속한다.

여성이라면 늦게 결혼을 하는 것이 유리하며 남편과 인연이 두텁고 가정이 원만하며 정숙하고 성실하며 현모양처 타입으로 결혼에 대한 책임감과 남편 및 자식을 위해 헌신적 노력을 아끼지 않으며 서로를 이해하고 배려하며 안정적 관계를 유지하며 목표를 향하여 묵묵히 나아가며 쉽게 포기하지 않고 어려움에 굴하지 않으며 좌절하지 않는 실용적 성격으로 계획적이고 체계적이다.

책임감이나 의무감이 강하여 맡은 일에 최선을 다하며 조용하고 내성적이며 깊이 생각하고 분석하는 성향이 있으며 예술적 감각이 뛰어나기도 하다. 남편을 친구나 동료같이 여기며 가정에 충실한 면이 있지만 사회 전반에 관한 감각은 조금 부족하여 직장생활의 활동은 많이 뒤떨어지는 편이다.

왕관을 벗고 은퇴하는 시기로 수성하는 것이 좋으며 투기 사업이나 기업가의 활동은 적합하지 못하고 실패하는 확률이 높으니 현재의 위치를 지키는 것이 중요하다. 완벽주의 성향으로 갈등과 다툼이 발생할 수 있으며 지나친 물질적 욕망으로 인한 금융적 어려움도 있을 수 있고 과도한 책임감과 스트레스로 인한 건강에 문제도 생길 수 있으므로 유의하여야 한다.
감정적 표현이 어렵고 융통성이 부족한 면을 잘 회복하여야 하는 시기로 본다.

### (9) 병

화려했던 영화의 시절을 반추하며 회한에 잠기지만 무기력한 현실은 참회마저 서러울 정도로 무기력하고 영욕과 절망감, 허무함에 한탄스럽기만 하다. 삶에서 병은 고독과 서러움 그 자체이다. 친구가 그립고 보약처럼 느껴진다. 노년기로 접어들어 생산 기능은 떨어지고 노쇠 현상만 완연한 퇴기로 표현되며 소극적이고 수동적이며 비활동적 휴수기로 모든 것을 안정하게 지키며 관리하고 보관하는 시기로 외적 관계를 정리하며 노후 종착에 대비하는 운세이다. 육체의 완연한 쇠퇴를 뜻하기도 하고 실제로 병마에 시달리는 경우도 많다. 육체와 정신 어딘가에 병적 요소가 발생할 수 있는 암시를 뜻하기도 한다.

과거의 오류로부터 탈피하려는 염원이 있고 더불어 사는 공동체를 상상하며 미래지향적 발상을 희망하고 그리워한다.
환상적 분위기를 잘 연출하며 순수한 마음이 끌리는 대로 행동하고 허심탄회하게 대화를 즐기며 노파심으로 잔소리가 지나쳐 심리적 기복이 발생한다.

병은 외적으로 태연하여도 내심 걱정이 많고 우울하며 비관적으로 타인의 의견을 추종하려는 심리가 강하며 한 가지 일에 몰입, 몰두하는 형태로 성공을 기원하는 편이며 어느 한곳에 정착하지 못하고 평온을 유지하기 힘든 형상으로 종교에 의지하거나 신앙심으로 이를 극복하려는 심리가 강하다.

희생, 봉사 정신이 투철하며 의약 계열에 종사하는 분들이 많아지는 현상이다. 대의명분이 분명하고 인정이 많으며 대인관계는 원만한 편에 속한다. 신용이 있고 거짓이 없으며 명랑한 성격이지만 결단력과 실행력이 부족하고 사교성도 능하고 인기도 좋지만 기력이 떨어지는 것은 어쩔 수 없는 현실이다.

다재다능하여 직업상에 번민이 많지만 예능 계열, 미술, 음악 등이 적성에 맞으며 모두가 감동, 감화할 수 있는 문학계, 종교계, 의료계, 교육계, 활인업, 상담업 등의 업종이 길하며 적합성이 뚜렷하다. 자신을 표현하는 능력이 강하고 감각성이 뛰어나며 창의성이 활발하여 엔터테인먼트 계통, 인기 연예인 등에서 병의 운성이 있는 경우가 많다. 현대 사회에서는 내적 활동이 많아서 온라인 콘텐츠 사업 등 외부의 관심을 받는 직종에서 효과를 보는 경우가 있으며 성공하는 사례도 높아진다.

배우자의 관계는 나쁘지는 않지만 항상 서로를 배려하고 이해하며 존중하는 자세를 유지하여야 하고 말년에 서로의 불화가 발생할 수 있는 경우가 있으니 가정과 가족의 중요성을 인지하고 인내하면서 양보하는 습관이 필요하다.

육체적으로 불편하고 불확실한 미래에 대한 정신적 불안감으로 스트레스에 취약하며 잔병치레가 많고 실제 건강의 문제가 발생할 수 있으니 주의와 관리가 필요하며 노년의 시기라 경쟁력이 떨어지고 면역력도 부실한 현상이다.

사주에 병이 있으면 호기심이 많고 아는 것이 많아서 한곳에 정착하지 못하는 성향이 있으며 외국과의 인연이 깊으며 분주하기는 하지만 실제의 이득은 크게 발생하지 않으며 여명이면 성정이 까다롭고 형식적인 부부의 관계를 유지하기 쉬우며 선천적으로 약한 체력의 소유자가 많으며 피로와 허약함으로 고통을 당할 수 있으며 간호원, 의사 등에 잘 적응하는 현상을 볼 수 있으며 자신의 불리한 면모를 잘 파악하여 대처하는 것이 바람직하다.

### (10) 사

영과 육의 완전한 분리 현상이 나타나는 시기로 오직 상학의 정신만이 존재감을 대신하고 육체는 별반 의미가 없어지게 되며 더 이상 숨 쉬는 운동도 멈추고 자연의 위치로 되돌아 가는 마지막 단계에 속하는 것이다. 백 가지 일에 의욕을 상실하고 생각만 깊으며 사색과 명상에 잠겨 있는 매우 정적인 상태라 할 수 있으며 자력으로 개척하여야 하는 운기이다.

죽음은 현재의 공간에서 다른 세상으로 이동을 의미하고 생산 기능은 정신노동과 관련하여 초현실주의로 상징되며 차원이 다른 예술적 삶을 구가한다. 육친의 생사와 건강을 판단하는 유용한 잣대로 해당 육친이 사에 해당할 때 대체로 성패가 다단하여 불미한 운기로 보고 있는 것이다. 육친 간에 장애를 암시하며 불운한 인연으로 이어지고 횡액과 재앙, 별리와 절연, 무력과 무상, 분리와 파탄, 본질과 자연, 불행과 질병, 장애와 중단으로 외부의 간섭이나 침해를 당하면 폭발적 수준의 분노를 표출하기도 한다. 재물에 연연하지 않고 사후 세계 등 종교 철학에 관심을 가지고 연구하는 것을 좋아하며 철학, 심리학, 고고학, 종교학, 경제학, 역학 등 근원 학문 분야에서 강한 능력을 나타내고 대인관계가 원만하고 정적이 없는 편에 속한다.

성품은 성실하고 담백하며 묵묵히 수행, 정진하는 자세를 취하며 적극적인 면이 부족하지만 책임 완수형으로 박애주의자이며 겸손하고 분수에 맞게 잘 처신하지만 성공하는 것은 늦은 편이나 신망은 대단히 높을 수 있다.

직업은 지식체계의 깊이를 요하는 업무에 적응력이 좋으며 활동의 보폭이 좁은 서예, 미술, 문학, 역술, 학자, 신앙 등 인문 사회 분야와 침술, 의약 등의 특수 기술 분야에서도 높은 의지를 보이며 실력을 유감없이 발휘하기도 한다.

부모덕이나 자식운도 불리하게 작용하고 배우자와 관계도 원만하지 못하며 질병과 이별을 예고하며 어려운 현실과 고난의 세월이 암시되는 시기이다. 노년의 기상으로 말년의 기운도 허약하여 좋은 결과를 기대하기 어려우나 기술업이 매우 적합하며 기술 계열에서 큰 발전을 기대할 수 있다. 주제를 알아야 하며 분수를 지키고 안정을 취하며 수성하는 것이 최선이다.

성품은 조용하고 곧으며 무슨 일이든 순응하고 순박하며 어질고 인정이 많아 효자이거나 효부일 가능성이 높으며 남에게도 인정을 베풀며 다정다감하다. 다양한 취미를 즐기며 대외적인 화려한 활동보다는 내적으로 파고드는 사색적이고 신앙적이며 철학적인 지성과 영성의 방면으로 진출하는 것이 유리하다.

용기와 박력을 요구하는 도전적인 큰 사업 계통에는 감당할 수 있는 능력이 부족하여 중도에 좌절하거나 실패를 거듭할 수 있는 확률이 높은 편이다. 선천적 능력보다 후천적 노력으로 터전을 일구고 노력에 의하여 좋은 성과와 결과를 나타내는 외유내강형이 많은 편이다.

대운이나 세운에서 사운이 온다면 기신이건 구신이건 관계없이 한 분야에서 차분하게 몰두하는 것이 좋으며 차후에 엄청난 성과를 나타낼 수 있는 조건으로 보아도 무방하다.

### (11) 묘

완전한 침잠의 시기와 생명의 정지기로 태양의 일몰 현상으로 볼 수 있고 무 생명의 암흑세계로 인생무상, 제행무상이다.

묘의 상학은 정신적 실행력에 있고 하학은 문자 그대로 무덤을 뜻하며 고장의 의미도 가지고 있으며 재물의 운용과도 연관성이 있다. 묘는 거두어 보관하는 곳으로 보고 재물의 수납 공간으로도 활용이 된다. 토지의 특징인 영속성, 고정성, 비생산성, 비이동성과 같이 확정성을 상징한다.

자신의 현재에 충실하고 자기만의 세상에 안주하려는 지극히 안정 지향적이고 보수적 특성을 표출하며 순수하고 담백하며 사시적 감각으로 관찰을 하며 외골수 성향이 강하며 정체성이 확고하고 수성 심리가 다른 운성보다 강하며 묘한 심리의 소유자이기도 하다. 사고 인자가 발달되어 통찰심리가 지극히 뛰어나고 영감과 육감의 기제를 통해 정신적 고양과 만족감을 추구하는 한편 자신이 좋아하는 일에만 몰두하는 편집증적 증세를 보이기도 한다. 알뜰하고 소심한 성향으로 경제권을 아주 중요시하며 금전의 운용과 축적에 귀재들이 많으며 일체의 낭비를 불허하고 축적하는 것이 묘의 특성이다.

주식 투자 등에서 상당한 능력을 나타내지만, 투기성 및 도박성, 고수익과 고위험도에 관심과 감각은 완벽에 가까울 정도로 뛰어나다. 재물에 대해 욕심과 집착이 강해서 구두쇠 같은 특성이 있으며 고집은 외골수이고 절약과 수집, 별리와 허무, 기획과 탐구, 진실과 이동과 재복, 절연과 분리, 헛됨과 무심의 심리적 활동이 강력하다. 육친적인 면에서는 좋은 운성으로 보지 않는 것은 건강과 수명의 분리 절단이 올 수 있음을 암시하는 성향이 있기 때문이며 입묘에 관계는 음포태 보다는 양포태만 적용하고 음포태는 참고 하는 정도로 본다. 배우자 운은 좋지 않은 편이며 굴곡이 심하고 곤란하고 어려움이 예상된다.

직업 적성은 직장인으로 안정되고 수입이 보장되는 곳을 우선하며 정신노동 영역, 금융 계통, 자신만의 특화된 전문직에서 실력을 뚜렷하게 나타내며 입출금을 비밀리에 관리하는 금고지기, 경리 등 사심 없이 정직하게 주인을 위해 일하는 성향이 강력하며 자신의 편의와 이익을 위해 이직을 하기도 한다.

여명이라면 현모양처형이지만 남편의 수입에 만족하지 않고 자신이 경제활동을 하는 경우가 많고 경제적으로 유복하고 경제관념이 투철하고 사업적 마인드가 정립되어 있으며 금전에 관하여 어떤 일에도 서슴지 않고 악착같이 일을 좋아하는 형이며 이런 습성은 초년 때부터 시작되었고 사치나 낭비는 물론 유행이나 자신에 투자하는 것을 꺼리며 금전에 이해타산적이다.

묘를 가진 여명이라면 주위에서 간섭하지 말고 마음껏 경제 활동을 할 수 있도록 도와주고 협조하여 주는 것이 집안이 평온하고 건강에도 도움이 된다. 앞으로 진행될 외적 성장에 사용할 수 있도록 내적으로 에너지를 축적하고 숙성시키는 작용력이 강력하며 사치나 겉치레보다 실속을 챙기며 준비하는 강력한 실리적 면이 투철하며 적은 것이라도 지키고 창고라는 개념으로 저축하고 창고에 있는 것을 꺼내어 사용하지 못하고 축적하기만 하는 개념이 강력하다.

### (12) 절

절은 방향성을 상실한 창조의 공간으로 선악과 길흉의 분간은 물론 형태의 인식조차 할 수 없는 변화, 변동만이 존재하는 무질서한 단계이다. 영과 육의 단절에서 영기가 다른 세대로 환생하기 직전의 영험한 기운의 장이 되기도 하며 사생의 변곡점에서 생의 방향을 주관하는 자리이기도 하다.

무에서 유의 본원을 환원, 창조하는 터전으로 순간의 실리를 찾아 우왕좌왕 변화무쌍하며 참을성이 없고 대단히 자기중심적이고 완전함으로 환원을 꿈꾸는 무한정 변화의 갈망이 있다.
절멸의 정적 상태로서 단절과 별리, 부침과 박연, 고립과 단기, 중단과 침체, 장애와 애로, 이박과 변동으로 외부 환경에 민감하게 동요하며 잡기에 능하고 기예의 끼가 다분한 재주꾼이며 마음이 약해 부탁하면 거절을 못 한다.
세상 물정에 어두워 순진하고 솔직한 편이지만 급격한 변화를 즐기려는 경향이 있어 쉽게 싫증과 권태감을 느끼며 지속성이 없고 무계획적이며 자신의 마음에 들지 않으면 즉시 불평불만을 토로하여 갈등 요소로 작용이 된다.

주위의 관계가 갑자기 단절되는 등, 난폭성과 조급성으로 인하여 구설을 당하거나 사고 등에 연루되는 경우가 있다.
주관이 불분명하여 잘 속고 이용당하는 편이며 혈육과 친구들과 단절이 있다. 변동, 변화가 심하여 현재는 어렵고 단절되어 있을 경우라도 인생 후반에는 육신이 전도되어 흉한 운이 길한 운으로 변화할 수 있는 공산이 크다. 절은 끊어졌다는 의미로 뿌리가 약하며 한 가지 일을 지속하지 못하는 경우가 있으며 환경이 어수선해도 정리를 잘 못하는 단점이 있다.

변화, 변동이 많은 직업을 선호하며 주거지도 자주 바꾸는 것을 좋아한다. 마음은 약하고 양심적이며 호인이나 타인에게 잘 속아 넘어가는 편이다. 항상 새로운 것을 찾아다니며 배우자의 관계도 원만하지 못하고 새로운 배우자를 선택하는 경우가 있으며 불평, 불화, 불만이 많아서 가정은 불행하다.

직업군은 변화, 변동이 많으니 예능, 예술이나 손님이 자주 바뀌는 장사, 물장사 또는 프로가 자주 바뀌는 흥행업, 여관업, 조리업, 미용사 등이 적합하다. 관념적이고 사색적인 업종도 어울린다. 종교적이거나 활인, 교육, 생명을 다루는 업종에도 관심이 많으며 학문을 연구하는 분야에서도 적응력이 길하다.

여명이라면 늦게 결혼하는 것을 추천하며 나이 차이가 많이 나는 연상 연하의 관계가 원만하며 변동, 변화가 많고 화려한 첨단 산업 영역의 직종이 적합하다.

절은 정지된 상태, 무의 상태, 아무런 힘이 없는 상태, 기운과 형체가 사라진 상태를 의미하고 끝이 나야 다시 시작하는 단계로, 유에서 무로, 무에서 유로 변화하는 변곡점, 분기점, 전환점이 되며 매우 불안정한 상태를 의미하고 에너지의 방향을 바꾸는 형상이 있으며 크게 흥하거나 망하는 힘을 가지며 길흉화복의 기운이 가파르게 인생을 극단적으로 유도해 가면서 전환과 결단의 성격으로 그 파괴력이 대단할 수 있다. 과거 청산, 악습 타파, 잘못된 것을 버리는 의미로 변화, 변동의 시점이 되며 환경이 극적이고 극단적으로 빠르게 변동이 되어 일어나는 현상이다. 분주하고 다망한 편이나 변화, 변동이 심하여 실체는 득 없는 운세로 보아야 한다.

**(13) 태**

성별을 구별할 수 없는 태음의 기운으로 자궁의 세계를 현실로 받아들일 만큼 세상 물정에 어둡고 판단력이 미흡하여 순진무구 그 자체이다. 태아는 평화의 지속성과 미래에 대한 예측불허로 불안하고 초조하다. 모친의 뱃속에서 느끼는 자유와 평화를 기원하며 조심스레 수성의 벽을 쌓으며 자신에게 유리하다고 판단하면 이행 여부를 떠나 약속을 잡으며 판단력의 부족으로 심사숙고하지 않고 경솔하게 결정하여 거짓 언행이 많다.

자신의 보호를 위해 저축을 하며 상대를 이간질하는 습성이 있고 동성 간에는 쉽게 친해지는 경향이지만 이성 교제는 부족하고 불안감과 초조함이 많다. 평화를 갈망하며 폭력을 배제하고 자유를 추구하며 변화를 갈망한다. 천우신조의 운기가 있어 천운의 덕을 보는 경우가 있으며 각종 사고 시에도 무사하게 지나가는 행운이 있고 순진하고 온화하며 원만한 성품이다.

성격이 순진하여 대인관계는 원만하며 소심하고 집념과 끈기가 부족한 편이다. 고상한 성품이고 의타심이 강하며 실행력이 약하고 조신하며 자립력은 부족하며 수성 심리가 강력하여 공무원 및 안정된 직장이나 전문직이 적성에 맞으며 굴곡이 많은 자영업이나 대업 완수에는 부적격하다.

직업은 변동, 변화가 적은 업종이 유효하고 인명을 보호하고 조력하는 출산 관련 업무와 일반적으로 생명체를 보호하고 관리하는 업이 적합하다. 재물의 입출이 명확한 안정적인 직업이면 일생이 유복하고 무탈할 것이다.

배우자와의 가정생활에서 권태를 빨리 느끼며 부부관계는 원만하지 못하다. 성격은 여성적이고 온난하지만 현실과 이상을 구분하지 못하여 잦은 불화가 발생할 수 있고 백년해로는 곤란하며 직장이나 주거의 이동이 심하다.

연약하게 성장하는 시기로 실행력이 부족하여 언행일치가 안 되고 신뢰도가 낮아지며 조금 가볍게 행동하는 경우가 있다.
외교나 교제에 능하며 화술은 좋은 편이지만 아량과 신념이 떨어지는 편이다. 뚜렷한 목표를 설정하지 못하고 너무 신중을 기하다가 고민하고 방황한다. 유년기에는 허약한 경우가 많으며 총명하고 인생의 정도를 걸어가며 조직 생활에 적응 못하는 단점이 있으며 자유로운 영혼으로 홀로서기를 좋아하며 부드러운 성격으로 타인을 배려하고 존중하는 성품으로 발전한다.

인간미가 풍부하고 인정이 많으며 의리를 중요시하고 진취적이며 호기심이 많으나 참을성과 지구력은 부족한 편이며 외부의 변화에 민감하게 적응하며 주위에 의존하거나 동정심을 받아들이는 것을 선호한다. 창의적 아이디어나 풍부한 상상력이 있으며 예술 분야, 음악, 문학에 재능이 탁월하여 독창적인 사고방식으로 성공을 이끌어 낼 수도 있다. 타인의 감정에 민감하고 세밀한 배려심으로 상대를 편안하게 하여 주거나 따뜻한 인간미를 형성하며 풍부한 내면세계를 이루기도 하지만 소극적인 면이 강하여 불안감을 유발하고 과로하며 고민하는 습성이 있으며 이로 인하여 스트레스를 받게 되고 과민하고 예민한 성격으로 상처를 받고 우울감을 보이기도 하며 소극적 성향으로 새로운 도전을 하지 못하며 자신의 능력을 발휘하지 못하여 성공할 수 있는 기회를 놓치는 경우가 있을 수 있다.

### (14) 양
성의 정체가 분명하고 신체의 기능이 완성된 태아로서 출산을 목전에 두고 있지만 온전성 여부에 따라 희비가 교차한다.
오장육부가 완성되어 생기와 여유가 생기고 분만을 기다리며 모체 분리의 숙명적 시간과 헤어지는 시기로 주변의 관심과 배려 속에 보호받지만 머지않아 분리, 독립을 암시하며 모태 별리가 예정되어 혈육과 인연이 박함을 의미하고 고향을 떠나 타향에서 살아가는 숙명이다. 가득한 만삭의 상태로서 물질적 풍요를 뜻하며 태어나면서부터 재물을 가지고 온다 하여 상속의 의미가 있으며 성품이 원만하고 낙천적이며 안정적이다.
여유가 있고 느긋하게 인생을 목도하며 조신하게 처신하여 만인에게 호감을 사고 다재다능한 팔방미인 격이며 자신감이 넘쳐나는 현상이다. 양육과 연계하여 양자 입양과 인연이 깊으며 양생과 양육의 의미가 강하여 생명이 있는 동식물의 생장을 돕는 역할도 무난하며 배양과 양육, 발전과 육성, 분가와 양자, 향학과 신앙의 기운이 충만하여 도량이 넓고 관대하여 성격이 원만하고 인정이 많으며 발전 가능성이 무궁무진한 형상이다.

재복과 재능이 특출하여 자영업이나 큰 사업을 하기보다는 교육자적인 인성이 강하며 처음에는 미약하지만 시간이 갈수록 발전하고 행운이 겹쳐진다. 직업 적성은 육영사업, 활인업, 종교 업무, 자선사업 등이 유효하고 변화, 변동이 심한 직업군에서는 불합리하고 적성에 맞지 않는 성향이 있다.

매사에 심사숙고하고 순리를 순용하기에 대체로 의식주는 원만한 편이다. 교제에 능숙하며 침착하고 너그러우며 개방적이고 여유가 있는 형상이다. 조숙하고 원만하며 느긋하며 무리하지 않고 전통적인 장기전을 즐긴다. 급속히 발전하려고 하면 실패할 확률이 높으며 조상의 법이나 유산을 잘 관리하면서 점진적으로 성장한다면 성공할 수 있으며 운이 열리고 길할 것이다.

초년운보다 중년, 말년으로 가면서 운세가 길하게 열리며 성공 확률이 높다. 혈육과 부부간의 인연은 박한 편이며 배우자와 이별 가능성도 높은 편이다. 여성이라면 부부간의 관계는 불미하지만 재운은 길하고 물질적으로 풍부하다. 자식과의 관계는 양호하며 말년에 이르면 효도를 받는 자녀들의 덕이 있다.

선대의 복으로 안정되고 여유가 있으며 끈기는 약간 부족한 편이며 지도력과 패기가 부실하여 선두 지휘를 하거나 앞장서서 하는 일은 꺼리게 된다. 태어난 생명체가 성장하는 단계로 뚜렷한 변화는 없지만 꾸준히 성장하고 발전하는 시기의 의미로 포근하게 보살피는 성격의 어머니처럼 따뜻하고 다정하게 주변을 돕고 배려하는 것을 좋아하고 세밀하고 예민한 감성으로 안정적이고 평화로운 성향이 강하며 급격한 변화를 싫어하며 안정성을 추구하며 책임감 있고 성실한 태도로 맡은 일에 최선을 다하며 수행한다. 긍정적이고 낙관적인 태도와 희망적 미래를 예측하며 타인의 감정에 민감하고 공감 능력이 뛰어나다.

과도한 수동성으로 남에게 의지하며 스스로 행동을 자제하는 성향이 있으며 타인의 도움을 기대하는 경우가 있고 책임감 회피, 문제 해결 능력의 부족으로 무기력함과 자존심 저하가 발생할 수 있으며 현실성 도피로 이어질 수 있으니 각별한 조심과 주의가 요구되기도 한다.

## 76. 신살론

살은 사주팔자에 있어서 두 천간과 지지 간의 특수적인 관계를 말한다. 신살은 신(神)과 살(煞)을 합친 합성어인데 신은 마치 귀신같이 좋은 일이 일어날 것을 암시하고 살은 무엇을 저격하는 것을 의미한다. 신살이라 하면 겁부터 나는데 살이라는 글자가 '죽일 살' 또는 '베다'라는 의미의 살 자와 혼용되기도 하고 그래서 신살이라고 쓰이니 살은 일종의 기운, 에너지 정도로 치환해서 보면 좋을 것이다. 실제로 살 자에는 '죽이다'라는 의미도 있지만 '총괄하다'라는 뜻도 있다.

신이 좋게 작용하면 해당 기운을 좋은 방향으로 발현되게 하고 좋지 않게 작용하면 그 고유 기운의 부정적 작용이 나타나는 것으로 이해하는 것이 좋겠다. 동북아 인들의 정서에서는 귀신은 때에 따라 인간들을 도와주기도 하고 겁주기도 하는 존재로서 인식되고 있음을 전제하고 있다.

살의 작용은 매우 다양하게 발현되는 것이어서 어떤 신살만 가지고 논하기는 부족하며 또 특별한 의미가 있는 것도 아니다.
좋은 신살이 있다 해도 다른 천간과 지지의 관계를 일일이 살펴야 하므로 글자마다 합작이 어떻게 작용하는지 자세하게 살펴보아야 한다. 신은 인간에게 이로운 역할을 하는 수호자로서 사주에서 나쁜 것도 좋게 만드는 작용을 할 때가 있고 좋은 운세를 나쁘게 나타나게 할 수도 있다. 태어난 연월일시인 사주에 끼어 있는 살을 의미하는 것으로 12띠에 의하여 이루어지는 십이신살이 있고, 일간을 중심으로 판단하는 신살 년지를 기준으로 판단하는 신살 지지간의 관계에 따른 신살 등이 있으며 귀인이라고도 한다.
여러 종류의 신살이 존재하지만 이것은 사람에게 주로 해로운 역할을 하고 인생에 방해의 역할을 하는 것이 대다수를 차지하고 있다. 이 신살은 사람이 살아가는 데 전혀 무시할 수 없는 요소로서 사람과 사주에 따라 이 살의 영향을 많이 받는 사람이 있을 수 있고 조금 받는 사람도 있으며 반대로 신살의 영향을 전혀 받지 않는 사람도 있고 일부분만 받는 사람도 있다.

'신'은 한자로 귀신이라는 뜻이 있으며 평범한 상태에서 마치 귀신같이 좋은 운이 온다는 것을 의미하기도 하고 불운을 표현하기도 하는데 길한 운을 표현하는 귀인(貴人)이 있으며 이것도 마찬가지로 사람에게 귀한 운이 온다는 의미로 정리할 수 있다. 대표적인 신으로 천을귀인, 천덕귀인, 월덕귀인, 문창귀인, 천의귀인, 암록귀인, 천주귀인, 복성귀인, 천관귀인, 태극귀인, 관귀학관, 금여록, 문곡귀인, 학당귀인 등이 있다.

살은 한자로 '죽이다'라는 뜻으로 부정적인 면이 강한 기운을 의미하며 불운을 표현하는 좋지 않은 살의 형태로 귀문관살, 원진살, 양인살, 괴강살, 백호대살, 단교관살, 급각살, 과부살, 격각살, 천라지망살, 홍염살, 낙정관살, 비인살, 고신살, 고란살, 현침살, 탕화살, 음양차착살, 상문과 조객살, 도화살 등이 있으며 이러한 관계의 활동성을 살펴보기로 한다.

## (1) 천을귀인

만 가지 신을 다스리는 지존의 신이라고 하며 가장 존귀한 길신이다. 최고의 길신으로 여기며 지혜롭고 총명하며 주위에서 도와주는 경우가 많으며 만인의 존경을 받으며 후원성이 강력하여 곤경에 처해도 후원자가 나타나며 심성도 올곧아 대인관계가 원만하고 바른길로 인도하며 인덕이 많다. 인격이 뛰어나고 사리 분별이 분명하며 흉한 사주라도 그 흉이 없어지거나 작아진다고 한다. 진정한 힘은 타인과의 만남을 통해 이루어지고 귀인은 자신의 주변 가까운 곳에 있으며 자신과 뜻을 같이할 귀인을 만났거나 귀인과 뜻을 같이할 수 있도록 준비되어 있다면 이로 인해서 자신의 운세가 길하게 바뀔 가능성이 매우 높아지고 귀인과 만남을 통해 더 큰 힘을 발휘할 수가 있다.

스스로가 귀인을 발견할 수 있는 안목을 키워야 하며 귀인이 자신에게 동조할 수 있을 만한 역량을 키워 가는 것이 더욱 중요한 것이다. 이 모든 것은 자기 발전을 위한 노력이 전제가 되어야 하고 사주 운세의 좋고 나쁨을 탓하기 전에 자신의 행복한 삶을 위해서는 스스로의 노력이 가장 중요함을 잊지 말고 실천한다면 귀인을 만날 확률은 높아질 것이다.

각종 액운으로부터 자신을 지켜 주는 수호신 역할의 기능이 있고 흉액을 방어하는 힘이 강하고 소중한 기운이며 기본적으로 안정한 기운이다. 청렴하고 풍성한 성향과 관련된 귀인으로 매우 고결한 성품으로 선비 기질이 있으며 깨끗하고 인격적으로 훌륭한 사람이 많으며 깊이가 있고 청렴하여 관직이나 공무원, 교육자와 같은 직종에 적응력이 뛰어나다. 내 편이 되어 주는 조력자와 인복이 많은 편이며 예상치 못한 상황에서 도움을 받기도 하여 전화위복의 상황이 발생하기도 한다.

배우자와의 관계도 원만하고 재물복도 있으며 심리적으로 편안하고 동반자 역할을 잘 수행하며 동행하는 모습이 모범이 되고 재복도 충만하다. 생활력이 강하고 인성적으로 소통이 잘되니 가정이 평온하고 행복하기만 하다.

사주 원국에 천을귀인이 합을 만나면 길함이 배가된다.
천을귀인이 간합이나 지합, 삼합이 될 경우에는 매우 길하고 복록이 중후하며 사회적으로 신용이 있고 부익부로 재물이 풍족하여 일반의 보통 사람도 매사 발달하여 신속하게 되고 평생 안락하게 살아갈 수가 있다.

사주 원국에 천을귀인이 12운성으로 보아서 생왕이 되는 경우에는 복록이 배로 후하고 생애에 무병하지만 만약에 천을귀인이 12운성으로 사절병쇠에 해당될 경우에는 복력이 배로 줄어드는 특징이 있다. 사주 원국에 천을귀인이 있으면 사람됨이 공명정대하고 특히 희신에 해당하면 평생토록 재앙이 없고 죽음에 이르러도 귀인이 나타나 살길을 열어 준다하며 출중한 인물을 낳고 부귀공명을 누리게 하는 길신으로 작용한다.
년주, 일주, 월주, 시주, 충, 합, 12신살, 12운성, 육친관계, 관성, 재성 등과 함께 적용하여 보아야 하며 같이 동주하는 경우에는 길할 수도 있고 흉할 수도 있으니 세밀하게 살펴서 보아야 하며 길한 운이라 하여도 노력하지 않고 좋은 운을 맞이할 수 없으니 충분한 노력이 필요하다.

### (2) 천주귀인

행운이 길한 작용을 하며 만사 순탄하고 곡간의 풍성함을 의미하며 재복이 많아 의식주의 어려움이 없는 매사의 길성이다.
처가의 도움이나 직장 동료의 도움으로 운이 발생할 수 있는 경우가 많으며 여심이면 미모가 우월하고 남편의 도움을 받으며 훌륭한 자식을 두게 되고 자식의 봉양을 받으며 자식 복과 남편 복을 겸유한 최고의 길한 운세이다.

먹고 입는 것에 대하여 신경을 많이 쓰는 편이며 미적 감각이 발달하였고 위신과 신용, 신뢰와 같은 명예가 높은 가치를 부여하는 편이다. 타인에 대한 배려심과 이해심이 깊어 원만한 대인관계를 형성하고 평탄하고 행복하여 근심, 걱정, 스트레스가 적고 낙천적 성격으로 평생 행복하고 무난하게 살아갈 수 있는 길신의 운세이다. 총명하고 지혜가 있어 주변에서 인정을 받고 호감이 많으며 빠른 성장을 기대할 수 있으며 다수의 기회 변화가 일어나기도 한다. 재물복이 많아 주변의 도움을 많이 받으며 인덕이 좋고 평탄하며 어려움이 없이 무난하게 행할 수 있으며 배우자의 복이 많아 가정의 행복과 아내의 내조가 큰 도움이 되며 매사에 행운이 겹친 길신의 역할이 있다.

여심이라면 결단력이 있고 리더십이 강하며 존경을 받는다.

온난하고 배려심이 깊으며 타인에 대한 이해도가 높고 공감 능력이 주변을 편안하게 하는 매력이 있으며 주변의 호감도가 매우 높다. 낙천적이고 긍정적 에너지로 좌절하지 않고 희망적이다. 사교성과 친화력이 있으며 폭넓은 인간관계를 형성하고 주위와 관계를 유지하는 능력이 아주 탁월하며 나눔과 베풂을 실천하고 행복과 인정을 같이 나누는 것을 중요하게 여기며 실행하여 주변의 존경을 받는다. 헌신적인 아내로 현명한 어머니로 가정을 화목하게 이끌며 자녀의 육성에도 소홀함이 없이 따뜻한 사랑과 올바른 가치관으로 훌륭한 인재로 성장시킨다.

식복이 많아 과식이나 불규칙적인 식습관으로 건강을 해칠 수도 있고 운동 부족 등으로 비만, 성인병 등 건강 문제가 발생할 수 있다. 물질적인 풍요로 인하여 욕심이 지나치면 물질 관계로 주변과의 관계가 악화될 수도 있고 불안해질 수도 있다.

노력하지 않고 기회만 기다린다면 주어진 기회를 놓칠 수도 있으며 안일한 태도는 발전 가능성을 저하시키고 정체된 생활에 안주할 수 있다. 복이 지나치면 현실적인 문제를 외면하거나 노력을 게을리하는 경향이 있으며 타고난 복에만 의존하여 미래에 대한 준비나 자기 개발을 소홀히 할 수 있으므로 이 점에 대해서도 미리 대비하고 대처하는 것이 필요하다. 주변에 지나치게 의존하거나 도움을 받는 것에 익숙하지 않도록 주의하며 스스로 문제점을 해결하고 독립적인 생활을 추구하여야 하고 자신의 능력을 성장시키며 장래의 목표를 설정하는 것을 중요하게 생각하고 목표를 향하여 노력하는 자세를 유지한다.

### (3) 복성귀인

타고난 성품이 느긋하고 온화하며 재물운과 건강 덕으로 큰 걱정 없이 성장한다. 부귀공명하고 복록이 가득하며 부귀 수복을 누리는 최고의 길성이다. 재물이 풍부하고 부유하며 명예와 지위가 높아지고 명망이 널리 떨쳐지며 건강하고 장수하여 행운과 기회가 많이 찾아오고 모든 일이 순조롭게 진행되며 인덕이 있어 주변의 도움을 받으며 어려운 일과 문제가 발생해도 큰 손실이 없으며 큰 사고 없이 무난하게 지나게 된다.

재물과 재산이 풍부하여 경제적 어려움 없이 안락한 생활을 하게 되고 명예와 존경을 받고 지위와 권력을 누리며 사회적 영향력을 행사하게 되고, 훌륭한 업적을 인정받아 명망을 얻게 되는 성공적 결과가 나타난다. 복록, 건강, 행운의 기회 등 다양한 복이 가득하여 행복하게 살아가고 좋은 기회가 자연스럽게 찾아와 새로운 도전과 발전의 기회가 주어지며 체력과 면역력이 강하여 무탈하게 질병이나 사고 없이 건강하게 장수하는 운이다.

어려운 일이 발생하여도 굴하지 않고 강인한 정신력으로 극복할 수 있는 의지와 능력이 있으며 꾸준하게 노력하고 사회에 기여하며 인정을 받는다. 훌륭한 인품과 덕행으로 주변에서 존경받고 호의와 칭송을 받으며 대성하게 되고 식복이 충분하고 물질적 풍요로 인하여 명예와 이득을 동시에 누린다.

여성이라면 경제적 어려움이 없이 여유롭게 살아갈 가능성이 높아진다. 행운과 기회가 많이 찾아와 사회에서 성공할 수 있는 확률이 높으며 긍정적 에너지가 넘치고 강인한 의지력이 있으며 주변의 사랑과 존경을 받는다. 따뜻하고 배려가 많아 주변과 좋은 관계를 유지하며 남을 도와주는 것을 즐기며 조화로운 가정을 꾸려 행복한 결혼 생활을 하게 된다. 강인한 체력과 정신력으로 건강하며 질병으로부터 보호를 받으며 사고나 질병 없이 장수하게 되는 경향이다.

부와 명예에 안주하여 노력을 게을리하는 경향이 있으며 자신의 재능을 펼치지 못하고 잠재력을 발휘 못 하여 스스로 성장할 수 있는 기회를 놓칠 수 있다. 부와 명예를 누리면 주변의 질투와 견제를 받게 되고 이로 인해 어려움을 겪거나 갈등이 발생할 수 있고 사회적 고립이나 외로움을 느낄 수 있다.
위기 상황에 대비하지 않아서 큰 손실을 입을 가능성이 있으며 주변에 소홀하거나 자만한 태도를 보일 수 있으며 물질의 풍요로움에 집중하면서 진정한 행복을 찾지 못하고 가족이나 친구, 사랑하는 사람과의 관계를 소원하게 한다.

정신적 공허함과 허무감을 느낄 수 있으며 자신의 재능을 남용하거나 착취할 수 있으며 부당한 이득을 추구하고 권력을 남용하여 사회의 비난과 배척을 받을 수 있고 오만한 태도와 자만심으로 주변을 경시하고 무시하여 실패를 경험할 수 있으며 고통과 어려움에 시달릴 수 있는 가능성이 높다. 타고난 복에만 의존하여 미래에 대한 준비나 자기 개발을 소홀히 할 수 있으므로 이 점에 대해서도 미리 대비하고 대처하는 것이 필요하다.

주변에 지나치게 의존하거나 도움을 받는 것에 익숙하지 않도록 주의하며 스스로 문제점을 해결하고 독립적인 생활을 추구하여야 하고 자신의 능력을 성장시키며 장래의 목표를 향하여 노력하는 자세를 유지하는 것이 중요하다.

### (4) 천관귀인

나랏밥을 먹는 관직으로 입신출세하는 길성을 의미하며 타고난 복이 많고 머리가 총명하고 영리하여 사리 분별을 잘하며 귀인의 도움으로 매사가 순조롭게 진행되어 경사스러운 일이 많이 생긴다. 관직이나 공직으로 출세하는 경우가 많으나 자신이 잘하고 좋아하는 일에서 최고가 되어 자신의 이름과 더불어 나라의 이름도 세계에 알리고 국가의 위상을 세울 수도 있으며 권위와 직위가 높게 상승하는 운세이다.

지적 능력과 통찰력 책임과 의무를 다하여 성실하게 수행하고 신뢰받는 리더로 명성을 얻으며 사교성과 친화력으로 인하여 정치, 명예 분야에서 유명세를 떨치며 다양한 계열에서 성공하는 경우가 많다. 특히 교육 분야, 공직, 예술, 스포츠 등에서 뛰어난 능력을 발휘하고 성공할 수 있는 확률이 높아진다.

가족구성원의 성공으로 인하여 간접적 행복을 누릴 수 있으며 끝없이 발전하고 미래를 개척하는 힘이 있으며 긍정적 마인드로 주변에 영향을 주고 존경을 받으며 배우자와 자녀들과의 관계도 원만하여 유복한 가정을 형성한다. 배짱이 두둑하고 낙관적인 성품으로 스스로 귀인을 발견할 수 있는 능력이 있고 장래를 바라보는 안목이 있으며 귀인이 자신에게 동조할 수 있을 만큼의 역량을 내포하고 있어 사회에서 성공을 할 수 있다.

여성이라면 온화하고 친절하며 사교성이 높고 주변과 원만한 관계를 유지하며 다양한 교류를 통해 폭넓은 인맥을 형성하고 도움을 주고받는다. 특정한 분야에서 재능이나 리더십이 강력하게 발휘되어 사회적 성공과 명예를 얻는 데 유리하게 작용하고 책임감과 목표를 향해 꾸준히 노력하는 추진력으로 어려운 상황이 발생해도 좌절하지 않고 극복하며 성공을 이루어 낸다.

배려심이 깊고 따뜻하며 긍정적 에너지를 전달하고 어려운 일에 앞장서 힘들어하는 주변에 도움을 주는 것을 즐거워한다.
가정에서도 남편을 잘 보필하며 자식을 올바르게 지도하고 육성하여 자신의 위치와 반석에 올려놓으며 부부간의 예의와 존경을 아끼지 않는다. 자신의 타고난 복만을 의지하고 안주하여 노력하지 않으면 긍정적 효과는 제대로 누리지 못하고 게으르거나 나태해질 수 있으므로 꾸준한 노력과 자기 개발에 중점을 두고 정진하는 자세가 중요한 것이다. 자존심이나 자만심이 지나치면 주변을 무시하게나 경시하게 되고 독선적이 되어 길한 기회를 놓치게 되는 경우가 발생할 수 있으니 주의를 요한다.

정경유착이나 로비스트 같은 부정적 관계로 고통과 고난을 당할 수도 있다. 당장의 헌신은 어려울 수도 있겠지만 미래를 보고 자신의 비전을 설정하여 무리하지 않고 열정적으로 도전하여 나간다면 돌파구는 쉽게 찾을 수 있다. 모든 일은 자신이 만들고 이루어 가는 과정이며 자기 자신을 위해 스스로 행복을 추구하며 살아가는 것으로 행운과 행복에 투자하는 것을 아끼지 말고 과감하게 돌진하는 자세가 가장 중요하다 하겠다. 행운의 여신은 언제나 자신의 노력과 능력으로 개발하고 발견하며 유지하여 성장시키며 성공의 전략으로 완성하여 가는 것으로 믿는다.

### (5) 태극귀인
시작과 마지막을 주관하는 복록으로 후원성이 강하며 자기를 도와주는 주변이 많으며 학연과 많은 문하생으로 교육계의 명성이 높아지는 경우가 많다. 태어날 때부터 타고난 복이 많아 질병이나 사고와 같은 액난을 당하지 않고 흉한 살이 찾아와도 복록의 도움으로 평안하게 해결이 되고 타인으로부터 많은 덕을 보게 되어 입신양명하는 길성이다.

어려운 난관도 쉽게 헤쳐 나갈 수 있고 시험이나 취업에 있어서도 큰 무리 없이 합격하게 되므로 만사가 뜻대로 잘 풀려 큰 성과를 거두고 명예와 재물을 같이 획득하게 되는 행운의 길성이며 말년에 복이 집중하게 된다고 한다. 타고난 복도 많지만 살아가면서 다른 사람의 덕을 많이 보게 되어 주변으로부터 그 반대급부의 성장을 의미하기도 한다. 스스로 노력하여 부와 명예를 얻는 자수성가의 능력이 있으며 노력과 발전을 거듭하여 성장하고 그 능력을 사회에 공헌하고 기여한다. 모든 일이 뜻 하는 대로 풀리고 행운이 함께하여 부와 명예를 동시에 얻게 되며 사회적으로 성공과 안정을 유지하며 경사스런 일들이 많이 발생한다.
타고난 리더십과 자신감이 있으며 긍정적 마인드와 강한 추진력으로 어려움을 극복하고 목표를 달성하며 다양한 분야에서 지식을 습득하고 활용하는 능력이 능숙하며 사람을 이끄는 매력과 친화력이 있으며 주변에 호의적으로 도움을 주고받으며 폭넓은 인맥을 형성하며 재능과 노력으로 부와 명예를 유지하는 데 능숙하고 명성이 높아질 수 있는 잠재력이 있다.

사업적인 감각과 추진력이 뛰어나며 투자나 금융 분야에서 좋은 결과를 나타내고 물질적 풍요와 정신적 만족도 함께 누리며 성공할 수 있는 것이다. 매력적인 외모와 자신감 넘치는 태도로 이성에 인기가 많으며 적극적이고 열정적이며 헌신적인 사랑에 빠지며 상대방의 입장을 잘 이해하고 배려하며 서로 존중하고 가정적인 남편으로 자상한 아버지가 되고 배우자와 함께 행복한 가정을 이끌어 간다.

여성이면 타고난 복과 낙천적인 성향과 인덕이 있으며 명랑한 성격이다. 어려움에 직면하여도 좌절하지 않고 특유의 긍정적 에너지로 극복하려는 의지가 있으며 관계를 소중하게 생각하고 노력하며 인내가 강력하다. 원만한 대인관계 유지에 능숙하고 호감을 받으며 도움을 주고받기도 한다. 재물운은 좋은 편이며 노력에 대한 결실을 거두는 능력이 있고 타고난 재능과 노력으로 성공하며 금전적 어려움 없이 살아가는 행복한 운세이다.

자신의 성공을 과시하거나 타인을 무시하는 행동을 삼가야 하며 주변의 시기와 질투를 받을 수 있으니 진솔하고 겸손한 태도를 가져야 한다. 재물에 대한 지나친 집착은 오히려 불행을 초래할 수 있으므로 균형 잡힌 시각을 유지하고 주위에 베푸는 것을 생활화하며 실천하는 것이 중요하다.

태극귀인의 도움을 당연하게 생각하거나 경쟁 심리에 사로잡혀 주변과의 관계를 악화시킬 수 있으므로 주의를 요하며 어려움을 극복하는 능력과 추진력을 강화하여야 하고 과도한 욕심으로 인하여 실패를 경험할 수 있는 것이다.
자기주장이 너무 강하고 고집이 강한 경향이 있어 주변의 조언을 참조해야 한다.

### (6) 학당귀인

지적 능력과 학문적 가치와 교육의 존재 및 성취를 상징하며 교육, 학문 분야에서 성공할 가능성이 높은 길신으로 평가된다.
성품은 온화하고 진중하며 책을 좋아하고 학문에 대한 깊은 관심과 애정, 열정이 풍부하고 훌륭한 스승을 모시고 학문적 논의를 유발하고 교육 관련 분야에 조예가 깊으며 탁월한 능력을 발휘하여 후배나 제자들의 양성에 공을 들인다. 위기 상황에서도 지혜롭게 대처하고 문제 해결의 능력이 탁월하며 논리적이고 설득력과 자신감이 있으며 긍정적 에너지를 발산하여 신뢰를 유지한다.

타고난 총명함과 학문적 재능이 있고 학문적 성취욕과 지식욕, 배움에 대한 열의가 대단하며 강한 역정으로 자기 개발과 발전으로 성장할 가능성이 높으며 논리적이고 정확한 사고력 설득력의 능력이 탁월하다. 교육자의 자질이 선명하며 후학의 양성에 전념을 다하며 지식을 전달하는 학문적 성장을 달성하고 성공할 수 있는 확률이 높아진다. 좋은 스승과 인연이 깊으며 지식 공유와 봉사를 하며 사회에 기여하는 것을 중요하게 여기며 기품 있는 태도와 책임감으로 존경을 받고 인정을 받는다.

교수, 학자, 연구원, 학문 연구 분야에서 능력을 발휘하며 의사, 변호사, 상담사, 전문직에도 적응력이 있으며 언변 능력과 설득력, 논리적 사고방식 등에 강한 의지력으로 작가, 기자, 평론가 등 언론과 상담 분야에서 활동하고 명성을 얻을 수 있으며 크게 활약할 수 있는 길성의 운세이다. 학문적 성취를 통해 재물을 취득하는 경우가 많고 가정에 충실하며 배우자와 같이 지적인 성장을 추구하며 자녀의 교육에도 열정적인 면이 있다.

여성이라면 타고난 능력이 탁월하고 논리적 사고가 강하며 언변이나 설득력이 뛰어나며 타인의 의견을 경청하고 존중하며 상호 간의 이해를 원만한 관계로 유지하며 따뜻한 마음과 배려심으로 주위를 도와주고 격려하며 깊이 있는 교류로 신뢰성이 높으며 학문적 재능을 바탕으로 전문 분야, 교육, 연구, 상담, 언론 지식과 정보를 다루는 분야에서 활동하며 새로운 가치를 창출하고 창의적이며 재물에 대한 집착이 있으며 경제 분야에도 적응력이 뛰어나다. 현명하고 책임감 있는 아내이며 어머니로 가정을 화목하게 하고 남편과 원활한 소통을 이루어 내면서 행복한 가정을 일구어 간다.

학문에만 몰두하여 사회성이 결여되고 대인관계가 소홀하며 세상 물정에 어둡고 현실적 감각과 해결 능력이 부족하여 사회적 적응력이 떨어지는 경향이다. 학문적 성취에 대한 지나친 집착으로 인해 완벽주의 성향이 강하고 작은 실수에도 자책하며 스스로 괴로워하는 성향이 있으며 학문 연구에만 몰두하여 경제 활동을 등한시하면 경제적 어려움에 직면할 수 있다.

학식이 높아 자만심과 배려심이 부족하며 주위의 의견을 무시하고 경시하는 태도가 있고 자신의 지식을 일방적으로 전달하려 하며 상대의 의견을 경청하거나 수용하지 않아 원만한 소통이 어렵고 독단적 태도로 갈등을 유발시켜 오해를 불러오거나 주위에 대한 해결 능력과 소통이 부족하며 원만치 못하다. 고정관념과 학문적 가치관에 사로잡혀 새로운 지식이나 변화를 받아들이지 못하고 현실적 감각이 떨어지며 틀에 박힌 사고방식으로 창의적이지 못하고 변화되는 사회에 적응을 하지 못해 경쟁에서 도태될 가능성이 높아진다.

(7) 관귀학관
학업에 대한 뛰어난 재능과 능력이 있고 지혜롭고 총명하며 유년기부터 공부를 잘하고 시험에서 좋은 성적을 받으며 학문에 대한 열정이 높고 배우는 자세를 유지하며 지식과 지혜로 인해 성공할 수 있는 길성이다. 성실하고 침착한 성격이며 책임감이 강하고 배려심이 많으며 주위에 도움을 아끼지 않고 주고받으며 긍정적 마인드로 주변에서 존경을 받는다.

지식, 지혜, 학문이 깊이가 있으며 일찍 공직에 입문하거나 선출직 공무에 진출할 가능성이 높고 초고속 승진을 하며 대기업이나 고위 공직 장관 등의 연관이 있으며 안정된 직장에 진출하여 장기간 재직할 수 있다. 학창 시절에도 공부를 잘하며 모범생이고 시험운, 합격운, 취업운이 좋아 좋은 직업을 선택할 수 있고 교육자로 성공할 확률이 가장 높은 편이다. 공기업, 대기업에 진출해 종사할 경우 승급, 승진이 순조로워 승승장구하며 입신출세할 가능성이 높은 편이다. 연구원, 지식과 전문성을 요구하는 업종에서 적응력이 우수하며 성공할 수 있고 긍정적 영향력을 미치는 인물로 성장한다. 학업적 지적 능력과 기억력이 우수하며 논리적이고 사고력이 뛰어나 문제 해결 능력이 있으며 다양한 분야에서 지적 능력을 발휘하고 목표를 달성하며 안정적인 경제적 기반을 마련하고 높은 수입을 통해 경제적 어려움 없이 안정을 유지하고 미래를 위한 투자와 자산 형성에도 유리한 길성이다.

명예와 사회적 안정에 기여하고 자신의 능력과 노력으로 높은 사회적 지위를 유지하며 후세에 기억될 인물이 될 수 있다.
진지하고 책임감, 정의감이 강하며 부당함을 참지 못하며 윤리적이고 도덕적 가치관으로 올바른 판단을 하며 타인을 배려하고 주변과 좋은 관계를 유지한다. 예술적 감각이 풍부하여 문학, 예술 분야에서도 실력을 발휘하며 여행을 즐기며 가족을 소중하게 여기고 안정적인 가정을 선도하게 된다.

여성이면 학업에 뛰어난 자질을 보이고 새로운 지식 탐구와 호기심이 강하며 꼼꼼하고 세밀한 성격으로 면밀한 분석과 논리적 사고를 통하여 문제 해결 능력이 풍부하고 사회에서 인정받는 전문성이 있는 직업이나 공무원, 교육자, 연구원, 법조계, 의료 등에 적응력이 있으며 성공할 가능성이 높아진다. 의사소통 능력과 리더십으로 빠르게 성장하고 높은 지위에 오르며 책임감과 성실함으로 업무에 매진하며 자기 개발을 통해 전문성이 더욱 발전한다.

밝고 긍정적이며 감정조절 능력이 있으며 침착하고 솔직, 진솔하여 주위의 신뢰와 지지를 받으며 깔끔하고 단정한 외모와 세련된 스타일로 좋은 인상을 품기며 우아하고 품격 있는 매력, 당당한 태도와 세밀함 배려심이 있다.

지식 있고 품격 있는 배우자를 만나고 서로 존중하고 배려하며 자녀 교육에도 관심이 높아 자녀들에게 양질의 교육을 제공하고 행복한 가정을 주도하며 헌신적 아내의 위치를 유지하며 어머니의 역할을 원만하게 수행해 간다. 좋은 운으로 자만심과 안일한 태도로 노력을 게을리하고 새로운 도전을 회피하는 경향이 있을 수 있고 주위를 무시하고 독선적 태도와 갈등, 경쟁심과 질투심이 발생할 수 있고 스트레스와 불안감을 유발할 수 있으며 권력남용과 부패가 존재할 수 있으므로 주의를 요한다. 권력을 이용하여 개인적 이득을 추구하거나 재물을 탐하거나 억압하는 행동을 하여 괴로움을 당할 수도 있다.

### (8) 문곡귀인

'문'의 글자 뜻은 문학, 예술 학문을 의미하고, '곡'은 음악 소리, 아름다움을 표현하고 문학, 음악, 예술 학문 분야에서 재능을 발휘할 수 있는 잠재력이 있다. 총명하고 학습 능력이 좋으며 책을 가까이하고 지식을 빠르게 습득하며 깊게 파고들어 연구하는 것을 좋아하는 천재성이 있다. 문필이 바르고 예체능계에 소질이 있으며 예술, 예능, 기예 분야에서 창조적인 지혜와 창의력 면에서 두각을 나타낼 수 있는 길성이다.

이론을 구체화하는 문학적인 영감이 탁월하고 교육적인 업무가 적합하다. 자신만의 브랜드를 좋아하며 전문직, 교육직, 문학가, 예술가, 작사가, 작곡가와 엔터테인먼트 등의 인간 내면의 감수성을 표현하는 분야에서 특성을 나타낸다. 섬세한 감성과 지성이 있으며 다양한 분야에서 실력을 발휘하고 탁월한 예술적 감각으로 아름답게 조화시켜 영감을 주는 역할을 한다.

이해력과 기억력이 좋으며 문학, 역사, 철학, 인문 분야에서도 재능을 발휘하고 음악, 미술, 문학 등의 탁월한 예술적 감각으로 창의적 작품을 창조하며 풍부한 감정과 표현력으로 감동을 주며 남의 감정을 잘 이해하고 공감하며 조화롭고 슬기롭게 주변을 이끌고 좋은 인연을 맺으며 정리 정돈하는 능력이 있다.

논리적 사고력과 문제 해결 능력이 탁월하며 다양한 분야에서 터득한 경력으로 성공의 기반을 조성하여 크게 성공할 수 있다. 부드럽고 따뜻한 성격으로 주변과 친근하게 지내며 다정한 느낌으로 좋은 관계를 형성하고 유지하며 유머 감각과 재치가 있고 긍정적이며 낙관적 태도를 보이며 리더십이 강력하다.
뛰어난 의사소통 능력이 있으며 표현력과 설득력으로 소통하고 협력하는 데 능하며 주변을 이끌고 영감을 주며 창의적 문제 해결 능력으로 기존의 틀에서 벗어나 독창적인 방식으로 해결하는 창의력이 있다.
여성도 예술적 감각과 창의력이 있으며 예술 분야에서 탁월한 재능을 발휘한다. 음악, 미술, 문학 분야에서 재능이 뛰어나며 성공할 가능성이 높다. 예술 작품을 감상하고 창작을 즐기며 예술을 통하여 감성을 표현하고 공감한다. 남의 감성을 잘 이해하고 위로하며 상대 의견의 지지를 제공하고 공감하며 풍부한 감성으로 작품에 깊게 파고들며 민감하고 세밀한 성품이 있다.

창의적 사고방식으로 쉼 없이 생각하고 분석하며 독특한 시각 개념이 있다. 세밀하고 아름다운 외모와 깔끔하고 세련된 스타일이며 자신감이 있고 긍정적 에너지로 주변을 즐겁게 하는 것을 선호하기도 한다.

자신의 재능을 지나치게 과신하며 자만하여 노력을 게을리할 수 있으며 감정을 솔직하게 표현하는 경향이 있어 남에게 상처를 줄 수도 있으며 감정이 불안정할 때면 기분에 따라 행동하는 습관이 있을 수 있다. 경제에 대한 관심이 적으며 경제를 소홀하게 여겨서 경제적 어려움을 겪을 수도 있으며 금전 관계로 가정의 어려움이나 현실적인 감각이 떨어지는 편으로 가족과의 불화를 겪을 수도 있으며 잘못된 판단으로 인하여 심한 고통에 시달릴 수도 있고 자신의 재능을 인정받지 못하면 좌절감에 빠지기 쉽고 주변으로부터 고립을 당할 수도 있다.

### (9) 문창귀인
학문이나 문학 지식 등을 부여받은 길신이다.
글에 관한 재능을 타고난 의미가 있으며 머리가 총명하고 학문에 뛰어나 인문 계통으로 크게 발전할 수 있으며 기억력, 추리력, 창의력, 발표력 등에 능하며 학문을 통하여 높은 직위를 득할 수 있는 길성이다.

말을 유리하게 잘하고 다양한 분야에서 지적 호기심과 지식욕의 열망이 있으며 추리력, 창의력, 예술적 표현력과 연관이 있으며 공부에 특화된 귀인이다. 확장하고 넓혀 가는 수단이 좋고 자신의 능력과 재능을 활용하는 능력이 있다. 학습 능력이 매우 뛰어나고 지식욕이 강력하며 새로운 것을 배우고 익히며 발전하는 성향이 있으며 쉽게 이해하고 습득하는 편이다.
상상력과 창의력이 풍부하여 예술적 감각이 탁월하며 자신의 창의력을 다양한 방식으로 표현하며 자신의 생각을 명확하고 논리적으로 전달하며 탁월한 문장력으로 글을 쓰거나 연설을 하며 집중력도 매우 높은 편이다. 상황을 객관적으로 파악하고 분석하는 데 능숙하며 중요한 정보를 추출하고 예리한 분석력으로 문제 해결, 의사 결정과 연구 활동에 전념하며 밝고 긍정적 성격이며 어려움이 있어도 희망을 잃지 않고 주변과 좋은 관계를 유지하며 논리적 사고와 추론력으로 사건의 전말을 파악하고 원인과 결과를 분석하는 데 능숙하며 법률, 의학, 과학 등의 분야에서도 활동을 좋아하며 호기심과 탐구심이 강력하여 새로운 아이디어를 창출하면서 점차적으로 발전을 거듭한다.

뛰어난 의사소통 능력과 설득력으로 언변이 좋으며 원만하게 소통을 잘한다. 협력적인 성격으로 주위 환경과 잘 어울리며 외향적인 성격이기도 하다. 학문 분야, 학자, 연구원, 교사 등과의 인연이 깊으며 예술 분야, 음악가, 작가, 화가, 정치 분야, 정치인, 언론인, 기자, 편집자, 방송인, 외교관 변호사 등에서 영향력을 행사하고 재능을 발휘하여 성공하는 경우가 있다.

여성이면 유년 시절부터 공부에 성취하게 되며 학문 연구와 저서 활동에 매진하는 경우가 있고 타고난 총명함과 추론 능력이 탁월하여 창의적이고 예술적 감각이 풍부하며 자신의 생각을 독창적으로 표현하고 예술문학 작품에 대한 관심과 감수성이 뛰어나다.

표현력과 의사소통력이 원만하여 자신의 생각을 명확하고 논리적으로 전달하며 주변과 좋은 관계를 유지하고 지적 호기심이 많고 새로운 도전력으로 배우는 과정을 즐기고 자신의 지식을 주위와 공유하는 것을 좋아하며 스스로 목표를 설정하고 이를 달성하기 위한 노력을 게을리하지 않으며 주변의 도움에 의존하지 않고 자신의 능력으로 해결하는 의지가 강력하다.

과도한 지적 허영심과 호기심으로 현실에 대한 적응력이 부족하고 지나치게 추상적이거나 현실과 단절하여 사회의 적응이 어려워 공허함, 우울감이 있고 현실도피 현상으로 학문이나 예술에 몰두하여 책임감을 소홀히 하고 주변과 갈등을 야기하여 사회적으로 고립되어 기회의 손실 등이 발생할 수 있다.

지식과 재능을 과시하려는 성향이 강해질 수 있으며 자신만의 의견만 고집하고 남을 존중하지 않거나 독선적일 수도 있으며 현실적 사고 부족으로 무모한 투자를 하거나 경제적 관심이 적어 재정적 어려움을 겪을 수도 있다.

### (10) 천덕귀인

하늘의 복을 많이 받아 일평생 좋은 운과 함께 살아가는 길성을 의미한다. 선조들이 덕으로 인하여 관운과 재물운을 받아 관직의 높은 지위에 오르며 경제적인 재물에 복이 많아 물질적 걱정 없이 평온하게 살아가는 운이다. 악행과 재난으로부터 자신을 보호받고 피해를 막아 주는 수호천사 역할을 하며 하늘의 도움을 받아 어려움을 극복하고 성공하는 의미를 나타낸다.
일지나 월지에 있을 때 강력하게 힘을 발산하며 육친과 만나면 더욱 운세가 좋아지고 긍정적 역할이 극대화된다. 예를 들면 재성운이 있으면 재물운이 더욱 강해지고 관성과 만나면 명예와 직업적인 성공을 이루게 된다.

여성에게 작용력이 더욱 강하고 이상적인 배우자를 만나며 행복한 가정을 일구어 선도해 간다. 남성도 현모양처를 만나며 자손운이 좋아진다. 성품이 온화하며 남을 도울 수 있는 인격이 있으며 남을 배려하고 도와주는 성향이 강하며 자신의 희생을 감수하면서도 능력을 아끼지 않는다. 전화위복의 힘으로 불행한 일을 행운의 현실로 바꾸는 능력이 있고 실패를 이기고 일어나 위기를 새로운 기회로 전환시키는 능력을 발휘한다.

관운이 상승하며 직장에서 성공과 승진을 거듭하며 사회적 지위가 높아지며 경제적 안정과 풍요를 누리며 사업이나 투자에도 성공할 수 있으며 예상하지 못한 행운을 득할 수도 있다.
인덕이 많아서 주변과 도움을 주고받으며 대인관계는 원만하고 어려움을 극복하고 성공하는 경우가 많으며 가정적인 가장으로 배우자를 존중하고 배려하며 가족과의 시간을 소중하게 여기며 자녀에게는 훌륭한 아버지 역할을 다하고 가정의 행복을 위해 적극적으로 노력하는 타입이다. 관운과 재물운이 좋으며 자신의 능력을 인정받고 승승장구하여 높은 지위에 오르며 성공할 가능성이 매우 높다.
성공에 안주하지 않고 쉼 없는 노력과 연구 개발로 사회에 기여하며 책임감이 강하고 자신의 능력과 재능을 사회 발전에 아낌없이 내어 주며 강인한 봉사 정신으로 사회에서 존경받는 인물이 된다.

여성이라면 따뜻하고 친절한 성품이며 타인을 배려하고 이해하는 심성이 깊으며 주위의 편안함과 안정감을 주며 뛰어난 공감 능력으로 남의 감정을 잘 이해하고 아픔을 함께하며 위로하는 데 능숙하고 깊은 유대감을 형성하며 유지한다.
긍정적 에너지로 덕을 베풀며 주변과 조화를 이루고 관계를 유지하며 갈등이 발생하면 중재 역할을 하고 문제 해결의 지혜를 갖고 있다. 이상적이고 훌륭한 배우자를 만나며 행복한 가정생활을 영위하고 배우자도 능력이 탁월하며 책임감이 강한 가정적인 성향이 있다.

현명하고 지혜로운 아내이자 헌신적인 어머니로 역할을 수행하고 가정을 화목하게 끌어 가는 능력이 탁월하며 자녀들에게도 올바른 가치관과 지식을 가르치고 자녀 교육에도 관심이 높아 자녀들에게 양질의 교육을 제공하며 가족 구성원의 유대감을 중요시하고 가내의 갈등을 해소하며 서로 존중하고 배려하는 자세로 분위기를 조성하며 사회에서도 존경받는 리더로 능력을 인정받는다.

### (11) 월덕귀인

달빛을 따라오는 길신으로 행운과 귀인이 들어오는 운세이고 길성이다. 음덕을 뜻하기도 하고 선행을 베풀고 덕을 쌓아 하늘이 내리는 은덕의 의미로 하늘의 보호를 받아서 평생 무병장수하고 부귀와 영화를 누리는 길운이다. 고결하고 선량한 품성으로 남을 도와주고 인품이 훌륭하며 성품이 온화하여 명예와 공직, 관직이나 직장에서 높은 지위에 올라갈 가능성이 높다.

학문을 할 때는 진지하고 고결한 자세로 몰두하고 전화위복의 기운이 있어 나쁜 일도 좋은 일로 변화시키는 능력이 있으며 윤리관과 도덕성이 높아서 올바른 판단을 하고 행동하며 사회에 기여하는 것을 중요하게 여긴다. 예상하지 못한 재난이나 위험을 피할 수 있는 운성이며 어려운 상황에서도 침착하고 해결책을 찾으며 극복하려는 능력과 힘이 존재한다. 건강하고 장수하면서 명예를 얻고 성공할 가능성이 높으며 학문이나 직장에서 뛰어난 성과를 거두고 사회에서 인정받는 인물이 된다.

정조 개념이 투철하고 배려심이 많아 좋은 파트너를 만나며 행복하고 안정된 가정을 꾸리며 낙관적이고 희망적인 태도를 유지하며 어려움에도 굴하지 않고 목표를 향해 정진하고 달성하며 주변에 용기를 주고 긍정적 변화를 준다.

감정과 논리를 잘 조절하고 극단적 행동을 하지 않으며 스스로를 돌보고 주변과의 관계를 잘 유지하며 새로운 지식과 경험을 쌓기 위해 노력하며 자신의 능력을 개발하는 데 열정적이고 리더로서 모범적인 역할을 하고 주변을 잘 정리정돈하여 선행하는 모습을 보인다. 자신의 긍정적 에너지와 품성으로 주변을 도와주며 더 나은 환경을 만드는 데 적극적으로 노력하고 기여하며 남을 존중하고 배려하는 심성이 깊으며 정의로운 사고방식과 자신의 신념을 위해 용감하게 행동한다. 명확한 비전과 목표를 제시하고 상대의 의견을 존중하고 협력적인 분위기를 조성한다.

총명한 두뇌와 기억력, 집중력이 뛰어나며 다양한 분야에서 풍부한 지식과 논리적 사고로 문제를 해결하는 능력이 탁월하다.

창의적인 능력이 강력하고 자신의 일에 열정적이며 경제적 안정과 물질적 풍부함을 누리며 주변에서 존경을 받고 모범적인 가정을 형성하며 가족을 위해 헌신하고 희생하며 정의롭고 책임감 있는 가장으로 아내와 자녀를 사랑하고 존중하며 화목한 가정생활을 일구어 간다.

여성이라면 선량하고 온화한 성품으로 정의감이 강하고 자신이 옳다고 여기면 적극적인 행동을 보이며 남을 도와주는 것을 좋아하며 진실하고 성실하며 약속을 잘 지키고 긍정적 태도를 유지한다. 맑고 깨끗한 눈빛과 아름다운 미모가 있으며 의복의 차림이 단정하고 세련되어 언제나 깔끔한 모습을 유지하며 자연스럽고 우아한 매력이 있다. 어떠한 일에서도 열정을 가지고 도전하며 목표를 향해 꾸준하게 노력하고 창의적이고 예술적 감각이 뛰어나며 다양한 분야에서 성공할 가능성이 높다. 좋은 배우자를 만나서 행복하게 살아갈 수 있으며 가정에 헌신하고 서로 존중하며 아끼고 화목한 가정을 주도하며 자녀들에게도 올바른 지식으로 지도하고 사랑으로 양육하며 존경받는 아내로 훌륭한 어머니의 위치를 굳건하게 지켜 내며 건강한 생활 습관으로 가정을 잘 관리하며 항상 활기차고 긍정적이다.

자신만의 기준에 따라 고집스럽고 완벽주의를 추구하며 타인의 의견이나 현실 상황에 유연하게 대처하지 못하고 갈등을 발생시키며 불편을 줄 수 있고 자신의 기준에 맞지 않는 결과로 인해 스트레스를 받으며 우울해질 수도 있다. 과도한 자신감으로 인해 허세와 자만심에 빠질 수도 있으며 주위를 경멸하는 태도를 보이거나 자신의 의견만 주장하며 주위를 무시할 수도 있고 주변의 반감을 받아 대인 관계에 악영향을 미칠 수도 있다.

남에게 의존하는 것을 당연하게 여기며 스스로 노력하지 않을 수도 있으며 과도한 자신감으로 인해 어려움에 처할 수도 있으며 남에게 책임감을 전가하거나 남에게 의지하려는 경향이 나타날 수 있고 행운에 의존하여 노력하지 않고 편안하고 안일하게 대처하는 경우와 행운만으로 모든 것을 의존하며 기대감에 빠져 어려움에 직면할 수도 있다. 자신의 외모와 겉모습에 지나치게 관심을 가지며 내면적 성장보다 외적인 모습에 더욱 더 집중하고 물질적 풍요로움으로 사회적 지위를 과도하게 추구하며 이로 인하여 진정한 행복을 찾지 못할 수도 있다. 타인의 실수와 부족한 부분을 용납하지 못하고 비판하며 좌절감에 빠질 수도 있으며 권력의 지나친 욕망으로 경쟁심이나 질투심을 유발할 수가 있다.

더 많은 권력을 바라며 자신의 목표 달성을 위해 남을 이용하거나 희생시키는 행동을 할 수 있다. 권력남용을 하거나 부정한 방식으로 권력을 행사하여 주변의 원성을 살 수도 있다.
자신의 신념과 가치관에 따라 행동하고 현실적인 상황에서 균형을 찾으며 고결한 품성과 도덕적 가치를 중요하게 여기고 침착하게 행동하여야 하겠다.

### (12) 암록귀인

암암리에 이루어지는 복록이란 뜻을 의미하며 남들이 모르게 은밀하게 들어오는 조력이나 재물로 공식적이지 않은 경제적 수입으로 예측하지 못한 도움을 받을 수 있는 길성이다.
재물에 궁함이 없고 어려울 때에 보이지 않는 주변 귀인의 원조와 조력으로 평생이 안락할 수 있는 성분이 강하며 숨은 복록으로 천복을 상징한다. 누구나 경제적 위기가 오는 경우가 있고 어려움을 겪을 수 있으나 암록이 있다면 타인의 도움을 받아 위기를 극복할 수 있다. 부수입, 보너

스, 업무 외의 수입, 비상금 같은 행운과 예상하지 못한 곳에서 도움을 받아 문제를 해결할 수가 있고 금전적 도움을 받을 수 있는 힘이 있다.
주변과 좋은 관계를 유지하며 인기가 높고 신뢰성이 있으며 자신도 못 느끼는 재능과 능력이 있으며 새로운 분야에 도전하거나 어려운 문제를 해결할 때 자신의 숨겨진 능력과 재능을 발견하고 이러한 능력으로 성공과 발전을 성사시키기도 한다.

새로운 환경이나 상황에 적응하는 능력이 탁월하고 도전을 두려워하지 않으며 자신의 잠재력을 최대한 발휘하여 성공적인 결과를 만들어 낸다. 꾸준한 금전의 수입으로 안정적 재정 상태를 유지하고 본업 외의 부업을 하거나 별도의 투자를 통해 수익을 창출하는 경향이 있다. 재물을 획득하고 관리하며 유지하는 능력이 뛰어나고 재정적 풍요를 누릴 가능성이 높으며 굳센 의지와 긍정적인 성품으로 어려움이 있어도 포기하지 않으며 목표를 향해 쉼 없이 노력하고 정진한다. 끈기와 인내심이 강력하고 목표 달성을 위해 노력하며 어려움을 극복하고 성공하는 경우가 많다.

여성이라면 굳센 의지와 어려움에도 굴하지 않는 끈기와 목표를 향해 정진하고 노력하는 성격으로, 어려움을 극복하고 성공하는 경우가 있다. 긍정적 에너지로 남을 도와주는 것을 기쁘게 생각하며 선호하고 주변과 좋은 관계를 유지하며 꾸준한 재물 수입이 발생하여 예상하지 못한 곳에서 금전적 수입이 발생할 수 있다. 어려움에 처했을 때도 쉽게 해결할 수 있는 능력과 재능이 있으며 타인의 도움을 받아 위기를 극복할 수 있다.

암록은 보이지 않는 곳에서 작용하고 활동하기 때문에 주변의 도움을 받거나 작은 행운이 발생하면 주의하여 살펴보고 행운을 활용하는 것이 중요하며 그 암록의 힘과 능력으로 크게 성공할 수 있는 것이다. 암록의 힘을 유지하기 위해서는 건강한 생활 습관을 가지고 조율하며 주변과의 관계를 중요시하고 긍정적 자세로 임하는 것이 좋다.

도움에 대한 내용이나 방식에 대한 불만족을 느끼거나 더 큰 어려움에 직면할 수도 있다. 자신의 능력을 제대로 발휘하지 못하거나 실제 자기 능력보다 낮게 평가될 수도 있으며 주변에서 오해를 받거나 편견적인 대우를 받을 수 있고 진정한 능력을 인정받지 못하는 경우가 있다.

자신의 능력을 스스로 인정하지 못하고 낮은 자존감으로 남의 도움 없이 아무런 일도 못 한다는 생각에 사로잡혀 스스로 노력하는 것을 포기할 수도 있다. 자신의 능력이나 재능을 이용하여 남의 것을 착취하거나 이용할 수도 있으며 남의 도움에 감사하는 마음을 모르고 당연히 여기는 태도로 주변을 무시할 수도 있다.

권력의 영향력을 행사하여 부정한 일에 가담하거나 남을 억압하기도 하며 자신의 이득에만 몰두하여 남을 희생시키고 불법적인 행사를 하기도 하며 자만과 오만으로 남을 업신여기고 무시하며 경시하는 태도를 보일 수도 있으니, 자신의 심경을 침착하게 하고 안정되게 하며 작은 일에도 심도 있게 생각하고 집착하여 실수를 유발하여서는 안 되겠다. 긍정적 자세로 모든 분야에 임하는 태도를 보이며 건강한 생활 습관과 부당한 재물운이 발생하지 않도록 항상 주변과 좋은 관계를 유지한다.

### (13) 금여록

황금수레가 주는 복으로 관운과 재물복을 겸비한 길성이다.
고귀한 신분과 부를 상징하며 재물이 많이 모이고 관직의 직위가 높아지며 명예와 직위에 대한 욕심이 강한 편이다.

영리하고 총명한 두뇌의 소유자이며 학업이나 연구 사업 등의 다양한 분야에서 두각을 나타내고 성공하는 경우가 많다.

성질은 온화하고 단정하며 깔끔하여 옷차림이나 행동하는 모든 면에서 세련되고 품격이 있고 매력적이며 미남이라는 평가를 받으며 큰 어려움 없이 행복한 생활을 영위하게 되며 연령이 높아질수록 중후한 감이 들고 품격 있고 매력이 더해지며 전체적인 균형과 안정감이 늘어난다. 좋은 인연과의 기회가 많아 주변과 좋은 관계를 형성하고 유지하며 도움을 받을 수 있는 호기가 뚜렷해질 수 있으며 경제적으로 안정이 되고 건재하며 어려움이 없이 평온하며 쌓아 온 경험과 지혜로 해결 능력이 탁월해진다.
섬세한 성격으로 남의 감정을 잘 이해하고 공감하며 배려심이 높다. 책임감이 강하고 의리가 있으며 주변을 위해 헌신하는 자세가 높게 평가되고 뛰어난 리더십으로 명확한 비전을 제시하고 이끌어 갈 수 있는 능력이 있다.

창의적인 재능이 있으며 정의롭고 높은 도덕성과 올바른 판단을 하며 지적 능력이 뛰어나 새로운 아이디어를 창출하고 학습 능력이 빠르며 능숙하며 문제 해결 능력도 탁월하다.
자신의 재능 및 능력과 노력으로 인하여 대부분 높은 지위를 누리며 경제적 안정과 명예와 자신의 분야에서 명성이 알려지며 업적과 능력으로 주변의 모든 면에서 존경을 받으며 사회적으로도 크게 성공을 한다.

아름답고 현명한 아내를 만나서 서로를 이해하고 존중하며 함께 성장하는 부부의 모습을 보이며 자손도 번창하여 행복한 가정을 이루며 사랑과 존중으로 가정을 위해 헌신하는 모범적 가장이다.

여성이라면 아름다운 외모와 고운 피부, 뚜렷한 이목구비, 시선을 사로잡는 매력이 있으며 단정하고 깔끔한 외모를 유지하며 옷차림이 우아하고 세련된 분위기를 좋아한다. 성격은 온순하고 친절하며 배려심이 강하고 갈등을 피하며 조화를 이루는 것을 중요시하며 총명하고 지혜로운 면모가 있고 상황을 잘 판단하고 합리적 사고력으로 문제의 해결 능력이 매우 돋보이며 모든 면에서 침착하게 행동하고 겸손한 자세를 유지하며 주변의 존경을 받는다.

좋은 인연의 기회가 많아 주변과 원만한 관계를 형성하고 유지하며 경제적으로 안정되고 건강하며 큰 어려움이 없이 평온하게 생활한다. 좋은 기회로 인하여 능력 있고 참다운 배우자를 만나서 행복한 가정을 꾸리고 유지하며 서로를 이해하고 존중하며 좋은 관계를 형성하고 훌륭한 자녀를 양육하며 따뜻한 사랑과 올바른 교육으로 건강하고 행복하게 성장시킨다.

### (14) 천의귀인 천의성

하늘의 의사를 만나는 귀인으로 몸과 마음을 치유하는 능력의 길성이다. 하늘이 내린 의사를 만나 스스로 치유하는 자가 되는 기운을 의미한다. 성격은 온화하고 자애로우며 남의 아픔에 대한 공감 능력이 뛰어나고 어려운 사람을 돕는 데 큰 보람을 느끼며 긍정적이고 따뜻한 배려심으로 주변을 편안하게 하고 이상주의적 면모가 있고 발전하려는 큰 욕망을 품고 있다.

남의 고민을 진지하게 경청하고 조언하며 주변에 깊은 감동을 일으키며 진실적이고 헌신적이며 상대방의 내면을 깊이 있게 이해하고 존중하며 따뜻한 애정을 표현하는 경우가 많다.

직업군으로는 의사, 한의사, 약사와 전통적 치유사나 상담사, 역학자, 종교인, 교육상담, 사회복지사 등에서 크게 두각을 나타내고 활인업 등에서 성공할 확률이 높으며 치유 능력과 공감 능력이 탁월한 면이 있다. 강한 면역력이 있으며 건강하고 질병에 대한 저항력이 높으며 타인을 치료하고 선행을 실천하며 물질적으로 풍요하고 정신적 만족감과 사회적으로도 존경을 받으며 마음과 몸을 치유하는 역할을 수행하며 사회에 기여한다.

큰 병이나 어려움이 있을 때 훌륭한 의료진이나 상담가를 만나며 치유할 수 있는 기운이 강하며 육체적, 심리적 고통을 치료하는 능력을 타고난 의사, 치유사로 두각을 나타내고 다양한 분야의 치유 능력으로 활동할 수가 있다. 예술적 분야에서도 긍정적 영향력을 미치며 자신의 작품을 통해서 위로를 하고 치유를 하며 대중의 사랑과 존경을 함께 받는 경우가 있다.
뛰어난 지적 능력이 있고 의료 분야에서 다양한 경력을 획득할 가능성이 높으며 크게 성공할 수 있는 가능성이 있다. 경제적 감각이 뛰어나며 재물의 관리에도 능숙하여 물질적인 안정감을 유지하고 부를 축적하며 건강하고 큰 어려움 없이 평온하게 지내게 된다.

좋은 배우자를 만나서 행복하게 살아갈 수 있으며 가정에 헌신하고 서로 존중하며 아끼고 화목한 가정을 주도하며 자녀들에게도 올바른 지식으로 지도하고 사랑으로 양육하며 가정을 소중하게 여기며 배우자와 자녀에게 든든한 버팀목이 되며 변함없는 사랑과 믿음으로 행복하고 안락한 가정을 꾸려 간다. 여성으로는 따뜻한 마음과 뛰어난 공감 능력을 바탕으로 주변을 편안하게 하여 주는 매력이 있고 주변의 아픔을 깊이 있게 공감하고 진심으로 위로하며 조화로운 관계를 유지하고 세밀하며 배려심이 깊어 주위의 존경을 받는다. 타인의 감정에 지나치게 몰입하여 자신의 감정을 소홀히 할 수도 있으며 지나친 희생으로 인하여 스트레스를 많이 받는 경우가 발생한다. 진심으로 남을 위하고 따뜻한 성품으로 깊은 신뢰를 받으며 긍정적 에너지로 인기가 높아지고 폭넓은 대인관계를 형성하여 성공을 이끌어 낸다.

타고난 재능과 능력으로 안정적인 재물을 축적할 수 있으며 주변을 도와주고 치유하는 분야에서 충분한 역량을 발휘하여 사회적으로 인정을 받는다. 자신의 능력과 재능으로 경제적 안정과 성공을 이룰 수 있으며 이상적인 배우자를 만나서 서로의 감정을 잘 이해하고 공감하며 헌신적인 사랑을 베풀고 안정적이고 행복한 가정을 유지하며 서로 존중하고 배려하며 건강을 잘 관리하며 상호 간의 성장을 위해 지속적인 노력을 아끼지 않는다.

자신을 과신하여 건강관리에 소홀할 수 있으며 타고난 건강 치유 능력만 믿고 무리하거나 건강에 해로운 습관으로 건강을 해칠 수 있는 위험이 있다. 타인의 아픔을 치유하는 데 몰두하다 보면 자신의 건강이나 행복을 희생할 수도 있으며 과도한 책임감으로 강박감에 시달릴 수도 있다.

치료행위가 상업적으로 변질될 수도 있으며 환자의 건강보다 이익을 우선하거나 과잉 진료를 유도하여 문제가 발생할 수도 있으며 사이비 종교의 지도자나 치료사로 변질되어 신도들의 믿음을 이용하여 금전적 이익을 탐하거나 잘못된 치료 방법과 행위로 인하여 상당한 문제가 발생할 수도 있다. 의료 분야에 집중하여 의료 서비스의 불평등이 일어날 수 있고 경제적 어려움이 있는 경우는 질 높은 의료 서비스를 받기 어려운 문제가 발생하기도 한다.

### (15) 백호대살

호랑이와 같은 강한 기세와 전투적인 성향을 나타내고 호신살이라 하기도 하며 일주를 기준으로 하여 판단하여 보며 예측할 수 없는 위험이나 사건 사고, 질병이 나타나고 암시하는 과정으로 보며 흉한 살로 본다. 주체성과 신념이 강하고 한번 결정하면 마지막까지 가는 기질이 있다. 순간적으로 폭발하는 기운이 강하며 무섭게 공격하는 성향이 있을 수 있다. 전투적이고 호랑이처럼 끝까지 물고 늘어지는 성향이 있으며 위기의 순간에 더 크게 능력을 발휘할 수가 있으며 활동적이고 목표가 명확한 편이다.

집중력이 탁월하고 한 분야에서 집요하게 파고들어 성공하는 경우가 있다. 강한 자존심과 명예욕, 성취욕의 기운이 강하며 예측하기 어렵고 변동성이 크게 작용하여 긍정이든 부정이든 한쪽으로 크게 치우치는 성향이 있다. 강한 폭발력으로 정신적, 육체적 불안한 요소가 있고 순간적으로 강한 힘을 발산하여 에너지 소모가 많아지고 감정의 기복이 크게 나타나는 성향이다.

결단력이 뛰어나고 강한 추진력의 카리스마가 있으며 직장에서 리더로 역할을 원만하게 하는 경우가 많으며 자기 사업을 하여 성공하는 경우가 있다. 성격이 급하고 강성 기질이며 조급함과 참을성이 부족하고 감정표출이 심하고 자존심이 강하며 주변의 간섭을 배제하고 사리 분별이 분명하며 추진력, 폭발력, 배짱이 있으며 과격함이 있기도 하지만 의외로 백호의 기백으로 성공하는 경우가 많으며 크게 망하거나 크게 성공하는 굴곡이 심한 편이다.

여성에게도 강한 체력과 카리스마로 주위에서 능력을 인정받고 여성 특유의 세밀함과 침착함이 작용하여 성공을 이끌어 내는 데 아주 유리하게 동조하기도 한다. 여성의 차분하고 세밀한 성품보다는 남자의 기질이 강하고 남자처럼 활동하고 어울리며 사회에 기여하는 것을 선호하기도 한다. 여성의 가정적 성향보다는 외향적이고 외적 활동에서 좋은 결과를 가져오며 사회에서 인정받고 운동선수나 증권가, 법조계 등에서도 크게 두각을 나타내며 의사, 간호사, 심리상담사, 한의사 등에서도 여성적인 지위를 확보하며 자신의 업무에 책임감이 강하며 크게 성공하는 경우가 많다.

긍정적 활용법은 백호살의 기운을 충분하게 활용하는 직업에서 길한 편이다. 활인업에서 유리하게 작용하고 적응력이 좋으며 크게 성공하는 경우가 많다. 구체적 직업군으로 분리한다면 생명을 위주로 하는 의사, 간호사, 심리상담사 등에서 성공할 수 있는 확률이 높으며 피와 관련이 있는 도축업이나 정육점, 원양업, 요리사 등이 유리하고 생명을 구하고 보호하며 선도하는 군인, 검찰, 경찰, 교사, 철학원, 종교인, 소방관, 요양보호사 등에서 성공하기가 쉽다.

평상심을 유지하고 성실하게 업무에 충실하면 백호운의 기운이 길운으로 변형될 수도 있으며 조급한 성질과 폭발력을 참고 인내하면 주변에서 인정을 받고 행운과 복신을 만나게 되며 무한한 잠재력을 충분하게 활용할 수가 있다. 모든 일에 과격성을 배제하고 침착하게 결정한다면 기대한 만큼의 만족하는 결과를 창출할 수 있고 경솔하게 결정한다면 후회할 일들이 생긴다.

## (16) 단교관살

건강과 관련이 깊은 살로 유년 시절에 특히 조심을 하여야 하며 흉살이다. 흉한 기운에서 벗어나려면 자신의 건강에 유의하여야 하고 건강한 육체와 건전한 정신력과 올바른 판단을 할 수 있는 상태를 유지하는 데 노력하며 안정한 생활의 바탕을 중요하게 여기고 실천하여야 한다. 건강의 상실은 상대적으로 박탈감을 불러오며 신경성 질환으로 발전할 가능성도 있으며 소아마비나 기형적, 신체적 장애가 발생할 수도 있다. 각종 사고에 취약한 면이 있으며 팔과 다리를 쉽게 다치고 낙상이나 골절 사고, 교통사고, 고혈압, 중풍, 뇌졸중, 두통 등을 암시하는 좋지 않은 운세이다.

단절과 갈등 관계의 지속성이 부족하여 중요한 인연이 끊어질 수 있으며 직장에서도 협력관계가 단절되거나 목표를 달성하는 데 어려움을 겪을 수 있는 가능성을 암시하고 업무 중 갈등으로 인하여 중요한 프로젝트에서 배제될 수도 있고 성과가 제한될 수도 있다. 정서적으로 불안정한 상태를 조성하고 외로움과 고립감을 느낄 수 있으며 만족도가 많이 떨어진다.

가족 간의 갈등이나 거리감을 느끼며 관계가 소원해질 수 있는 가능성이 있고 배우자 자녀 등과의 소통 부족으로 인한 갈등이 발생할 수도 있다.

재물운에서도 단절과 손실이 발생할 수 있는 가능성을 암시하고 있으며 재정적인 불안정 상황으로 기회를 놓치며 투자 실패 재정적 어려움을 당할 수 있다.

부정적 영향력을 암시하는 운이지만 극복하면 자립심과 독립심을 성장시키는 계기로 활용할 수 있으며 관계의 단절 속에서 자신만의 길을 개척하는 기회를 제공하고 고립된 상황을 돌아보고 내면적으로 성숙해질 수도 있다.

끊어진 관계나 단절된 상황 속에서 새로운 기회를 발견하며 방향을 재설정할 수도 있고 불필요한 관계를 정리하고 더 나은 방향으로 나아가는 계기를 재창출하고 재출발하며 타인과 신뢰와 소통을 중요시하고 끊어진 인연을 회복하는 데 노력하며 정기적 소통과 공감을 통해 중요한 관계를 유지하는 것이 중요하며 명상, 심리상담 등을 통해 상처받은 심리적 안정감을 회복하고 유지하는 노력이 필요하다.

단절된 관계로 인한 스트레스를 극복하기 위해 긍정적 사고를 유지하며 관계에서 발생하는 갈등을 줄이고 신중하게 활동하고 감정을 억제하며 안정적 판단이 필요하며 타인의 도움에 의존하지 않고 자시의 목표를 독립적으로 이룰 수 있도록 노력과 능력을 키우며 자신의 강점을 발견하고 이를 기반으로 새로운 방향성을 모색하고 어려우면 심리상담사 등의 도움을 받아 극복할 수 있는 방안을 탐구하고 연구하는 자세가 필요하다.

**(17) 천라지망살**

신살 중에서 강력한 흉살이며 하늘과 땅에 그물이 쳐진 형상으로 모든 것이 막히고 가두어져 어둡고 불안한 시기로 자신을 지키는 것이 중요하며 전력을 다해야 하는 것을 암시하는 흉한 운세이다.

왕성한 활동을 줄이고 창업보다는 수성에 힘을 모으며 관재구설, 신경 쇠약, 손재수, 육친의 인연 단절, 구속, 감금, 시비, 투쟁 등의 발생이 예상되는 시기이며 매사가 불합리하고 금전운이 적으며 주의를 요구하는 운이다. 조심스럽고 신중한 성격으로 새로운 도전을 두려워하며 변화를 싫어하고 자신의 의견을 적극적으로 주장 못 하거나 표현하지 못하는 경향이 있다. 활동성이 제한되고 앞이 보이지 않아 멀리 나아갈 수가 없으며 주변 환경에 갇혀서 꼼짝하지 못하고 원하는 대로 일을 처리할 수가 없다.

앞이 안 보여 미래에 대한 불확실성을 느끼고 어떤 일을 해도 원하는 결과를 얻지 못할 가능성이 높으며 안정적인 환경에 머무르는 경향이 많다.

성장과 발전의 속도가 느리며 수동적인 태도로 스스로 문제를 해결하지 못하고 도움을 기다리며 예상하지 못한 어려움에 처할 가능성이 높다. 질병이나 사고를 경험할 수도 있으며 신경 계통 질환이나 정신 계통 질환의 위험이 높으며, 피로감이 있고 면역력이 낮은 편이다. 주변과 친밀한 관계를 유지하지 못하고 상대를 신뢰하지 못하며 모든 일에 일정한 거리를 두며 자신의 감정을 표현하는 데 어려움이 있다.

안정적인 직업을 선호하며 변화가 적고 규칙적인 업무를 수행하는 공무원이나 교육자, 은행원 등에 적응을 잘하며 이런 업무에 적합성이 있다. 주변의 간섭과 지배를 받고 억압과 통제를 경험할 수 있으며 재정적 문제나 다양한 영역에서 부정적인 영향을 미칠 수 있다. 갈등과 소송, 관재구설수가 있으며 법적 분쟁에 휘말리거나 비방과 사회적 고립 및 명예

실추 가능성이 높고 스스로 결정을 하지 못하여 자존감이 저하하고 우울감, 불안감이 발생하여 정신 계통의 질환으로 시달릴 수 있다.

예상하지 못한 지출이 발생할 수 있으며 파산이나 재정적 어려움으로 가난에 처할 가능성이 매우 높다.
꼼꼼하고 신중한 성격으로 실수를 최소화하고 세밀한 작업이나 분석을 요구하는 분야에서 능력을 발휘할 수도 있으며 인내심과 끈기로 포기하지 않고 목적 달성을 할 수도 있다.
깊은 통찰력이 있어 예측 능력이 뛰어나고 위험을 미리 알고 감지하며 대비하며 성공과 성취를 이루기 위한 자질이 있다.
봉사와 희생정신이 투철하여 남을 위해 헌신하고 어려운 주변을 도와주는 일에 만족하며 보람으로 느끼고 실행하는 경우도 있다.

여성은 소극적이고 수동적이며 주변 상황을 잘 파악하고 분석하며 새로운 도전을 꺼리고 안정적 환경을 선호한다.
섬세하고 예민하며 주변의 감정을 잘 파악하고 공감하는 능력이 있으며 자신을 비판하는 것에 대하여 아주 민감하게 반응하는 경우가 있다. 책임감과 의리가 있으며 주변을 위해 헌신하고 약자를 도와주며 의리를 중요하게 생각하는 경향이 있다.
아름답고 매력적으로 외모가 뛰어나고 부드러운 인상과 단정한 스타일을 좋아하며 세련되고 깔끔하며 품격이 있으며 남을 돌보고 육성하는 교사나 간호사 등의 직업이 적합하며 남을 위로하고 지도하는 상담사나 종교계에서도 두각을 나타내며 예술적인 감각과 창의력으로 예술, 음악, 문학, 미술, 디자인 분야에서도 특별한 재능을 발휘할 수도 있다. 단정하고 깔끔한 외모와 인상적인 눈빛과 날카로움이 매력적이고 강한 인상이며 건강관리에 민감하고 의리도 강하며 안정적인 편이지만 우울하고 답답한 감정을 느끼기도 하고 미래에 대한 불안감이 있으며 고집스럽고 완벽주의적인 성격으로 남의 의견을 무시하고 자신의 주장만을 할 수도 있으므로 진지한 책임감을 갖고 주변을 배려하고 도움을 주며 의리를 중하게 한다.

자신의 특성을 잘 이해하고 자신의 성향과 재능에 맞는 직업을 선택하는 것이 중요하고 능동적인 태도를 유지하는 데 노력하여야 하며 변화와 새로운 도전을 두려워하지 말고 적극적으로 받아들이며 긍정적 마음가짐으로 희망을 잃지 않으며 자신의 능력을 개발하고 유지하는 데 노력하여야 한다.

### (18) 낙정관살

우물에 빠져서 답답하고 위험한 상황을 나타내는 흉한 살로, 되돌아갈 수 없는 위험에 처하거나 기회를 잃은 것을 의미하고 도움을 받을 수 없으며 움직임이 제약되어 물질적, 정신적 곤경에 처하는, 물과 관련되는 재앙을 암시한다. 물과 관련된 사고와 나무에서 떨어지거나 수영장, 장마, 폭우 등에 취약하다.

유년 시절에 물과 관련된 사고가 발생할 위험이 높으며 예상하지 못한 사고와 질병에 걸려서 어려움을 겪을 가능성이 있으므로 유의하여야 한다.

직장에서 부당한 횡령 혐의 등의 의심을 받을 수 있고 사업에 실패하거나 파산 사고 등으로 인한 고통을 받을 가능성이 높으며 사기나 함정에 빠지거나 억울한 누명, 모함을 당하며 주위의 오해로 깊은 감정의 골이 발생하고 다단계, 사이비 종교, 보이스 피싱, 도박 등에 빠져 재산을 탕진할 수도 있고 사회적으로 고립되어 명예 실추, 재정 악화, 건강 문제 등 다양한 분야에서 어려움을 겪는다. 예리한 직관력과 예측력이 있으며 다양한 경험을 통하여 위험을 잘 감지하고 강한 생명력을 유지하며 변화에 잘 적응하고 새로운 환경에 빠르게 대처하며 강력한 내면의 힘으로 위기를 극복하고 목표를 달성하는 경우도 있다. 사회적 문제로 공격적인 행동에 의한 폭력, 범죄 등에 관여될 가능성이 있으며 책임감이 부족하고 현실적인 능력이 떨어지므로 정신적 건강 관리가 중요하고 가족이나 친구, 전문가, 주변의 도움을 받는 것이 유리하다.

여성의 경우도 건강이 취약하고 가족 문제로 상처를 받을 수 있으며 우울증, 불안 장애, 자존감 저하 등 어려운 문제가 발생할 가능성이 높아진다. 물과 관련된 사고, 교통사고에 주의하여야 하며 경제적 어려움과 차별, 폭력, 특히 가정폭력 등 사회적 문제가 야기될 수 있으므로 유의하여야 한다. 산후 우울증, 아동학대, 가정폭력 등에 취약할 수 있으며 정신적 건강 관리가 우선적이며 전문가의 도움을 받는 것이 효과적이다.

주변 환경에 주의하고 안일한 약속이나 유혹에 넘어가지 않도록 하며 어린 시절은 물놀이에 대한 두려움이 적어 물놀이를 좋아하지만 물과 관련된 사고를 당할 수 있으므로 유의하며 높은 곳이나 위험한 곳을 피하고 평소 생활에 안전하고 무리한 행동을 하지 않으며 불안전한 곳을 피하는 것이 중요하다.
반드시 이러한 문제가 발생한다는 것은 아니지만 영향을 받을 가능성이 높으므로 주의 깊은 생활 방식과 긍정적 사고방식을 유지한다면 부정적 영향력을 최소화할 수 있을 것으로 본다.

평소 생활에서 중요한 결정을 하기 전에 충분하게 생각하고 주변의 조언을 참작하며 안정되고 무리한 욕심을 행하지 않는 마음가짐이 가장 중요하다. 물과 관계되는 익사 사고, 수재, 낚싯배, 해수욕장 등 예측할 수 없는 사고에 미리 대비하고 주의하며 안전하게 활동하여야 하며 노년기에 경제적 어려움과 건강 악화, 외로움 등의 문제가 심화될 수 있으므로 청년기의 노력이 절실하다.

### (19) 홍염살

이성적인 면에서 요염한 매력을 발산하는 기운이 강력하다.
타고난 외모와 재능으로 주위의 눈길을 사로잡으며 우아한 멋과 외모가 수려하고 풍류를 즐기며 다정다감하고 주변에서 인기가 많고 호감도가 높다.
인기 많은 연예인, 모델, 탤런트 등과 같은 직종에서 적응력이 높으며 열정적이고 에너지가 충만하며 자신의 강력한 힘이 있고 유능한 편이다. 화려한 것을 좋아하고 사치스러운 경향이 있으며 예술적 감각과 능력이 탁월하며 귀여움과 애교가 넘치며 밝은 표정이나 이성적인 문제로 고통을 받는다.
보이지 않는 향기가 풍겨 나오고 아름답지 않아도 행동과 언변, 강한 사교성으로 끌어들이는 매력이 있으며 미적 감각이 뛰어나고 화려한 것을 좋아하며 묘한 매력을 발산하여 이성의 관심과 흥미를 유발하게 하고 유혹하게 된다.

생활이 문란해질 수도 있고 망신을 당할 수도 있으며 의도하지 않게 다른 방향으로 흘러가서 어려움을 겪을 수 있으므로 경계하고 절제하며 조심하면서 인기도 누리고 명예도 함께 하는 활동력이 필요하다. 대인관계는 원만한 편이며 외향적인 사회 활동을 하며 본인의 매력을 잘 활용하고 발산하여 매사에 적극적이며 어려운 문제를 잘 헤쳐 나가기도 한다.

여성인 경우는 주변의 유혹이 많을 수 있고 주변의 많은 사랑을 받으며 탁월한 능력을 발휘할 수 있으며 인기를 누리고 활동력이 왕성할 가능성이 높다. 자신을 제어하는 능력을 발견하고 이용하여 사랑하는 배우자와 한평생을 동행하기를 소망하며 적극적인 활용이 요구되는 운세이다.

### (20) 도화살

잘 익은 복숭아를 떠올리는 모습을 의미하고 젊은 여인의 아름다운 모습과 비교가 되며 매력적인 여인을 상징하는 살이다.
여자이면 정숙하려 하여도 주변의 유혹으로 본인이 원하든 부정하든 많은 이성의 유혹을 받게 되고 자신이 유혹을 하는 결과도 초래할 가능성이 높다.

이목구비가 뚜렷하고 피부가 매끄러우며 윤기가 나고 잡티가 없으며 하얗고 발갛다는 느낌이 강하며 초승달 같은 눈썹과 긴 속눈썹이 풍성하고 사색에 잠긴 듯한 눈동자로 금방 눈물이 떨어질 듯한 특징이 있으며 선홍빛 입술로 윤기가 촉촉하여 아름다움의 극치를 상징하기도 한다.
너무도 어여뻐서 소유하고 싶은 욕구가 발생하며 처음 보는 사이라도 사교적 표현을 할 수 있으며 주변에 많은 유혹과 욕망이 있을 수 있다. 순수하고 주위와의 친화력이 있으며 외로울 수 있는 가능성이 높다. 한곳에서 오래 정착하지 못하는 경우가 있으며 친화력으로 주변에서 인기가 높으며 아름다운 미모와 행동, 언변으로 끌어들이는 매력이 있으며 이성의 관심을 유발시키고 유혹하기도 한다.

타고난 재능과 예술적 감각이 뚜렷하며 추상적이고 감성적이며 음악이나 미술 등에 특별한 소질이 있으며 예술가나 연예인 등으로도 두각을 나타내며 뷰티 아티스트, 메이크업, 고객 중심의 영업·서비스직, 마케팅 등에서도 호조를 보인다.
대중을 상대로 하는 일이나 직장에서도 외근이나 출장을 담당하는 업종의 적응력이 좋으며 주변의 주목을 받을 수 있다.

이성 관계나 사회생활에서 구설수가 발생할 수 있으며 잘못된 이성 교제로 인하여 고초를 겪을 수 있으며 인기가 있는 만큼 위기도 따라올 수 있으니 유의하여야 한다. 자신에게 해가 되는 음욕이 강하거나 언행이 불순하고 은혜를 모르는 지기 중심적이고 독단적인 기운으로 인한 기운이 작용할 수도 있다.
호색의 기질이 있고 주색으로 자신을 포기하는 경우가 있으며 여자일 경우는 음란한 성질로 인하여 일신을 허무하게 망치는 일이 일어날 수도 있다.

## (21) 비인살

날카롭고 예리한 기운으로 스스로 다칠 수 있고 칼날의 에너지를 품고 있는 특별한 운명으로 흉살에 속한다.
정신적인 면을 추구하지만, 내적으로 독기를 품고 지나친 예리함과 세밀함으로 스스로를 괴롭힐 수 있지만 긍정적으로 활용한다면 자신의 능력을 충분하게 발휘할 수 있으며 강한 집중력으로 열심히 노력하지만 끈기가 부족하다.
강력한 승부욕이 있으며 원한을 사면 복수심이 발동하고 성공과 실패를 반복하는 경향으로 중도에 포기하는 성향이 있다.

직업군으로는 의사, 한의사, 보석 가공사, 미용사, 수공예 디자이너, 예술가 등이 적합하며 날카로운 칼을 다루는 직종이나 강한 집중력을 요구하는 업종이 유리하며 기술, 연구, 개발, 프로그래머, 전문 지식 업종, 정교하고 섬세한 일, 세밀한 조정을 요하거나 분석하는 일, 전문성과 세밀함, 민첩함을 나타내는 특수 업종에서 특별한 특성을 나타내며 적극적이며 호기심이 많고 도전적인 면이 있다.

순간적으로 집중력이 뛰어나 정밀한 작업이나 짧은 시간 내에 성과를 요구하는 분야에서 강점을 발휘하여 좋은 결과를 나타내고 성공하는 경우가 있다.

고집이 세고 직설적인 성격이며 변덕스러운 성향이 있으며 일시적인 성공 후에 몰락을 경험하거나 사기, 투자 실패 등에 의한 손실을 입을 가능성이 있다. 모험심과 투기심이 강하여 도박이나 게임에 빠져 중독될 수 있는 가능성이 높으며 이성적 판단 능력이 부족하여 사업 실패 등의 문제를 겪을 수 있으며 목표를 달성하기 위해 끈기와 인내심을 기르고 노력하는 것이 중요하다.

기분에 따라 행동하는 경향으로 인하여 주변에 혼란을 야기시키고 충동적인 행동으로 신뢰를 잃을 수 있으며 무모한 도전과 행동으로 위험에 처하거나 손실을 볼 수 있으므로 신중하게 생각하고 모든 측면을 세심하게 고려하는 습관이 중요하고 필요한 것이다. 건강에 취약하고 면역력이 약하며 질병에 걸리기 쉬운 체질이다. 건강한 생활 습관을 유지하고 규칙적인 운동을 하는 것을 습관화한다. 자녀로 인하여 걱정할 수 있는 가능성이 높고 자녀와의 의사소통을 통해 서로를 이해하고 건강한 관계를 유지하는 데 노력하는 것이 중요하다.

재산 관리에 어려움을 겪거나 재산 손실을 경험할 가능성이 높으며 신중하게 재산을 관리하고 불필요한 지출을 줄이고 미래에 대비하며 충분한 준비가 중요하고 필요하다.

순간적인 이익에 접하여 성공과 실패를 반복하여 재정적 어려움이 예상되며 안정적 재정 상태를 유지하기 위하여 합리적인 재정 계획을 세우고 지출을 신중하게 관리하는 습관과 미래를 예측하는 노력이 필요하다. 한 가지 일에 집중하지 못하는 성향으로 지속적인 노력이 필요하며 순간적인 영감과 열정에 의하여 행동하기 때문에 계획 없이 섣불리 행동하는 습관을 버리고 어려움에 직면하더라도 쉽게 포기하지 않으며 꾸준하고 끈기 있게 노력하는 모습이 필요하다.

여성이라면 날카로운 직관력이 있으며 미래를 예측하고 타인의 속마음을 간파하고 파악하는 능력이 있으며 직관력을 활용하여 문제를 해결하거나 의사 결정에 도움을 받을 수 있으며 성공할 수 있는 가능성이 높다. 순간적인 영감이나 열정에 따라 행동하는 경향이 있으며 어려움에 직면하면 쉽게 포기하고 새로운 일을 다시 시작하는 성향이 있으며 감정 기복이 심하여 주변의 혼란을 야기시킬 수도 있다.

타고난 예술적 감각과 날카로운 직관력으로 예술, 패션 계열, 디자인 분야에서 뛰어난 재능을 보이며 특유의 감각으로 트렌드를 파악하고 독창적인 아이디어를 창출하며 예술 작품 감상, 악기 연주, 글쓰기를 좋아하며 다양한 분야에서 예술적 활동이 있고 기업가, 창업자, 프리랜서 등으로 성공할 확률이 높다.

독창적이고 개성 있는 스타일을 추구하며 주변과의 차별화를 좋아하며 새로운 환경에 적응하는 데 능숙하고 다양한 분야에서 두각을 나타내며 특히 창의적인 분야에서 자신의 능력을 충분하게 발휘하고 자유로운 환경에서 더욱 빛을 발할 수 있는 가능성이 매우 높다.

### (22) 양인살

양을 잡는 날카로운 칼의 의미가 있으며 강인한 힘과 폭력성이 내포되어 있고 날카롭고 강한 기운으로 빼앗아 오는 기운과 나누어 주는 기운의 흉신이다.
장군과 같은 강력한 힘과 단련된 외모로 강한 승부욕과 추진력으로 자신의 목표를 스스로 정하고 달성하는 능력이 있다.

소유욕, 물욕이 강하며 터프하고 카리스마가 넘치며 전투적인 성향으로 위기에 대한 극복력이 탁월하며 시련과 역경에 강력한 힘을 발산하며 강한 지구력과 불굴의 의지력, 승부욕으로 수단과 방법을 동원하여 성공을 이끌어 낸다. 독립성과 분리, 이별, 추진력, 뚜렷한 목표 의식, 확장성, 경쟁심리, 활동성 등이 강한 성격으로 고집이 세고 독불장군의 기질이 있으며 리더 십이 뛰어나고 성취욕과 정복심이 강하여 조직의 리더나 프리랜서, 자신의 사업을 선호한다. 공격성과 호전성, 호승심에 힘입어 경쟁을 즐기며 지는 것을 싫어하고 육체적인 활동력이 탁월하여 경쟁이 필요한 업무에 적응력이 있고 기술과 학문에도 관심이 많아 다양한 분야에서 전문가가 되려는 노력을 한다.

직업군에서는 총이나 칼을 쓰는 군인, 경찰, 의사, 간호사, 요리사, 운동선수 등에 적합성이 있으며 독립 의지가 강하고 권력성이 높은 정치가나 권력 관련 기관, 전문성이 요구되는 업종 등에서 호조를 보이며 육체적인 활동력과 경쟁력이 필요한 운동선수나 프리랜서 등에서 성공하는 경우가 있으며 위험성과 생사여탈권을 행사하는 도축업이나 요식업, 건설업, 중장비업, 프로그래머, 회계사 등에서 강한 추진력을 나타내며 탁월한 결과로 성장하는 경우가 많아진다.

날카로운 칼날을 상징하고 그 칼을 어떻게 사용하는가에 따라 흉신이 될 수도 있고 길한 운으로 작용할 수도 있으며 경쟁에서 이길 수 있는 힘을 충전하고 있으므로 생존력이 강하고 어려운 일도 잘 극복하며 특유의 리더십을 발휘하여 성공할 수 있는 가능성이 있으며 동업이나 금융업은 부적합하다.

주변과의 갈등을 유발할 수 있는 성향이 있으며 부모, 형제, 자매 간의 화합이 어려울 수 있으며 배우자와 관계도 원만하지 못하고 자식의 질병이 의심되며 교통사고나 수술, 사건 사고 발생 확률이 높으며 동정심이나 남을 배려하는 마음이 부족하여 주위에서 원성을 들을 가능성이 높다.

지나친 의욕과 자만심은 화를 불러오는 경향이 있으며 겸손한 자세를 유지하는 것이 중요하며 성격이 거칠고 유아독존의 성향과 굴복을 모르며 겁이 없고 무자비하여 정상적 교류가 힘들 수도 있으므로 자신의 마음을 스스로 다스리고 안정하게 하여 주변에 선심을 베풀고 배려하는 습관을 가져야 한다.
오만방자한 내면으로 사회적 오욕을 입을 수 있는 것을 해소하기 위하여 칼을 사용하는 직업이나 위험한 직업, 생사를 가르는 직업을 선택하면 부정적인 의미를 상쇄시킬 수도 있다.

스스로를 잘 돌아보고 통제하며 마음을 잘 다스리고 주변의 의견도 청취하고 배려하는 자세가 크게 성공할 수 있으며 모두가 화합하는 길이라고 본다.

### (23) 괴강살

별들의 우두머리로 북두칠성을 의미하며 가장 강력한 힘과 권력을 상징한다. 성격이 강하고 맹렬하며 진취적이고 결단력과 순발력이 좋으며 책임감이 있고 의무감이 강하며 결백성과 강박성이 있으며 외롭고 고독한 편이며 은근한 압박감으로 상대를 서서히 제압하는 힘과 능력이 있다.

두뇌가 총명하고 지혜로우며 신속하고 정확한 면이 있으며 시련과 역경 속에서 이겨 내는 힘과 용기가 있으며 기존의 환경에서 벗어나 도전적이며 새로운 것을 창조하는 힘과 능력이 있다.
자기주장이 강하고 목표를 정하면 목표 달성을 위해 강력한 수단을 동원하고 강한 카리스마로 대중을 사로잡는 매력이 있으며 지식 습득을 즐거워하고 박학다식하며 토론하기를 좋아한다. 외모가 출중하고 건장하고 체력이 강력하며 사회적 성취도가 높으며 직장에서 우두머리 역할을 하는 경우가 많다.

남보다 우위에서 통제하려고 압도하고 냉정한 편이다.
엄격하고 냉정하며 무정한 편으로 싫어하는 일을 하지 않으며 부자가 아니면 거지가 되는 극단적인 면이 있으며 한 분야에서 최고 전문가나 권력 지향적인 직업을 선호하며 강한 기운을 필요로 하는 군인, 경찰, 검찰, 운동선수, 간호사 등에 적응력이 좋으며 총명한 두뇌와 지혜를 요구하는 법조계, 정치 등에서 성공할 확률이 높다. 강한 카리스마로 독재적이고 논리적이며 용감하고 결단력과 지배욕으로 자기 사업이나 건설업, 토목업, 운수업, 한쪽으로 치우치는 극단적인 직업을 잘 활용하여 대성할 수 있는 힘과 기회가 많아진다.

여성일 경우 미모가 뛰어나고 아름다우며 독립성과 자존심이 매우 강하다. 자신의 목표를 향해 꾸준하게 노력하고 건강한 체력과 능력을 바탕으로 사회적 크게 성공할 가능성이 높으며 책임감이 강하고 의무감이 있다. 내적이고 가정적인 생활보다는 외적인 활동을 선호하며 사회적 배경을 중요시하고 남자 못지않은 성과를 나타내며 왕성한 활동을 한다. 특히 여장부의 기질이 강하여 매우 활동적인 직업을 선택할 가능성이 높다.

냉정하고 폭력적인 성향으로 외로움과 고독함이 있을 수 있고 강박증이나 결벽증 증세를 보일 수 있으며 괴팍한 성격으로 불면증 등의 고통을 받을 수 있다. 고집이 세고 완강한 성품으로 주변을 힘들게 하고 폭력적 성향을 보일 수 있으며 문제를 야기할 수 있으므로 각별한 주의가 필요하다. 변화가 많이 일어나고 길하고 흉함이 크게 나누어지는 현상이 있으며 극단적 행동과 결정을 하는 경우가 있으므로 깊게 생각하고 주변과 의논하며 침착하고 차분하게 행동하고 결정하는 습관이 필요하다.

성공과 출세하는 기운이 강하고 유리하지만 지나치면 한순간 실패를 경험할 수 있고 어려움을 겪을 수 있으므로 신중하고 무리하지 않으며 사회적 활동을 즐기며 주변과 소통하고 배려하는 것을 중요시하고 노력하여야 한다.

## (24) 고란살

여성에게 해당되는 흉살이다. 독수공방하고 배우자의 복이 적으며 외롭게 소리 내어 우는 새라는 의미가 있고 공방살, 고독살이라고도 한다. 화끈하고 다혈질적인 성향이 있으며 좋은 처세술로 업무처리 능력이 뛰어나며 전문 분야에서 활동 능력이 탁월하며 사업수완이 좋아서 재물을 모으는 능력이 있으며 전업 주부보다는 사회생활을 통해 자신의 능력을 인정받고 소신껏 능력을 펼쳐 보이는 것이 유리하다.

자신의 의견을 뚜렷하게 표현하고 목표를 달성하기 위해 적극적인 노력을 하는 강인함이 있으며 이런 점이 사회생활의 큰 장점이 될 수 있으며 매력적으로 작용할 수도 있다. 성취욕이 강하고 처세술이 좋으며 업무처리 능력이 탁월하여 자신의 능력으로 경제적 자립을 이루고 잘 관리하는 능력이 있으며 경쟁이 치열한 현대 사회에서 바람직한 현상이다. 자신의 일을 중요하게 여기며 사회적으로 인정받고 싶은 욕구가 강하며 성공에 대한 열망이 높은 편이며 노력형이다.

결혼은 늦게 하는 것이 유리하고 자식에 대한 애정이 깊으며 자기주장이 강하여 부부간의 잦은 다툼이 있는 편이며 사별이나 이혼할 가능성이 높으며 남자로 인한 근심 걱정이 떠나지 않고 고독한 생활을 하는 편이다. 홀로 살아가는 경우가 많으며 사회적 활동이나 직장이 있으면 살의 기운이 약해질 수 있으며 악한 운에서 벗어날 수도 있다.

결혼 생활에서 갈등과 어려움을 겪을 수 있는 가능성이 높고 강한 성격과 독립적인 성향으로 인해 배우자에게 충분한 관심과 배려를 베풀지 못하고 배우자의 자존심을 상하게 할 수도 있으며 자신의 일상을 즐기는 경향이 크므로 결혼에 압박감, 부담감을 못 느껴 결혼하기 좋은 시기를 놓칠 수도 있다.
결혼 생활에 어려움을 겪거나 늦게 결혼하여 자녀가 늦거나 없는 경우가 발생할 수도 있다.

부부간에 서로 떨어져 있다면 살의 기운이 약해지고 주말 부부나 월말 부부의 생활을 한다면 무탈하게 가정을 유지하고 행복하게 살아갈 수도 있다. 부부간에 서로가 고란살을 가지고 있다면 오히려 살의 기운이 해소되어 다툼이 없어지고 서로를 이해하며 화합하여 어려움 없이 살아가는 경우도 있다.
배우자를 선택하는 데 신중을 기하고 서로를 진심으로 아끼고 사랑한다면 흉살의 관계에서 벗어나 화목한 가정을 이루고 오순도순 살아갈 수 있을 것이다.

남성의 경우 성격이 온순하고 부드러우며 차분하고 온화하여 주변에는 편안감과 안정감을 주지만 자신은 우유부단한 모습을 보이기도 한다. 자신의 감정을 잘 표현하지 못하고 적극적이지 못하며 소극적인 태도로 결혼을 못 하거나 파트너와 관계에서 어려움을 겪을 수 있으며 소극적인 성격으로 경제적 어려움을 겪을 가능성이 있고 사회적 역할에도 어려움이 따를 수 있다.

### (25) 현침살
바늘에 매달린 듯한 불안정하고 위태로운 기운을 상징하며 어려움과 시련을 겪을 수 있는 가능성을 암시하는 흉살이다.
날카로운 침이나 바늘처럼 예리하고 섬세하며 공격적인 성향으로 언변에 능하고 비판적이며 상황에 따라 냉정하고 잔인한 면이 있다.
날카로운 언변과 독설로 상대방을 비판하거나 논쟁에서 유리하게 작용을 한다. 잦은 재난적 사고나 교통사고, 사건 사고 등을 경험할 가능성이 높다.

날씬하고 균형 잡힌 체형으로 건강하며 옷차림도 단정하고 깔끔하며 외적인 면에 신경을 많이 쓰며 강한 인상이 깊으며 강렬한 눈빛으로 시선을 이끈다. 섬세하고 예민하며 날카로운 언변과 꼼꼼한 관찰력, 판단력, 예지력, 분석력, 도전력이 있고 논리적이나 고집이 세고 완고한 성격이다. 불의의 사고나 재난으로 인하여 몸에 상처가 있거나 흉터가 있을 수 있다.

날카로운 관찰력과 분석력으로 본질을 파악하고 문제를 해결하는 능력으로 다양한 분야에서 성공을 하며 특히 의료, 법률, 과학 연구 분야에서 역량을 높이고 재량을 충분하게 발휘할 수 있는 가능성이 높다. 목표를 정하면 집중하고 완벽을 추구하는 성향으로 어려운 과제에도 끈기 있게 도전하여 최상의 결과를 연출하고 꼼꼼하고 세심한 직종에서 두각을 나타내며 논리적이고 명확한 사고방식으로 복잡한 문제라도 체계적으로 분석하여 자신의 생각을 명확하고 설득력 있게 표현하여 주변에서 영향력을 행사하며 인정을 받고 충분한 실력을 발휘한다.

창의적이고 예술적인 감각이 있으며 새로운 아이디어를 창출하고 독창적인 작품을 개발하고 발전하며 강인한 의지로 어려움에 굴하지 않고 용기 있게 대처하며 위기 상황을 극복하며 목표 달성에 꾸준하게 노력한다. 통찰력과 예술적 재능, 기술적 재능이 높으며 미용 분야, 디자인, 기술 분야, 언론, 날카로운 도구를 사용하거나 능숙한 언변이 필요한 직종에 적응한다.

생명을 살리는 활인업과 의사, 간호사, 한의사, 약사 등에 적응을 잘하고 논리적 사고력과 날카로운 언변을 활용하여 법조 분야, 변호사, 검사, 판사가 있고 창의적이고 아이디어를 창출하는 기술직의 엔지니어, 과학자, 연구원, 개발자 등의 직종에서 탁월한 능력이 있으며 독창적 작품을 창조하는 예술 분야의 작가, 화가, 음악가, 엔터테인먼트 등에서 두각을 나타낸다.

여성의 경우는 감성이 풍부하고 감수성이 강한 편이며 날카로운 면이 감정적이고 민감성으로 표현되며 자신의 생각을 명확하게 표출하며 주장을 한다. 완벽을 추구하고 꼼꼼하며 빈틈없는 성향으로 능동적으로 업무를 해결하며 자존심이 강하고 독창적인 모습이며 패션과 예술에 관심이 높은 편이다.

직업으로는 의사, 간호사, 약사, 미용사, 헤어디자이너 등에서 섬세한 손놀림으로 실력을 인정받으며 자신만의 스타일을 추구하는 예술 분야의 음악가, 화가, 작가, 엔터테인먼트, 패션, 의류 분야 등에서 독창적 작품을 창조하며 웹디자이너, IT 기술 프로그래머, 기자, 리포터, 조각가, 화가 등의 기술 분야에서도 적응력이 높으며 의료 분야를 비롯하여 미용기술, 언론, 예술 분야 등의 다양한 분야에서 능력을 발휘하고 인정을 받으며 성공하는 가능성이 매우 높아진다.

지나친 자만심과 공격적인 태도는 자신의 목표 달성에 방해가 될 수 있으며 주변의 갈등을 야기시키고 원성이 높아질 수 있으므로 유의하여야 한다.

자신의 의견을 고집하고 완고하게 행동하는 성향으로 남의 의견을 무시하고 경청하지 않아 문제를 어렵게 만들 수 있으며 비관적이고 부정적인 사고방식으로 어려움에 직면하면 쉽게 포기하거나 좌절할 수 있으므로 꾸준한 노력과 적극적인 배려심이 중요하고 필요하다.

자신을 낮게 평가하고 긍정적이지 못하며 신경질적이고 과민함으로 사소한 일에도 화를 내거나 감정을 억제하지 못하고 조절하지 못하여 중요한 판단에 실패하고 실수할 수 있으며 건강에 이상이 발생할 가능성이 높고 신경 계통 질환, 불면증, 소화기 장애 질환의 위험이 있으므로 건강한 생활과 습관을 유지하고 스트레스 관리에 집중하며 절대적 주의가 필요하다.

(26) 격각살

동물의 양쪽 뿔처럼 서로 떨어져 있어서 도움을 받지 못하고 만나지 못하는 의미를 내포하며 일정한 거리를 두고 있음을 암시하는 흉살에 속한다. 일지와 시지에 있을 때 가장 강력한 힘을 발산하며 년지 월지에 존재하면 살의 영향력은 아주 미미하게 본다.

직장에서 어려움을 겪을 가능성이 있고 친구, 직장 동료와의 다툼이나 상사와의 갈등이 발생하며 사업의 실패나 투자 손실 등으로 경제적 어려움이 예상되고 과로로 인한 사고나 교통사고, 질병에 시달리는 불운의 상징이다. 서로가 반대의 방향으로 또는 평행하는 관계를 유지하여 가족과의 관계가 소원해질 수가 있고 의사소통의 부족으로 갈등을 유발하며 의견 충돌과 소외감이나 외로움, 이해 부실 등으로 어려움을 겪을 수 있다.

배우자나 자녀 관계에 주로 영향력을 행사하고 부모, 형제자매 등에서도 갈등이 발생하며 친구나 직장 동료, 연인 관계 등에서 이별이나 예상하지 못한 문제가 발생할 가능성이 높으며 어려움을 겪을 수 있다. 부부간의 의견 차이나 충돌이 발생하고 자녀와 의사소통이 부족하며 부모, 형제, 자매간에도 서로 다른 가치관과 성격의 차이로 소통에 어려움이 있으며 생활이 불안정하고 의사 결정 과정에서 관계를 악화시킨다. 가족 간에 거리를 느끼고 사회적으로 고립을 심화시키며 주변과의 관계 형성에 어려움을 겪을 가능성이 높으며 갈등을 발생시킨다.

여성이면 남편과 자녀, 부모와의 의견 충돌과 갈등의 발생이 예상된다. 친구, 직장 동료, 연인과의 갈등과 이별이 있을 수 있고 생식기 계통의 질환이 발생할 수 있으며 우울증 증상이나 정신적 계통의 질환으로 어려움이 발생한다. 예상하지 못한 지출이 발생할 수 있고 경제적 어려움을 경험할 수 있다.

주의력이 산만하고 판단력 저하 등으로 인체 위험을 증가시키고 운전이나 위험한 작업, 여행 등에 주의가 필요하며 건강관리에 신경을 쓰며 위험 상황에 미리 대비하고 예측하는 노력이 필요하다.
독립성과 자율성으로 주변의 환경에 흔들리지 않고 자신의 목표 달성을 위해 꾸준하게 노력하며 익숙한 환경에서 벗어나 새로운 도전을 시도하며 새로운 직장이나 새로운 인맥을 형성하고 기존의 상상하지 못했던 생각들을 새롭게 전환하는 기회로 성장하고 발전하는 계기로 흔들림 없는 노력이 필요하다.

가족 중심에서 벗어나 객관적인 시각으로 가족 구성원 개개인의 입장과 감정을 이해하고 존중하는 균형 잡힌 관계를 유지하는 데 노력하며 사회 전반에 대한 관심과 이해도를 높이며 더 넓은 시야로 멀리 보는 감각을 익힌다.

살의 기운을 긍정적 변화와 성장을 위한 기회로 활용하며 주어진 환경에 적극 대처하고 노력함으로 살의 기운을 저하시키고 발전하는 성향으로 나아가며 건강한 생활과 습관을 유지하고 스트레스 관리에 집중하여야 한다.

### (27) 탕화살

뜨거운 물이나 기름, 불과 관련되는 재앙과 불안전을 암시하고 상징하는 흉신이며 화상으로 인한 사고나 물로 인한 사고를 유발시킬 수 있는 신이다. 인간관계에 갈등이 많이 발생하고 이성과의 관계도 어려우며 가족과의 관계도 원만하지 못하며 부부지간에도 소통과 이해가 부족하여 이혼하는 경우가 있을 수 있으며 자녀 문제로 고통과 어려움을 겪을 가능성이 높다.

염세적이고 부정적인 성향이 강하며 불같은 성격으로 작은 일에도 과민하게 반응하며 잔소리가 많고 남을 의심하는 경우가 있으며 급한 감정이 앞서므로 실패를 하거나 실수할 가능성이 매우 높아진다. 불과 관련되는 직업에 잘 적응하는 경우가 많고 끓는 물이나 기름에 의한 피해와 화재, 연기 중독, 총상 등과 관련된 사고를 암시하며 어려움이 있다. 화상으로 인한 흉터나 흑점, 수술 자국, 성형 자국, 보톡스 등의 자국이 있다.

불이나 폭발물에 의한 사고와 부상을 경험할 가능성이 높으며 충격 사고, 교통사고, 폭발 사고 등 다양한 사고에 취약할 수 있으며 본인의 의지와 관련 없이 중독으로 인한 건강관리나 사회적 문제를 겪을 가능성이 있고 면역력이 낮고 피부 질환 등 피부 관련된 문제가 있고 화상 흉터, 자외선 흉터가 있다.

행동이 거칠어 주변에 상처를 줄 수 있고 갈등과 다툼을 겪을 수 있으며 소외, 배척 등 사회적 어려움에 처할 수 있고 공격적 성격과 잦은 사고로 인하여 사회적 지위를 잃을 수도 있으며 불과 관련된 업무를 수행하면서 사고를 당하거나 일상생활 중에서도 예상하지 못한 사고를 경험할 가능성이 높다. 특히 음식 조리 중 화상을 입거나 가스중독, 식중독 가능성이 있으며 농약과 마약 등의 독극물 섭취 위험과 알코올 중독, 성형 중독의 가능성이 있다.

위기 상황에 빠르고 정확하게 판단하며 위험을 감수하고 도전적이며 어려움을 극복하려는 강한 의지와 어려움에 굴하지 않고 행동하는 능력과 리더십이 있다. 열정과 에너지로 목표 달성에 적극적으로 노력하는 성향이 있다. 극한 상황을 극복하며 성장하고 발전할 수 있는 기회가 많으며 활용 능력이 있다.

불과 관련된 직업으로 소방관, 불가마, 도자기, 유리공예, 철강업 등의 업종에서 능력을 발휘할 수 있으며 화학, 제약, 한의사, 주유소, 가스충전소, 총기 제조업, 농약, 독극물 제조업 등의 업무에 종사하면 살의 기운을 상쇄시킬 수 있다.

여성이면 얼굴이나 몸에 흉터 자국이 있을 수 있고 비관적인 사고와 염세적인 성향이 있으며 우울증이나 노이로제 증상을 보일 수 있으며 집착심이 강하다. 피부 질환이나 소화장애 등의 건강 문제가 발생할 수 있고 불과 관련되는 사고를 당할 가능성이 높으며 부부간에도 원만한 소통과 이해가 부족하여 이혼하는 수가 있고 자녀 문제로 어려움을 겪을 가능성이 있다.

뜨거운 물이나 불을 다룰 때는 특히 주의를 요하고 술과 약물에 의존하지 않으며 급한 성격을 개선하려는 노력이 필요하다.
살의 부정적인 영향력을 극복하기 위해 긍정적인 마음과 자세를 유지하고 명상이나 정신 수련을 통해 신경을 집중하는 것이 중요하고 도움이 된다. 강인한 의지와 용기로 힘든 부분을 극복하는 원동력을 발산하며 목표를 달성할 수 있도록 꾸준한 노력이 필요하고 부정적인 영향력을 완화하고 긍정적 측면을 강화하기 위해 적극적으로 노력하는 것이 가장 중요하다.

### (28) 음양차착살

음과 양은 남성과 여성의 기운을 뜻하고 차착은 서로 어긋나고 다르다는 의미를 내포하고 있으며 음착살, 양차살을 합쳐 부르며 주로 여성에게 관련되는 경우가 많으며 남성에 적용되는 경우는 약하게 작용되는 경우가 많다.

남녀 모두 욕심이 많고 이기적인 성격이며 책임감이 부족하고 주변과 갈등을 유발시킬 가능성이 높으며 좋은 관계를 형성하지 못하고 유지하기 어려우며 사회 활동에 장애를 경험할 수 있으며 목표 달성에 어려움이 있을 수 있다.

강인한 의지와 독립성이 강하고 남에 의존하지 않고 스스로 자신을 개척하는 정신력이 뛰어나며 어려움이 있어도 자신이 해결하려는 끈기와 노력하는 자세로 대처하는 성향이 있고 변화에 대한 적응력이 좋으며 적극적이고 긍정적으로 새로운 환경에 도전하고 적응, 발전하며 재능을 충분하게 발휘한다.

매력적인 외모와 카리스마가 있으며 강한 인상으로 사회 활동에 유리하게 작용하며 다양한 분야에서 좋은 인맥을 형성하고 변화에 대하여 쉽게 잘 적응하며 적극적이고 긍정적인 면이 있으며, 예술적 감각과 창의력이 좋아 예술 분야에서 성공할 가능성이 있으며 음악, 미술, 디자인 분야에서 재능을 충분히 발휘한다.

음착살이 있으면 남편과 인연이 좋지 않아 사별이나 이별을 암시하고 경험할 가능성이 높으며 아내와의 갈등과 고독을 유발할 가능성이 높고 처가나 외가나 친척과의 관계가 원만하지 못한 경우가 많다.

양차살이 있다면 여성은 시댁과 관계가 소원해지고 시부모와 갈등과 오해가 있을 가능성이 있으며 남성의 경우는 처가와 관계가 원만하지 못하고 처가 친척으로 인한 불만이 발생하고 갈등을 겪을 가능성을 내포하고 있다. 배우자의 관계 불화로 갈등이 잦고 결혼 생활에 어려움을 겪을 가능성이 높으며 시댁과 처가에도 악영향을 미치고 다툼이 잦아서 불화를 겪으며 재혼을 하는 경우가 있으나 재혼 후에도 불행해질 가능성이 높다. 경제적 실패로 인한 어려움과 사회적인 불이익으로 화목한 가정을 유지하기 어려울 수 있으며 주변의 친구나 직장 동료, 연인과의 관계가 어렵고 갈등과 오해로 부당한 경제 손실이 발생하며 사업 실패 등의 문제로 인하여 질병과 생활고의 고난을 겪을 수 있고 경제적 어려움을 경험할 가능성이 높다.

여성은 용모가 매우 아름다우며 주변의 관심을 많이 받으며 이로 인한 오해나 소문에 시달릴 가능성이 있으며 주변에서 질투나 시기심이 발동하기도 한다. 욕심이 많은 편이며 이기적이고 독단적인 성향이 강하고 정절을 지키기가 어려울 수 있으며 갈등과 다툼이 잦아지며 사회 활동에서 성공할 수 있는 가능성이 낮은 편이고 화목한 가정을 유지하기 어려운 경우가 있다.

결혼 생활에 문제를 야기시킬 수 있는 요인이 있다고 하여도 절대적 의미는 아니며 부부간에 서로 이해하고 존중하며 노력하는 자세와 극복하려는 의지가 더욱 중요하며 중단 없는 노력으로 변화를 추구하여야 한다. 긍정적인 자세를 유지하고 강화시키며 부정적인 영향력을 완화 시키는 노력이 매우 중요하고 절대적으로 필요한 것이다.

자신의 건강에 더욱 집중하고 정신 수련에 많은 시간을 할애하며 전문가의 조언이나 도움을 받으며 협의를 통하여 안정감을 유지하고 발전할 수 있는 노력을 중단 없이 행하며 명상이나 마음을 안정할 수 있도록 한다. 사회 활동에 어려움을 겪으며 차별을 받을 수도 있지만 냉정하고 침착하게 강력한 의지와 투지로 충분하게 해결할 수 있는 능력이 내포되어 있다.

목표를 달성할 수 있도록 꾸준한 노력이 필요하고 부정적인 영향력을 완화시키며 긍정적 측면을 강화하기 위해 적극적으로 노력하는 것이 가장 중요하다.

### (29) 상문과 조객살

상문살과 조객살이 있으나 두 살의 의미가 서로 비슷하여 합쳐서 부르며 흉한 살로 분류되고 상문은 문상을 하러 가는 것이고 조객은 상을 당하여 손님을 맞이하는 의미로 세운과 대운에서 부정적인 기운이 강하게 나타난다. 정신적이고 귀신과 관련된 기운으로 우환이고 질병이며 재앙이 발생할 수 있는 가능성을 암시하는 기운으로 가까운 가족이나 친인척 중에 발생 확률이 높다.

가족이나 친인척이 상을 당하여 가정이 불안정하여지거나 질병이 발생할 수 있으며 먼 인척이나 가까운 지인에게도 화가 나타나기도 하는 살이다. 반드시 화를 당한다는 의미보다 평소에 육친과의 활동성이 부족하거나 지체 현상이 있을 수 있으며 자신의 건강과 정서적 안정에도 영향을 미칠 수 있다.

가까운 가족, 친지의 건강과 안전에 대한 문제가 발생할 가능성과 정서적인 거리감이나 갈등이 발생할 가능성이 높고 주변과의 관계에서도 부정적인 영향을 미치며 친한 친구나 지인과의 관계에서 단절이나 이별을 암시하기도 한다.

장례식에 다녀오면 몸이 아프거나 이상한 증상이 나타나고 우환이 일어날 수 있는 가능성을 암시하며 친인척 간의 사별이 있을 수 있고 집을 새로 사거나 묘를 안장하거나 이사를 할 때 화를 당할 수 있음을 암시하는 살의 기운이 있다.

자신의 건강과 정서적 안정에도 영향을 미칠 수 있고 감정적인 힘든 일을 겪으며 대인관계에서 위축될 수 있으며 신체적 질병에 취약하여 내면적인 슬픔과 외로움을 자주 느끼며 우울증 등의 정신적 질환에 시달릴 수도 있다.

예상하지 못한 경제적 어려움으로 손실이 발생하며 직업적으로 불안감을 경험할 수 있고 직장에서의 슬픈 사건이나 스트레스를 받는 상황이 발생한다. 가족과의 관계를 개선하고 강화하며 정기적으로 소통하며 가족 구성원의 건강과 안전을 주의 깊게 살피고 서로를 이해하려는 노력이 필요하다. 좋지 않은 일이 자주 발생한다면 조문으로 인하여 살의 기운이 상쇄된다.

슬픔이나 어려움을 극복하고 깊이 성찰하여 성장할 수 있는 기회를 만들며 어려움을 겪으면서 내적으로 강해지고 부정한 의미를 더 깊이 이해할 수 있으며 주변의 슬픔과 상실감, 고통을 이해하고 공감하는 능력을 발전시킨다. 정서적인 불안정 상태를 내면적으로 안정시키는 노력이 필요하고 명상이나 요가, 심리상담 등을 통하여 심리를 안정시키는 것이 중요하다. 어려움이나 슬픈 일에 직면하였을 때도 부정하지 말고 받아들이는 태도가 필요하며 적극적으로 극복하려는 자세와 긍정적인 노력이 중요하다.

어려움 속에서도 성장과 성숙의 기회를 찾고 새로운 가능성에 도전하고 모색하는 긍정적인 마인드로 부정적인 의미를 이해하고 극복하려는 적극적인 노력을 통해 새로운 기운을 개척하며 조화를 이루는 것이 중요하다. 자신의 슬픔과 남의 어려움을 나누고 공감하며 치유를 유도하고 새로운 활동이 발전하는 중요한 전환점이 될 수 있도록 노력하는 것이 중요하다.

## (30) 원진살

지지에만 적용되는 살로 가까워지면 미워하고 멀어지면 그리워하는 형상이다. 서로가 미워하고 원망하고 화내며 소원해하고 헤어지면 그립고 사색에 잠기며 외로움을 잘 느끼며 결혼은 늦게 하는 것이 유리할 수 있다. 질투심과 자존심이 강하고 감정 표현이 부족하며 남의 말을 잘 믿는 경우가 많으며 투기적인 성향을 보이며 투자에도 관심이 많을 가능성이 높다.

평소에는 조용하지만, 화를 내면 무섭게 돌변하고 남의 의견을 무시하는 성격으로 주위에서 오해를 받을 가능성이 높다.
대인관계에서 불화가 많으며 경거망동하고 시비와 구설수에 시달릴 경우가 있으며 남의 탓을 잘하고 집착하는 경향으로 참지 못하여 손해 보는 경우로 인해 자산을 탕진할 가능성이 높다.
남에게 쉽게 정을 주고 배신을 당하며 마음이 약하고 감동하는 성향으로 외롭고 고독하며 종교와 철학, 정신 계열에 관심이 많다.

은근히 상대방을 짜증 나게 하고 남들과 비교하며 열등감이 강하고 실리를 추구하나 물질적인 면은 약할 가능성이 있으며 현실성은 떨어진다. 미리 걱정만 하고 행동은 취하지 않으며 부정적인 성향이 있다. 한 가지 일에 매진하지 못하며 허황된 꿈과 행동으로 원만한 인간관계를 유지하지 못하고 우울증이나 정신질환에 시달릴 수도 있다. 미남, 미녀가 많으며 방송 계열이나 연예계, 엔터테인먼트 등에서 두각을 나타내며 주색잡기나 유흥업에 관련이 있을 수 있고 방랑하는 기질이 있다.

대운이나 세운에서 원진이 들어오면 재물의 손재가 발생할 가능성이 높으며 하는 일들이 중단되거나 사건 사고가 발생할 수 있는 가능성이 높다.

부모 형제를 원망하기도 하고 자식과 인연이 적으며 박복한 편이다. 피해가 발생하면 배우자에게 책임감을 전가하는 경향이 있으며 이로 인한 다툼이 일어나고 상호 비하하는 성향으로 어려움을 겪을 수도 있다. 동업자나 직장 동료 관계에서 서로 앙숙처럼 미워하고 시기하는 경향이 있으므로 서로를 존중하고 이해하는 관계로 발전시켜 유지하는 자세가 필요하다.
부모 형제나 배우자, 자녀와의 관계도 개선하고 공경하는 행동이 필요하며 갈등을 해소하고 더욱 깊이 이해할 수 있는 습관을 취하고 유지하여야 한다.

주위와의 미워하는 감정을 온화한 기운으로 억제시키고 서로의 적극적인 노력과 공감을 통해 발전하는 계기로 나아가야 한다.
원진의 힘은 강한 기운이 아니고 미세한 것으로 위축되거나 어려워하지 않아도 될 것으로 보며 심리적 안정을 취하고 대처하는 자세가 더 중요한 것이다.
부정적인 의미를 성장의 기회로 삼고 새로운 환경에 도전하고 성숙해지며 어려운 현실을 극복하려는 적극적인 자세가 필요하고 주위를 배려하며 나눔을 실천하는 전환점을 이루며 노력과 발전하는 모습을 보이는 것이 더 중요하다.

### (31) 귀문관살

귀신이 드나드는 문턱을 의미하고 영적인 능력과 감각이 뛰어난 편이다. 직관력이 뛰어나고 집중력 기억력과 영적 능력이 있으며 예지력과 직감력으로 상황을 파악하는 능력이 있으며 문제 해결에 현명한 대처를 할 수 있다.

정신적인 면에 취약하여 콤플렉스나 우울증, 공황장애 등이 발생할 가능성이 있고 작은 일에도 불평과 불만이 많은 편이다.
영적인 분야에 관심이 많으며 명리학이나 철학, 점성학 등에서 많은 활동을 하며 무당이나 신내림을 받는 경우가 있다.

예술가적 기질이 뛰어나 작품 활동을 하거나 음악 연주, 문학, 예술가, 연예인, 화가, 음악가, 작사·작곡, 작가 등의 창작 활동에 유용하며 철학자, 인문학자, 역사학자, 심리학자, 디자이너 등으로도 성과를 나타내며 성공하는 경우가 있다.
감정 기복이 심하여 갈등을 겪거나, 민감하게 반응하고 상처를 받기가 쉬우며 우울증이나 조울증, 공황장애, 환청, 의처증, 의부증, 알코올 중독성을 겪을 수 있으며 신경질적이고 잔병치레가 많으며 이유 없는 두통 지병에 시달릴 수 있다.

고집이 세고 자기중심적이며 현실 세계와 영적인 세계를 동시에 경험하며 작은 변화에도 민감하게 반응하고 세밀하고 예민하게 감정 기복이 심하여 갈등을 겪거나 주변에서 오해를 받을 수 있고 의심증이나 질투심이 강한 편이다.
과도한 상상력과 세밀한 감정으로 현실감이 부족하고 피해망상이나 환각을 경험할 수 있으며 이러한 증상으로 일상생활에 지장을 초래하고 사회적 활동에 어려움을 겪을 가능성이 높다.

성격이 급하고 과시욕이 있으며 과격하고 폭력적 행동으로 사고를 유발할 수 있고 우유부단하고 돌발적인 행동의 성향이 있으며 까다롭고 결벽증과 강박증이 있고 복잡하고 모순적인 내면이 있으며 긍정적인 면과 부정적인 면이 공존하고 극단적인 감정을 표현하기도 하고 경험하기도 한다.
한 가지 일에 집중하고 몰두하며 목표를 향해 끈기 있게 노력하는 완벽주의 성향으로 감정에 민감하게 반응하여 상처를 받기가 쉽다. 마음을 잘 다스리고 특징을 잘 활용하면 엄청난 시너지 효과를 발휘할 가능성이 있으며 건강한 생활 습관을 유지하고 스트레스 관리법을 취득하는 것이 매우 중요하고 살의 기운을 파악하는 데 많은 도움이 될 수 있다.

정신적 질환에 취약할 수 있으며 명상이나 요가, 마음 수련 등의 정적인 취미를 통해서 내면의 힘을 강하게 만드는 것이 중요하며 노력하여야 한다. 눈치가 빠르고 예민하여 객관적이고 창의력이 뛰어나 부정적인 요소를 해소할 수 있으며 무조건적으로 정신적인 면에서 약해지거나 귀신에게 시달리지 않을 수 있으므로 적극적으로 활동하고 끈기 있는 노력이 필요하다.
예리한 직관력과 빠른 판단으로 문제점의 상황을 파악하고 해결책을 도출하는 데 능숙하며 위기 상황에서도 침착하게 대처하고 현명한 판단을 하며 다양한 분야에서 성공하는 경우가 많으므로 더욱 노력하는 자세가 중요하다.

### (32) 과숙살

독수공방을 의미하고 과부살이라고도 하며 남편을 잃고 홀로 남겨진 운명이다. 부부간의 소통 부족과 갈등 외로움이 있으며 주말부부, 별거, 이혼을 하는 경우가 있으며 종교와 인연이 깊어 종교에 의지를 하거나 출가하는 경우도 있다. 여성에게 강하게 나타나는 살의 영향으로 결혼 전에는 영향력이 적으며 결혼 후 남편과의 관계에서 영향력이 적용되는 경우가 많다.

부부지간의 불화와 갈등이 심화되고 소통 관계가 원활하지 못하여 우울증이나 불안감을 유발할 수 있으며 정서적으로 안정하지 못하고 어려움과 고통을 겪으며 심리적 안정을 유지하기 어렵고 힘든 과정을 겪는 경우가 있다. 남편의 외도나 배신으로 상처를 받고 자존감이 떨어져 자신의 가치를 낮게 평가할 수 있는 가능성이 높아지고 자신감이 떨어지는 경향이 있다.

유년기부터 어려움을 겪을 가능성이 있으며 자립심이 강하고 강인한 성격으로 스스로 문제 해결의 능력이 뛰어나며 노력하는 성향이 있다. 깊은 신앙심으로 정신적 안정을 유지하고 의지하며 어려움에 흔들리지 않고 희망을 가지며 남편과의 관계에만 국한하지 않고 다양한 분야에서 활동하여 자유로운 영혼으로 자신을 풍요롭게 유지하는 경향이 있으며 남편의 고통이나 어려움을 이해하려고 노력하는 편이며 비난하거나 원망하지 않는다.

남편에게 의존도가 높으며 자신의 감정을 표현하는 것이 어려울 수 있고 이로 인한 갈등과 오해가 발생하며 책임감이 부족하여 가정의 역할을 제대로 수행하지 못하고 자립적으로 독립하지 못하는 경우도 있을 수 있다. 반드시 남편과 이별하거나 이혼하는 것은 아니며 절대적인 의미는 아니고 자신의 노력에 따라 부정적인 의미에서 벗어나며 영향력이 달라질 수도 있다.

어려움이나 고생을 통하여 성장하여 많은 경험이 축적되어 있으며 이러한 경험을 바탕으로 자신을 더욱 발전시키고 깊이 있게 이해하는 것이 필요하다. 적극적으로 노력하고 긍정적인 마음가짐을 유지하며 건강하고 행복한 가정을 위해 주위를 배려하고 공감하는 능력을 지속적으로 성장시켜 나가야 한다.

타향에서 활동할 가능성이 높으므로 주위 환경에 적응력을 높이고 새로운 환경에 익숙해지는 방법을 습득하고 남편과의 갈등을 해소하고 서로 이해하고 존중하며 지나치게 의존하지 않으며 스스로 자신을 이겨 내고 발전할 수 있는 힘과 능력을 성장시키고 솔직하게 대처하며 해결책을 찾는 데 노력해야 한다.

무의식적으로 남편과의 이별을 두려워하거나 불안감을 느끼는 심리적 영향력이 발생할 수 있으므로 종교에 인연을 유지하고 정서적인 안정에 집중한다. 지나친 자존심이나 고집으로 인한 관계 악화와 강한 경쟁심과 질투심으로 불안전한 결혼 생활을 초래할 가능성이 높아 적극적인 노력과 안정을 요한다.

창의적이고 예술적인 감각이 탁월하고 자신의 취미나 재능을 발휘하여 남편을 지원하고 격려하는 역할을 잘 수행하여 인정받을 수 있도록 전력을 다한다.

### (33) 고신살

홀로 고독하게 살아간다는 의미로 남성에게 해당되며 상처살이라 하기도 한다. 세밀하고 예민한 성격이다. 부모와의 인연이 박하고 도움을 받기 어려우며 일찍 부모와 사별할 수도 있으며 결혼은 늦게 하거나 하지 않을 수도 있다.

사업에 대한 열정이 강하고 사회 활동에 적극적으로 참여하고 리더십이 강하다. 스스로 자신을 개척하고 개발하며 독립적인 성향으로 새로운 경험을 추구하고 도전하며 강한 열정과 성취욕으로 자신의 목표에 대한 노력을 멈추지 않으며 어려움에 굴하지 않는 강인한 의지로 성공을 달성하기도 한다.

배우자와 소통이 부족하고 갈등을 유발하여 어려운 가정생활이 예상되며 결혼에 대한 만족도가 떨어지며 주변 관계 형성이 어렵고 고독과 외로움을 느낀다. 아내와의 이별이나 사별, 갈등 등으로 부부지간의 문제가 발생할 수도 있으며 방탕하고 떠돌아다니는 성향으로 타향에서 살아갈 가능성이 높다. 한곳에 머무는 것을 싫어하며 이곳저곳 이동하는 것을 좋아하며 불안정한 생활로 자주 이사를 하거나 직장을 옮기며 경제적 문제도 어려울 가능성이 높다.
종교에 의한 의지력이 있으며 정신적인 건강 관계에 집중하여야 하며 우울증이나 불안 장애 등을 겪을 가능성이 있으며 술이나 도박, 게임 등에 중독이 될 수 있는 가능성이 있으며 이로 인하여 주변에 심각한 피해를 줄 수 있다.

적응할 수 있는 직업군에는 군인, 선원, 선교사 등이 적합하며 여행이나 출장이 잦은 업종에서 교류를 넓히고 인맥을 확장하는 데 능숙할 수 있다. 창의적이고 예술적인 감각이 뛰어나고 음악, 예술, 디자인 등의 다양한 분야에서 재능이 있고 활동할 가능성이 높으며 국제적인 문제나 글로벌 감각이 있고 문화적 가치관에 호기심이 많으며 해외에서 활동할 가능성이 높다.

다정다감하고 배려심이 있으며 감정표현은 서툰 편이며 솔직하고 직선적인 면으로 인하여 주위에 오해를 사고 갈등을 유발할 수도 있다. 주변에 잘 사는 경우도 많으며 역마의 기운을 잘 활용한다면 살의 부정적인 기운의 영향에서 벗어나 어려움을 극복할 수 있고 성공하는 계기가 된다. 자신의 성격과 성향을 잘 이해하고 활용하여 개선하면 충분히 성공할 수 있으며 자신의 단점을 줄이고 장점을 늘리는 적극적인 노력이 필요하다.

가족 간에도 적극적이고 원활한 소통을 추구하며 서로의 감정을 이해하고 솔직하고 열린 마음과 안정을 위해 노력하고 긍정적인 마음을 유지하고 어려움을 극복하며 명상이나 요가 등을 통하여 스트레스를 해소하며 적극적인 노력이 중요하고 도움이 되며 새로운 생활의 기반이 될 수가 있다. 과도한 자존심이나 완벽주의적 의식에서 벗어나며 고집을 억제하고 권력에 대한 욕망을 자제하며 자신의 뛰어난 재능을 활용한다면 현실에서 충분한 결과를 도출할 수도 있다.

### (34) 급각살

성격이 급하고 조심성이 부족하여 사고의 위험이 있으며 다리와 관련되는 사고나 실수로 다치거나 골절의 암시를 의미하는 흉살이다. 신체의 관절이나 골격에 이상이 올 수도 있고 다리의 기능이 불편할 수도 있으며 관절염, 골다공증, 류머티즘, 디스크, 낙상, 신경통, 신체적 기형과 선천적인 소아마비, 반신불수, 통풍 등의 질환에 약할 가능성이 있고 경험할 수도 있다.
높은 곳에서 떨어지거나 넘어져서 다치는 경우도 있으며 뼈나 척추 신경과 관련이 있는 질환으로 인하여 고통을 겪을 수도 있다. 한곳에 정착하지 못하고 분주하게 돌아다니는 것을 좋아하고 성격이 급하여 실수가 많으며 신체를 다치는 일이 자주 일어나고 건강 악화나 스트레스 증가로 우울증, 불안감을 유발하며 정신적 변화가 발생할 가능성이 높아진다.

인간관계의 악화와 갈등이 심화되고 이혼이나 절연, 소송 등 심각한 트라우마를 겪을 수도 있으며 사회적 지위 저하, 명예 손실, 비방, 험담 등 사회적 고립과 소외로 심리적 스트레스와 우울증을 유발할 수도 있다. 숨겨진 잠재력을 발견하고 새로운 도전으로 성장과 발전을 투출하며 해외 활동 등 다양한 분야에서 새로운 인연을 형성하며 새로운 가능성을 모색하여 갈등을 해소하고 어려움과 위기를 극복하는 노력으로 문제 해결의 능력이 있으며 강인하고 성숙한 성향으로 성장하고 활동하는 면이 있다.

원하지 않는 지출이 발생할 수 있으며 투자 손실, 사업 실패, 건강 악화 등으로 경제적 불안정과 사고 위험의 증가 등으로 재정적 어려움을 초래할 수도 있다. 활동 능력을 저하시키고 재해 위험을 증가시키며 교통사고, 산업재해, 스포츠 사고 등의 가능성이 있으며 공격성과 폭력적인 행동으로 가정폭력 범죄, 사회적 갈등, 차별, 편견, 사회적 압박을 겪을 가능성이 높다.

사고와 충돌이 발생할 가능성에 대비하고 안전을 최우선으로 유지하며 자동차, 킥보드, 등산, 헬스, 클라이밍, 오토바이, 산악자전거, 스키보드와 같은 움직임이 많은 운동을 자제하고 정적인 활동이나 요가, 필라테스, 명상 등으로 건강에 도움이 되고 유익한 생활을 습관화하는 적극적인 노력이 필요하고 중요하다.

성급한 마음은 사고의 위험을 높이므로 마음의 여유와 안정을 찾는 것이 중요하며 종교에 의지하거나 명상 등의 심리적 도움을 받으며 규칙적인 운동과 유산소 운동, 근력 운동 등을 통해 건강함을 유지하는 것이 매우 중요하다. 안전 수칙을 잘 지키고 위험한 활동을 할 때는 보호 도구 등을 착용하며 교통 법규를 엄수하며 위험한 행위를 피하고 응급 상황에 대처할 수 있도록 능력을 높이고 대비하는 노력과 집중력으로 건강한 활력을 유지하도록 한다. 안정적인 직업을 유지하고 건강에 유의하며 다리와 관련되는 질병과 정신적 질환에 주의하며 충분한 휴식과 여가 활동의 보장으로 기존의 업무에 집중하며 다툼이나 갈등을 회피하고 조화를 이루는 데 적극적인 노력이 필요하다.

### (35) 곡각살

다리가 굽어진다는 의미로, 팔과 다리 부상 등을 뜻하는 흉살이다. 여성에게 강하게 영향력을 행사할 가능성이 높으며 격한 운동의 주의가 필요하고 안전 장비 착용과 예방 조치를 철저히 하여 대비하는 것이 중요하다. 팔과 다리의 부상, 골절, 탈구 등의 위험을 증가시키고 위험한 활동으로 인한 뼈의 관절 질환 가능성과 허리디스크, 목디스크에 유의하여야 하고 규칙적인 운동과 생활 습관을 유지하는 것이 중요하다.

대운이나 세운에서 살의 기운이 온다면 더욱 주의가 필요하고 조심하여야 하며 미끄러지거나 넘어지고 높은 곳에서 떨어지는 사고에 유의하여야 한다. 만성적인 통증을 유발하여 일상생활에 지장을 초래할 수도 있으며 적극적인 치료와 관리를 통하여 증상을 완화시키며 보조기구 활용과 주변 환경 조성으로 어려움을 극복하고 건전한 생활의 안정을 유지하며 여성은 생식기 관련 질환에 노출될 수 있으며 임신 중의 유산이나 조산의 위험과 호르몬 불균형을 유발할 수 있으며 우울증이나 심리적 불안으로 정신적 스트레스와 건강에 대한 주의가 필요하고 전문 의료진의 지속적인 관리가 필요하다.

명확하고 날카로운 성격으로 연구, 개발 등 다양한 분야에서 두각을 나타내며 강인한 의지력과 뛰어난 분석력으로 사물을 깊이 있게 분석하고 이해하는 능력이 있으며 목표 달성과 위기 극복, 문제 해결, 의사 결정 등 창의적인 능력이 있다. 타고난 건강과 유연한 체력이 있으며 활발한 활동과 스포츠 방면에서 소질과 능력을 발휘할 수 있다. 반드시 뼈의 문제와 관절에 이상이 발생하는 것은 아니며 오히려 기억력 등의 정신적 건강이 회복되고 유쾌한 일상생활을 유지할 수도 있다.

사고와 부상 위험을 내포하고 있으므로 과도한 운동이나 노동 중에 사고 가능성에 대비하며 통증과 불편함으로 체력의 저하를 초래할 수 있으므로 주의가 필요하고 피로 누적이나 근력 약화 등에 관심을 가지고 지속적인 노력과 긍정적인 마음을 유지하며 철저하게 준비하는 것이 필요하다.

규칙적인 운동과 스트레칭을 통하여 근력의 유연성을 유지하고 살의 부정적인 영향력을 완화시키고 부상 등을 예방하는 데 집중하며 인체공학적 장비 등을 활용하여 주위의 작업 환경을 개선하고 사고로 인한 부상 등을 최소화하는 데 적극적으로 노력하며 충분한 휴식과 수면을 취하며 건강을 유지하고 관리하는 데 많은 시간을 활용하는 지혜와 능력을 발휘하여야 한다.

생각하지 못한 상황에서 사고를 당할 수 있기 때문에 안전에 더욱 유의하고 격한 운동과 위험한 활동을 삼가는 것이 중요한 것으로 본다. 긍정적인 마음을 다스리고 익히며 주변에 많이 베풀고 배려하며 어려움을 함께 극복하려는 노력으로 불운의 기운을 행운으로 전환하는 계기를 만들어 가정의 행복과 안정된 생활의 중심이 되도록 노력하여야 한다.

### (36) 대장군 방위

방향에 따라 방위가 달라지는 흉살로 분류된다.
민속적 풍습으로 전해 오고 있지만 흉한 방위라는 근거는 명확하지 않으며 불리하다고 주장하는 풍습으로 추정이 되고 전통적으로 길흉화복을 주관하는 신적 존재와 관련된 방위로 특정 년도에 따라 방향이 달라진다는 것이다.

대장군이 머무는 곳은 강한 에너지가 모이는 곳으로 추정하고 이 방향의 활동은 부정적인 영향력이 초래할 수 있다고 믿어 오고 있는 것이다.

한 방위에서 3년간 머물며 시계 방향으로 돌아가며 다음의 방위가 지정된다. 특정 년도에 집을 신축을 하거나 증축, 개축, 대수선, 이사 등의 상황에서 우환이 발생할 수 있다는 것이며 방위에 대한 전통적인 믿음을 맹신하기보다 참고 자료로 활용할 수 있는 정도로 자신의 상황에 맞는 실질적인 결정이 중요하다.
이사하려는 현재의 위치에서 약 120미터 이상 떨어진 곳으로 이동을 한다면 방향의 영향력이 없어진다는 전통적인 설이 있기도 하다. 풍수학에서 전해진 것으로 추정되며 거울을 반사시켜 나쁜 기운을 차단한다거나 기도를 하고 고사를 지내며 집안에 향을 피우면 방위의 부정적 영향을 줄일 수 있다고 한다.

## (37) 삼재

세 가지 재앙을 의미하고 12년에 1번씩 돌아와 3년간 머물다 나간다는 것이다. 천재와 인재, 지재가 있으며 천재는 하늘의 재앙, 인재는 사람으로 인한 재앙, 지재는 땅으로 일어나는 환경의 재앙을 뜻하며 이외에도 복삼재, 평삼재, 악삼재라 하기도 하며 학술적으로 근거를 찾지 못하고 민속신앙, 토속신앙 등으로 분류하며 운명을 예측하는 기준이나 길흉화복을 판단할 수 있는 운명학과의 관계는 미약하여 비중을 두지 않으며 학문적인 근거도 확실하지 않으며 구전으로 전달되면서 심리적 피해를 당하는 경우가 있다.

첫 번째는 삼재가 들어온다고 하여 들삼재(입삼재)라 하고 두 번째는 눌삼재(침삼재), 세 번째는 날삼재(출삼재)라고 한다.
첫 삼재는 가족이나 주변인의 화와 재앙이 있으며 두 번째는 매사에 시비 등이 발생할 수 있다는 설이 있으며 세 번째는 재물과 명예의 문제가 발생한다.

복삼재는 전화위복이 되는 경우가 있고 악삼재는 예상한 대로 악운이 있었다는 것을 의미하지만 무속이나 토속신앙의 기준으로 보는 경우가 많다. 종교나 무속인을 통하여 자기가 사용하던 물건과 속옷, 부적 등을 태우거나 외부에 버려서 삼재에서 벗어나며 삼재 소멸을 할 수 있다고 한다.

현실적으로 삼재 때 운이 나쁜 경우가 있고 반대인 경우도 있을 수 있으며 화재를 당하거나 교통사고, 사건이 발생하고 관재, 수재 등 많은 일들이 일어날 수 있으며 3년 동안 생활하는 데 좋은 일과 나쁜 일이 교차

되는 과정으로 볼 수 있으며 일상 생활에서 발생하는 악재와 경사는 생활의 연속 과정이다.

재앙을 피할 수 있다는 설이 여러 가지 있으며 종교에 의지하거나 부적 또는 무속인으로 인한 굿을 하여 재난을 피할 수도 있다고 믿는 경우도 있다.

## (38) 공망

천간과 지지는 일치하지 않아서 서로 조합을 하게 되면 2개의 지지가 남게 되는데 남은 2개의 지지를 공망이라 하며 천중살이라고도 한다. 천간은 10개, 지지는 12개의 오행으로 구성되어 있고 지지는 천간의 기운을 받아 있는데 2개의 남는 지지는 천간의 기운을 받지 못한 부정적 의미이다.

천간의 기운을 받지 못하여 비어 있다는 뜻을 내포하고 있으며 그 비어 있는 지지가 관성에 해당되면 관성공망, 재성에 해당되면 재성공망이라 한다.

운의 기운이 좋은 시기에 공망이 된다면 나쁜 운으로 바뀔 수 있으며 나쁜 운에 공망이 된다면 좋은 운으로 변한다고 해석할 수도 있다. 공망은 있어도 없는 것처럼 비워져 있는 느낌으로 항상 허전하고 우울한 현상이 발생할 수 있으며 모자라고 헛되고 망하고 하는 경우를 상징하여 재물이나 인간관계에서도 단절을 한다거나 이별을 생각하게 되는 경우가 있다. 배우자가 있어도 없는 느낌을 받을 수도 있으며 이혼 등을 할 수도 있다.

마음가짐을 안정하게 다스려야 하며 욕심, 고집, 미련, 투정, 부정 등 자신을 괴롭히는 좋지 않은 감정을 버려야 하며 그 빈자리를 인내와 끈기로 채워야 하고 타인을 먼저 배려하고 양보하며 자신을 적극적으로 변화시켜 공허한 심리의 기운을 행운으로 활용하고 현실에 적응하는 것을 노력하여야 한다.
공망의 기운은 강력한 것으로 보기 어려우며 심적으로 미미한 감정을 느끼는 경우가 많으므로 무시하는 경우가 있다.

## (39) 절로공망

길이 끊어진 상태를 말하며 장애물이 많고 좌절을 많이 겪는다는 부정적인 의미의 살이며 시천간에 임계수가 있는 경우를 절로공망이라 한다. 시주는 미래이고 앞으로의 진로에 해당하는데 앞으로 나가는 데 물이 있어 전진하지 못한다는 의미와 다리가 끊어져 나아가지 못함을 뜻하기도 한다.
진로 장애나 인생 역경, 계획 중단, 중도 좌절 등을 겪을 수 있는 경우가 있다. 임계수가 희신이면 행운으로 작용할 수가 있으며 기신이라면 보이지 않는 재난을 극심하게 겪을 수 있고 고초를 겪을 가능성을 내포하고 있다.

반드시 안 좋은 것으로 판단해서는 안 되고 적극적인 노력과 긍정적인 마음을 유지하며 새로운 계기와 전환점의 기회를 포착하며 지혜와 능력을 발휘하여 부정적인 기운에서 긍정적인 기운으로 활용할 수 있도록 한다. 공망에서 앞으로 나아가지 못하는 어려움을 만난 격으로 공허함이 두 배가 되겠지만 문제를 해결하려는 적극적인 의지와 자신의 뛰어난 재능을 활용한다면 현실에서 충분한 결과를 도출할 수도 있다.

## 77. 통변과 오행의 해석

명리학은 자연에서 일어나는 현상들을 일상의 생활에 접목하여 미래를 예측하고 유추하여 풀어 가는 학문으로 점성학이나 영적인 능력, 종교적 의식 등으로 미래를 예측하는 방법과 완전하게 분리되며 기초적인 학문의 체계를 터득하고 사주팔자의 흐름과 연월일시의 조건 등을 세분하여 글자 한 자 한 자의 뜻을 새기고 풀이하며 대운과 세운, 월운, 시운은 어떤 역할을 하는지 사주팔자에 어떤 영향력을 미치는지의 관계를 해석하고 유추하여 결과를 통변하게 되는 학문이다.

예를 들어 본다면,
자년에 출생한 경우면 쥐의 해가 되고 쥐띠라 한다.
쥐는 우리 생활에 밀접한 관계있는 동물로 영리하고 민첩하며 부지런하고 번식률이 높으며 활동은 음성적이고 야행성이다.

우리 생활에 견주어 생각하여 본다면 자년에 출생한 사람은 기본적으로 경계심이 강하고 신중하며 부지런하고 영리하며 세밀하고 가정에 충실하며 자손과 화목하게 생활할 가능성을 내포하고 있으며 단점으로 본다면 사회생활에 적응력이 부족하고 이기적이며 욕심이 많고 등등을 유추하여 낼 수가 있다.
축월에 출생한 경우라면 자축 합이 되고 한겨울의 가장 추운 계절로 보아 자수의 물이 얼어붙어 어떠한 생명체를 양육할 수가 없고 얼어 있는 축토의 땅에서는 생명체가 살아가기가 어렵다고 볼 수 있다.
이런 사주라면 자축이 합이 되어 묶이고 움직이지 못하는 상황으로 본다. 자축 합이면 수가 되고 한겨울의 물이 응결되어 있는 형태를 사람으로 대입하여 본다면 활동이 중지되고 혈압이 높아져 건강상의 문제가 발생할 수 있다. 모든 일들이 늦어지고 순조롭게 진행되는 일들이 없어지는 현상으로 본다.
자수에게는 축토가 관성이 되므로 직장이나 직업 등에서 움직이지 못하고 승진을 못 하며 관운이 막혀 있는 현상이다.

이런 현상을 통변한다면 살아가는 데 액운이 많고 힘들고 어려우며 발전성이 늦어져 결혼은 늦게 하는 것이 좋으며 사업을 한다면 한 번 실패 이후에 다시 재기하여 성공할 수 있다고 해석할 수가 있음을 유추해 볼 수 있다.
이렇게 한 자 한 자씩 분리하여 해석하는 방법이 있고 대운과 세운을 대입하고 대운의 흐름과 지장간의 투출 통근 관계, 신살의 작용, 십이운성의 위치 등의 종합적인 관련성을 파악하고 유추하여 통변에 임해야 하는 과학적인 학문이다.

천간과 지지의 합, 충으로 변화되는 과정, 육친과의 십간지 관계를 종합하여 본다면 어떠한 경로와 진로가 나타나게 되고 그 결과로 미래를 예측하는 예지력이 발생하고 순행과 역행의 진행 방향을 알 수 있으며 예견력을 활용하여 통변에 임하는 것이다.

위의 경우가 병이라면 약의 처방이 있어야 미래에 일어나는 일들을 예방하고 대처하여 미연에 방지하고 사건 사고를 모면할 수가 있을 것이다. 추운 겨울의 얼어 있는 물이면 물을 따뜻하게 할 수 있고 얼음을 녹일 수 있는 불이 절대적으로 필요하므로 화가 약이 되는 것이다.
화가 있어 온기를 불어 준다면 혈액순환이 원만하여지고 막혀 있던 일들이 순수하게 풀어지는 현상으로 보게 된다.
동토를 녹여서 생명체가 살게 되고 물의 순환이 되어 옥토로 바뀐다면 어려운 일들이 자연스럽게 녹아 해결이 되어 순조로운 진행이 예측되는 것이며 쥐띠의 유리한 행동이나 축토의 창고 역할이 열려서 진로의 개척이 예상되고 사업운이 온 것으로 통변할 수 있다.

일주가 인목이라면 인목 속의 지장간에는 갑목 병화 무토가 있어 더욱 좋은 관계로 볼 수가 있다. 추운 계절의 약이 되는 병화가 있고 축토의 뿌리가 되는 무토 옥토 속에 크게 뻗어 올라갈 수 있는 갑목이 있어 생명체를 크게 양육하는 현상이 된다.
성격이 곧은 사람으로 부지런하고 영리하며 지혜가 충만하고 크게 성공할 수 있는 운으로 평가하여 통변에 임하여도 충분할 것으로 본다.

위와 같이 시지에는 묘목이 있다든지 하면 묘목이 하는 역할과 같이 접목하여 사주 전체의 흐름을 파악하고 용신과 약신의 역할, 대운과 세운, 월운의 관계와 계절과 자연의 현상이 어떠한 영향을 행사하는지를 유추하여 미래에 일어날 수 있는 일들에 대한 예방과 좋은 일들의 예측을 알아내어 실제 상황에 대처하여 가는 것이 주된 내용이라 하겠다.

길흉을 알아내는 것은 쉬운 일은 아니지만 꾸준한 노력과 끈기로 집중하면 글자 한 자 한 자의 역할이 보이게 될 것이다.
터득하는 것은 모두 자신의 몫이며 스스로 수련하여 유추, 학문의 깊이를 이해하고 응용하여야 한다.

이상의 통변과 관련하여 실지로 임상을 통하여서 결과를 알아낸 과정으로 경험치를 분석하고 분류하여 실무에 활용할 수 있도록 정리한 내용을 알기 쉽게 구분하였는데 완전하지는 않지만, 이러한 경우가 많은 것만을 간추려서 이래에 작성한 것으로 학문을 익혀 가는 데 도움이 되었으면 한다.

### (1) 결혼관계

여자 사주일 경우 관이 많으면 식상운이 오면 결혼하고 관이 적으면 재성이 관성을 생할 때 결혼하는 경우가 많다.
신강한 여자의 사주는 식상년에 자식을 낳고 신약한 여자는 인수운에 자식을 낳는 경우가 많다. 신강한 여자의 사주는 식상년에 결혼을 하고 신약하면 인성년 운에 시집간다. 사주에 힘이 있어야 결혼을 하는 것이다.

관성운이 오면 결혼하는 경우가 많지만 년운 월운 중 식상운과 관성운이 들면 결혼하는 경우가 많다. 사주에 없는 오행이 배성이다. 용신운에도 관성이 들어오면 결혼을 한다. 여자의 결혼은 천간에 있는 관성이 생을 받는 운을 만날 때 한다.
여자의 사주 원국에 관이 있거나 운에서 오는 관이 장생지가 되면 결혼을 한다. 예로 경금의 생지는 사화가 되는 것이다.

관성이 암장되어 있을 때는 충이나 합을 할 때 결혼한다.
월지가 합이 되면 집안이나 주위의 중매나 소개로 결혼하는 경우가 있고 일지와 합이 되면 연애결혼을 하는 경우가 많다.
사주에 식상이 있거나 특히 상관이 있는 사람은 연애결혼의 확률이 높고, 식상이 없고 인성, 관성이 있으면 보수적이며 중매결혼 확률이 높다. 관인 상생은 처세술이 좋으며 연애결혼할 경우가 많고, 사주에 식상이 없고 운에서 식상이 온다면 임신할 수 있는 확률이 높다.

운에서 정관이 와서 합이 된다면 며느리를 보는 경우가 있다고 본다. 여자는 식상이 자식인데 식상이 관성을 합하거나 재성을 합할 때 결혼한다. 여자 사주에 식상이 생을 받는 해나 달, 일이 오면 자식이 결혼을 한다. 며느리나 자식이 결혼하는 관계는 그 사람의 연령을 참고하여야 하고 결혼의 과정도 초혼인지 재혼인지 등을 참작하여 통변을 하여야 한다.

여자이면 관성이 남편이 되고 남자의 경우면 재성이 처가 되는 것을 참작하고 위의 관계를 대입하면 확률이 높아질 것이며 재성을 볼 때도 정재인지 편재인지 정관인지 편관인지를 분별하여 판단하여야 한다.

### (2) 가족관계

십이운성에 의하여 유추한 가족의 관계를 알아본 내용으로 참작만 가능하다. 여자이면 자식의 자리는 식신 상관이 되고 남자이면 관성이 되는 것으로, 정관은 딸이고 편관이 아들이며 양간은 아들이고 음간은 딸인 경우가 많다.
용신을 자식으로 볼 수도 있으며 희신을 따라간 자식은 효자이고 기신을 따라간 자식은 불효자일 경우가 많다.

그 자식의 자리가 장생이 된다면 자식이 4명, 목욕의 자리는 2명, 관대이면 자식이 3명, 제왕이 된다면 성공하는 자식 5명, 쇠는 아들 2명이 되지만 1명은 발전을 못 할 가능성이 높다.
사의 자리가 되면 아들이 없어 양자를 두고, 절은 아들 1명, 태는 딸만 있고 양의 자리가 되면 3명의 자식이 있으나 1명만 효자이고, 병의 자리면 아들 1명만 있을 가능성이 높다.

인신사해는 사람에 관한 관계로 인한 일들이 발생하는 것으로 보며 월령의 중기는 인사에 관한 일이 많이 생긴다.
외국이나 밖에 나갔다가 되돌아오는 해는 진술축미의 고장년이다. 결혼관계에서 배우자의 출생년은 용신 따라 가면 된다.
계수가 용신이면 계사생일 확률이 높으며 계수가 있는 년도를 배우자의 출생 년도로 보는 것이다.

종교에 의지하거나 기도를 많이 하는 경우가 많으므로 신에(쉼표 삭제) 대한 결과를 사주팔자 중에서 풀이한 내용으로 참고할 수 있는 사항이다.

유금은 애기동자로 보며 갑목은 용왕신, 자수는 수신으로 본다.
申금이 있으면 무당일 경우가 많으며 술토와 해수는 칠성신을 암시한다. 축토는 악귀나 암신을 의미하고 인목은 호랑이신, 묘는 도사신, 진토는 용왕신, 사화는 외국 장군신, 오화는 산신, 미토는 부처 불사로 본다.
재살이나 인성이 많으면 무당, 점술가가 많다. (무진 병신 병자 신자진)
정사 정유 정축 사유축 일주이면 신을 받은 경우가 많다.
정관 남편 하나가 있고 겁재가 3이 있으면 남편을 두고 세 사람의 여자가 경합을 한다면 첩 팔자일 가능성이 높다.

# 78. 사주 실무

사주팔자를 접하면 우선적으로 식재관이 있나를 보고 십이운성을 돌려본다. 관성이 없으면 재성을 보고 재성도 없으면 식성이 있나를 본다. 직업과 재물에 관한 것을 우선으로 보고 당장 막힌 곳을 찾아본다.

인신사해는 사람에 관한 것이고 진술축미는 재물에 관한 것으로 보며 생지와 고지로 구분하고 충을 하면 사주 원국에 있는 글자의 지장간만 움직인다. 대운이나 세운, 월운으로 충이 발생하였다면 대운, 세운, 월운의 지장간에 있는 글자는 투출로 보지 않고 사주 원국에 있는 지장간을 우선으로 본다.

년은 흐름으로 보고 일지는 당면 문제이고 시지는 결과론으로 본다. 식신을 중요하게 본다. 식상이 복과 덕을 모두 주관한다.
식신이 죽으면 재도 죽고 관도 죽는다.
식상이 시작점이 되고 식상이 있어야 할 일이 있으며 식상이 없다면 할 일이 없는 경우다.

취직에 관한 것은 생지를 보고 파면 관계는 사궁 묘궁과 재성 관성의 관계를 보면서 파악하여야 한다.
재성의 창고가 있거나 재성이 많으면서 신왕한 운을 만나면 부자가 되고 재성년을 만나면 재물이 나가고 처와의 관계도 나빠진다. 미 술토는 조토로 토생금을 잘 못한다. 물기가 없기 때문이고 진 축토는 습토로 토생금이 된다.

천간과 지지에 서로 밀어주고 있는 자를 죽이면 안 된다.
해수는 오화가 옆에 있으면 기름물, 불, 씨앗으로 변하고 물이 휘발유로 변한다. 해수는 목의 생지이고 묘미를 만나면 해묘미 삼합의 목으로 되기 때문에 옆에 신자진 자축이 있다면 왕성한 목의 기운은 설기가 된다.

시주에서 볼 때는 해 뜨기 전의 시간은 안 보아도 된다.
활동하는 시간이 아니기 때문이고 내방하러 오는 시간이 아닌 것이다.
문진하러 오는 시간과 일진을 판단하여 어떠한 내용을 알아보러 오는지에 대한 예지력과 추정력을 알아내기 위함이다.
많은 경험을 하게 된다면 내방하는 사람의 방문 목적에 대한 것을 알 수가 있고 충분한 통변을 할 수가 있을 수 있다.

# 79. 용신 잡기

용신 잡기가 쉽지 않지만, 사주의 흐름을 보고 조후와 병약에 따라 용 희신을 선택하여야 하고 용신을 잡지 못하면 어떠한 통변도 하기 어렵다. 월지가 많으면 월지를 극하는 자나 설기하는 자를 용신할 수 있고 월지가 적고 월지를 극하는 자가 많으면 월지를 용신할 수 있다. 관성이 많으면 관을 극하는 식상이 용신이 되는 것으로 본다.
사주에 같은 글자가 3개 이상이 있으면 3개의 글자를 극하는 자를 용신한다. 양인격은 갑목이 용신이다. (편관이 용신)
양인격은 관살이 용신이고 건록격은 식상이 용신이다.
토 일주가 사계에 태어나면 목을 용신으로 하여 소토를 하거나 금을 용신하여 일주의 기를 설기한다.

수목이 강하면 토 금을 용 희신으로 한다.
용신을 정하였다면 용신은 뿌리가 어디 있는지 보고 뿌리를 충 극하면 용신이 약해지고 용신이 죽게 되는 경우가 되는데 이런 상황을 잘 보아야 한다. 금수 상관은 관을 용신으로 한다.
무조건으로 용신을 정하지는 않지만 금수 상관은 관을 용신하는 경우가 많다.

천간용신은 천간에서 정하고 지지용신은 지지에서 정한다.
용신은 일간과 월지로 보면서 정하는 경우가 많고 월지 편이 많으면 일간 편이 용신, 월지 편이 적으면 월지를 용신한다.
사주 중에 같은 글자가 3개 이상이거나 희신이 3개 이상이면 병으로 본다. 약신을 찾는다. 설기하는 글자나 극하는 자를 용신으로 한다.
일간과 월지가 극하는 관계가 되면 통관 용신을 쓸 수 있다.
금과 목이 서로 극하고 있다면 통관할 수 있는 수로 용신을 정한다. 금생수 수생 목으로 서로를 통관시키는 것이다.
인수격은 관을 용신하는 경우가 많다. 관이 많으면 식상을 용신으로 한다. 사주가 한쪽으로 몰려 있으면 풀어 주는 글자를 용신하고 등라계갑이 될 때는 비겁을 용신으로 정할 수 있다.
이 외에도 조후를 살펴서 용신을 정할 수 있고 사주가 차가우면 따뜻한 화를 용신으로 정하고 물이 많으면 물을 막아 주는 토를 용신하며 금이 많다면 금을 설기하는 수나 금을 극하는 화를 용신으로 정하며 목이 많다면 목의 기운을 설기하는 화를 용신한다거나 일간이 약하다면 인성을 용신하여 일간의 힘을 강하게 하는 방법 등 여러 가지 조건을 조합하여 일간에게 도움이 되는 글자를 용신으로 정하고 용신으로 인하여 발생할 수 있는 일들을 예측하고 유추하여야 한다.

사주를 보아서 용신을 잡기가 어려울 때도 있을 수 있고 또는 용신을 잡아서 통변을 하다 보면 아주 거리가 멀고 맞지 않는 경우가 있다. 이런 경우라면 본인에게 어떠한 일들이 언제 일어났는지를 질문하여 역으로 유추하여 보는 방법으로 용신을 잡을 수도 있다. 질문을 하다 보면 자신의 생년월일을 잘 모르는 경우도 있고 호적과 실제 생년월일이 다르게 되어 있는 경우도 있고 호적에 기재된 생년월일을 불러 주어서 감명하게 되는 경우도 있는데 이때는 서로 상반되는 결과를 유추하게 되어 논란의 소지가 될 수도 있으므로 정확한 확인이 필요하다.

미래의 장래에 해당되는 출생시의 경우는 태어난 지역에 따라 약간의 시차도 있을 수 있지만 구전으로 전해 온 시간을 알고 있는 사람이 있을 수 있으며 해가 지는 때에 또는 해가 뜨는 때에 출생한 것으로 기억하고 있으면서 어느 지인이 오후 여섯 시라고 하여서 출생시를 여섯 시로 알고 있는 분도 있다.
또는 어떤 종교인이 몇 시라고 정해 주어서 그 시간을 출생시로 알고 있는 경우도 있으므로 본인에게 정확한 시간을 물어보는 습관이 필요하다.

호적 나이를 기준으로 자신의 운명을 정하여 그것이 진실인 것처럼 알고 있는 경우도 있으나 명리학은 실제로 출생한 날과 시간을 위주로 하여 판단하고 수학하는 학문으로, 그 외의 어떠한 방법으로 명리학에 대비하여 자신의 운명을 유추하는 것은 바람직하지 않으며 권고하지 않는 것이다.
용신을 알지 못하면 정확한 사주의 흐름과 운명을 유추하기가 어려우므로 여러 가지 방법을 사용하여 본인의 사주에 맞는 용신을 알아내는 노력을 게을리하면 안 된다.

지나온 과거를 대입하여 어떠한 글자가 어떠한 영향력을 행사하였는지 역으로 추리하여 앞으로 다가오는 운명을 유추하는 방법도 아주 유용한 방법으로 적극 추천하는 것이다.
명리학을 수학하신 분들도 많이 있으며 자신의 운명을 파악하고 실용하는 경우도 많이 있으므로 서로 상의하고 연구하는 자세도 필요할 것으로 생각한다.

## 80. 생사 문제

생사 문제는 누구도 알 수 없고 신도 모른다고 전해지며 그렇게 알고 있다. 여기서 논하는 생사 문제는 그동안 임상을 통하여 생사에 관한 것을 통계적으로 조사하여 결과치를 나타낸 것으로 참고하면 좋겠다.

남자의 경우 재성이 대운에서 합이 되고 세운에서 오는 글자가 재성이고 십이운성의 사궁이 된다면 부인이 사망할 수가 있다.
여자는 대운에서 관성이 합을 하고 세운에서 관성이 십이운성의 사궁이 된다면 남편이 사망할 수가 있다.
포태법의 인사 관련 죽고 사는 것은 십이운성의 묘궁 사궁으로 보고 재성 관성은 천간만 보며 재성과 관성은 양간만 본다.

일간이 고장운을 만나고 일간의 뿌리를 극한다면 신체를 다칠 수가 있고 극하는 힘이 강력하다면 사망할 수도 있다.

일간이 대운에서 오는 글자가 묘지가 되거나 고장운이 되면서 일간의 뿌리를 극하게 된다면 신체를 다치거나 불구가 되는 경우가 있다. 일간이 십이운성의 묘궁이 되고 합이 되면 사망에 이를 수 있고 반대로 합이 되고 십이운성의 묘지가 와도 사망에 이를 수 있다. 용신이 대운이나 세운에서 십이운성의 묘지를 만나면 입묘한다고 하여 사망에 이를 수 있으며 대운에서 오면 더 강하게 볼 수 있다. 戊己土는 戌이 고장이 된다.

사주에 없는 오행이 대운에서 오고 세운에서 만날 때 다칠 수도 있다. 오행이 모두 십이운성의 사궁 묘궁으로 바뀐다면 사망할 수가 있다. 지지 4개가 모두 충을 받거나 십이운성의 묘궁이 된다면 사망할 수가 있다. 식신이 충이나 합을 하여 죽으면 사망할 수가 있다. 천간이 지지를 생하면 천간은 힘이 약해지고 지지가 천간을 생하면 지지가 힘이 약해진다.

위와 같이 상황에 따라 시시각각 변화되는 과정과 관점을 세밀하게 살펴서 대운이나 세운에서 일어나는 변동의 역할을 일간과의 어떤 관계가 있는지를 유추하여 통변에 활용하고 발생할 수 있는 미래의 사건 사고를 예방하고 완화하는 예지력을 길러서 일상생활에 유용하게 활용하여야겠다.

# 81. 십간지

### (1) 겁재

일간과 동일한 오행으로 음양이 다르다. 재물을 위협한다.

나의 맞은편에서 나를 향해 당기는 강한 힘, 나의 어두운 면을 도발하는 힘, 비견과 겁재는 모두 나와 같은 힘이며 내 동료로서 성격이 강하고 치열한 경쟁자로 성격이 강하고 비견 겁재는 모두 재물을 극한다.

같이 협력하여 재물을 취하고 재물을 나누어 가지는 형상이다.
비견이 많으면 그만큼 동료가 많고 끌어당기는 힘이 강해진다.
비견 특유의 경쟁력과 동료와 협력하는 마음이 강하며 나눔으로 인한 갈등과 마찰이 있다. 겁재는 나의 반대 방향에서 나와 다툼을 하고 이긴 자가 재물을 모두 차지한다. 중앙에 재물을 두고 힘겨루기 하는 것이 겁재로 내가 약하고 겁재가 강하면 항상 피로하고 예민하며 방심하면 재물을 빼앗긴다.

항상 투쟁적이고 승부욕에 가득 찬 상태로 이를 겁재 특유의 투쟁심으로 보고 재물이 순식간에 소모되는 현상이 발생할 수가 있다. 겁재가 강하면 재물에 대해 큰 기대를 못 하고 겁탈당한다.
호시탐탐 노린다. 낭비가 심하고 재물을 강탈당하며 재물이 공중분해된다. 재난 손실과 불화의 요소를 항상 가지고 있다.
너 죽고 나 죽자 하는 결기를 품고 있다. 협력보다는 경쟁에 최적화된 힘이다. 강한 파이팅으로 생기 없는 사주에는 활력을 주기도 한다. 넓은 대인관계서 적극적이며 사회생활이 안정하지 못하다.

대운 세운에서 오면 사업상 큰 실패와 손해를 경계해야 한다.
겁재는 승부욕 질투심 강한 집념이 파란을 일으키고 폭력적인 결과를 만든다. 승부 근성은 자기 것을 모두 잃기도 하지만 큰돈을 버는 힘도 된다. 큰 부자들은 겁재의 힘으로 부를 성취하는 경우가 많으며 내면의 강인한 투쟁심과 승부욕이 재산을 모두 **빼앗아** 오기도 하며 모두 **빼앗기기**도 한다.

극단성이 있다. 귀하게 쓰이기도 하고 천하게 쓰이기도 한다.
심하면 자살의 무기도 된다. 극단성은 변덕으로 표출하기도 하며 배신으로 나타나기도 한다. 믿었던 사람에게 배신을 당하거나 상대방을 배신하기도 한다. 야생마와 같이 길들여지지 않은 힘으로 전복을 당하기도 한다. 기존의 질서를 뒤엎어 버리는 힘과 일반적 사고방식을 뛰어넘은 에너지가 있으며 극한의 창조성 강한 성취와 에너지가 있지만 극한의 허무감도 있다.

일간이 약하고 재성이 강한데 겁재운이 온다면 일터는 많은데 일꾼이 없어 생산활동이 멈추는 격으로 본다. 이때는 내 재물을 탐하는 기운으로 작동하므로 본인의 의지와 관계없이 빼앗기는 경우가 있다.

일간이 강하고 재성이 약하면 재물은 적은데 동료가 많은 것으로 본다. 겁재가 오면 재산을 빼앗아 가려고 이복형제가 등장하는 격이다. 내 형제도 많은데 이복형제가 와서 재산을 탐하는 격으로 분노와 시기 질투의 감정으로 우울증 등 극단적 감정적 변화를 겪고 폭행에 연루될 수도 있다.
인성이 많으면 우유부단하고 과감함이 떨어지며 현실감을 잃어버린다. 이때 겁재운이 오면 긍정적 작용을 할 수가 있다.
일간에서 오는 도움을 겁재가 가로채고 과다하게 부여된 에너지를 흡수해 가기 때문이다. 그러므로 정신적 균형을 유지한다.
인성의 간섭에서 벗어나 현실감을 되찾을 수 있다.
겁재가 강하면서 동업을 하면 상대방에게 재물이 쏠리고 큰 다툼이 생기며 재산상의 손해가 발생한다. 관성운이 오면 겁재가 억제되므로 동업을 하면 반대로 좋은 현상이 일어난다.

비견 겁재는 식신을 만나면 정화가 된다.
겁재, 비견운이 강할 때 식신이 설기하여 균형을 맞추어 준다.
식신 기운이 좋으면 재성 관성보다 도움이 된다는 뜻이며 식신을 보면 겁재의 부작용이 현저히 줄어든다.
식신이 없으면 겁재를 제어하지 못한다.

겁재는 천간 지지로 본다. 천간은 정신적인 면과 추상적인 측면이 있다. 천간 겁재가 있으면 운명은 내 편이 아니다. 끝까지 쟁취하는 것이다. 지지의 겁재는 특히 양간은 프로의식을 가지고 있다. 신살 양인과도 겹치기에 자기 일에서 완벽하고 일 처리 성과에 대한 집착이 강력한 면이 있다.

## (2) 겁재의 관계

갑과 을은 등라계갑이다. 큰 나무에 넝쿨이 달라붙은 격이다.
갑의 입장에서 보면 진행이 늦고 귀찮고 번거로움이 있다.
을의 입장에선 귀인의 조력을 받을 수 있는 좋은 기회로 보아야 한다. 병과 정이라면 병이 갖지 못한 치밀함을 두루 갖춘 것으로 본다. 정과 병이라면 역경을 이겨 내는 기상이 있고 일에 빠른 성과가 있다. 무와 기 관계면 내면의 유연성이 드러나지 않아 타인과의 융합이 어렵다. 기와 무 관계면 대인과의 확장을 의미하고 실속이 있으며 길하게 본다. 경과 신이라면 좋지 않게 보며 무서운 성격으로 일생에 한 번 큰 사고를 친다. 신과 경이라면 좋지 않게 보며 평소에 얌전하지만 결심하면 큰 사고를 친다. 임과 계수의 관계이면 경쟁에 강하여 매사 일이 순조롭다. 계와 임수의 관계이면 유연성과 적극성을 두루 갖춘 격으로 좋게 본다.

## (3) 비견

어깨를 견주다. 아닐 비, 어깨 견. 방향성이나 운동성을 같이하는 것, 똑같은 색깔, 나의 분신 같은 것이다. 유사한 특징을 많이 공유하고 있다. 오행이 같고 음양이 다르면 겁재이고 오행도 음양도 같으면 비견이다. 나와 항렬이 같은 형제자매, 시아버지, 친구, 쌍둥이, 동료, 선후배, 인간관계 등은 육친적으로 비견에 속한다.

동일한 오행이 하나 더 있다면 자신이 탄탄하고 강하다는 의미도 된다. 자존심과 고집이 굉장히 강하고 독립적인 성향이며 일간에 따라 강하게 겉으로 나타나기도 하고 내면에 잠재되어 사생활의 영역에서 강하게 발현된다.

비견을 공격하는 관성에게 공격을 잘 버틸 수 있다.
강한 사람은 윗사람 집안 어른 상사의 권위에 쉽게 따르지 않는 성향이 있다. 남의 말을 잘 듣지 않고 직장생활이나 전통적인 결혼 생활에 잘 어울리지 못하는 경우가 있으며 동급의 동료가 항상 존재하고 나 말고 한 사람이 더 있다.

사주가 강하면 동료 선후배와 협력하고 친목하며 뛰어난 재능을 발휘한다. 동창회 친목의 조직, 각종 모임, 사회단체 활동과 잘 어울리며 경쟁자가 된다. 경쟁의식이 강하고 경쟁의 논리 다툼을 좋아하는 성향이 있다. 강한 소비성으로 재물 활동, 재물의 창고를 약하게 만들 수 있다. 재물이 많으면 과도하게 지출하며 동료에게 잘 베푼다. 낭비의 성향이 강하고 재성을 만나면 힘이 부족해 재물을 취하지 못하는 성향이다.

취한 재물을 나누어 주는 그 과정에서 문제가 발생할 수 있다.

일간이 강하고 재성이 약하면 재물은 적은데 동료가 많은 편이다. 받은 것은 적은데 형제 동료에게 나누어 주는 격으로 나누어 먹을 동료가 추가되는 모습이다.
비견은 자신에게 도움이 안 되는 경우가 많다.
사령부가 둘이라고 해석하며 정신적인 어려움이 증가한다.
한 가지 일에 집중하지 못하고 방황하는 경우가 많다.
지지에 있는 비견은 자신의 정신적 역량이 땅에 내려온 격으로 보고 건강이나 수명에 중요한 영향력을 행사하고 역할을 한다.

갑목에 갑목은 활동력이 왕성하여 유리하게 작용할 수 있다.
을목에 을목은 고통이 따르고 주변의 조력을 못 받을 수 있다.
병화에 병화는 너무 밝아 보이지 않아서 자신의 실력을 충분히 발휘 못한다. 정화에 정화는 은은한 불이 더 밝아져 매사에 원만할 수가 있다.
무토에 무토는 배포가 크고 꿈이 방대하지만 실속이 없고 고집이 세다.
기토에 기토는 너무 작은 것에 집착하고 장애가 많다.
경금에 경금은 강한 힘이 겹쳐 있으니 크게 다치는 일이 발생할 수 있다.
신금에 신금은 가슴속에 복수심을 안고 살아가니
고독하게 느껴진다.
임수에 임수는 상대방에 배려를 하여 실패하는 경우가 많다.
계수에 계수는 일에 장애가 많고 성과를 내기 어렵다.

### (4) 상관

벼슬을 상하게 하는 기운이다. 특출함을 바탕으로 자신의 개성을 표출한다. 재능을 바탕으로 자기를 표현하고 나와 익숙하지 않은 힘이다. 빚내어서 생산해 내는 생산물에 비유되고 여유가 없는 상황에서 어떻게 해서

든 고품질의 물건을 만들어 내는 형태에 비유할 수 있다.
목적을 위해 기발한 수단을 동원할 수 있는 격이다.
식신보다 에너지 소모가 크고 부담이 되는 요소와 기특한 지식을 가지고 있다. 식신은 실질적이고 안정적인 생산물이고 모양이 정해진 생산물인 반면 상관은 부풀려지고 가공된 생산물, 추상적이고 현실성이 떨어지는 생산물이다.

상관은 가장 총명하고 천재적인 두뇌의 소유자이다.
예리함, 민첩함, 순발력, 임기응변, 기획력이 우수하며 창조성이 발달되고 예술적 감성, 패션 센스, 자신을 표현하는 특유의 감각과 특별한 재주를 꼭 하나 가지고 있다.
손재주가 뛰어나고 다재다능하며 부지런하고 오지랖도 넓고 모든 일에 적극적이며 이런 관계로 주변 사람에게 스트레스를 주기도 한다. 성질대로 못 하면 스트레스를 받아서 잠을 못 자는 경우가 있다. 잘 활용된다면 위대한 발명가로, 잘못 활용되면 유흥과 잡기에 빠질 수 있다.

머리가 비상하고 재주가 많으며 다양한 직업군과 다방면에 종사하는 사람이 많고 말을 조리 있게 잘하며 토론을 잘한다.
논리와 이론을 가지고 상대방을 설득하며 조목조목 근거를 가지고 상대방을 할 말 없이 만드는 특유의 방식을 쓴다.
비범한 설득력으로 자신의 의견을 관철시키며 법조인, 정치인, 언론인 등이 적합할 수 있다.

상관은 정관을 공격하고 도전하며 자신을 억제하는 규범을 타파하고 부당한 권위에 저항하는 힘이 있으며 비상한 두뇌와 뛰어난 화술로 혼자서도 외롭게 싸우는 격으로 권위에 반발하는 성향이 강하고 규격화, 정형화를 싫어한다.

자존심이 아주 강하고 자신이 생각하는 정의가 있다면 주변 만류에도 혼자서 당당히 정의를 설파할 수 있다. 일반적인 조직 사회와 잘 못 어울리며 언제 터질지 모르는 화로를 안고 있는 격으로 상관이 강한 사람은 언론, 방송, 운동권, 시민단체, 규율이 느슨한 소규모 조직, 특별 보직, 자신의 목소리를 충분히 낼 수 있는 곳, 중앙 권력과 동떨어진 곳 등이 적합하다.

상관은 불화의 요소를 가지고 있는데 반항적인 기질로 발전할 수가 있다. 상관은 주위의 의식을 깨워 공동체 발전의 원동력이 될 수 있다. 야당 성향이 강하고 비판적인 정치색, 옹졸한 보수로 전락할 수도 있다. 강하면 자신이 가진 능력보다 낮은 평가를 받는 경향이 있고 말 때문에 자신이 쌓은 인덕을 깎아내리는 경우가 있다. 성격이 급하고 자존심 강하고 거칠고 직설적인 말과 행동으로 구설수에 오를 수 있으나 결정적 순간에 얼굴을 바꾸고 뒤통수를 잘 때리는 경우가 있다.

배신 행위의 경험이 있으며 불만을 잘 표출하지 않고 삭이는 사람이 많다. 상관은 약자에 대한 연민성이 있다.
강자에 강하고 약자에 약하며 측은지심이 강하고 의탁하는 사람에게 거절하지 못하며 내면은 여리고 약하다.
날카롭게 정의를 부르짖고 날선 언변으로 상처를 주지만 조직의 리더보다 참모에 잘 어울릴 수 있다. 실속은 없고 적당히 잘라야 할 때 자르지 못하고 남에게 퍼 주는 경향이 있다.

대운이나 세운에서 상관을 만나면 각종 사건 사고로 힘들다.
안정성이 떨어진다. 상관 견관 위화 백단으로 상관이 정관을 보면 좋지 않은 일이 백 가지 일어난다는 설이며 상관의 불길한 징조로 본다. 상관이 편재를 생하면 사업적 성향이 부여되며 유통 중개 도소매에 잘 어울리는 힘이 발생한다. 편재는 재물을 다루는 대범한 기운으로 작은 것에 만족하지 않고 스케일이 크다.
상관이 정재를 생하면 현실적이고 인색하며 재물에 대한 집착이 강하다. 추가로 비견이 있으면 정당성을 가지고 재물을 취하는 것이며 겁재가 있으면 불법이나 탈법을 활용하여 재물을 취하게 된다. 편관을 만나도 억제하는 기운이 있으며 양간은 무관하다.
음간이면 편관과 합을 하여 편관 기운을 억제할 수가 있다.

### (5) 식신

의식주와 관련된 복으로 공동체 속에서 여유 있게 즐기는 낙천적이고 편안한 기운이며 식상은 에너지를 받아 밖으로 나온 활동성을 의미한다. 식신은 의식주의 편안함과 먹을 것이 탄탄하며 사람이 활동하는 기본 바탕이 되고 활발하게 활동하는 힘으로 본다.
활동력과 먹을 복이 왕성하여 크게 노력하지 않고 사회에 잘 적응하면서 재물을 얻을 수 있는 복신이다.

물려받은 유산이 많이 있을 수 있고 장수하는데, 꼭 필요한 기운이다. 편안한 기운과 건강하게 오래 사는 기운이 왕성하며 손만 닿으면 딸 수 있는 천연 과일이 풍부한 것에 비유된다.
재주, 재능, 기술, 기능, 제품, 상품, 예술, 상품 특허, 유산, 건물 임대, 저작권 등의 능력을 소유하고 있다.

식신 기운이 좋으면 재성과 관성도 이길 수 있다. 낙천적이고 명랑하다. 질 좋은 삶을 추구하며 일하는 즐거움을 우선한다.
강하면 심성이 착하고 남에 대한 배려심이 강하며 온화하고 낭만적이다. 소소한 사교성을 발휘하며 소모임에서 오붓하게 즐기는 식사를 인생의 제일가는 가치로 생각한다. 편한 사람들과 편한 자리를 만들어 마시고 웃고 즐기는 것을 좋아한다.

식신은 표현력이 뛰어나며 인위적 표현력보다 자연스럽고 다른 사람의 심기를 거스르지 않는 편안한 표현력을 좋아한다.
언어능력이 우수하며 설득력이 강하고 수용, 타협하는 능력이 강하다.
이해관계를 조정하고 예술성, 감각, 감수성, 신선한 창의력, 호기심, 연구심도 강하고 새로운 것에 도전한다.
실천력과 결단력이 부족하다. 추진은 잘하나 포기를 쉽게 하는 연약함이 있다. 강한 힘이 있고 느긋하며 온화하다.
무책임한 태도에 의지가 박약하고 귀가 얇으며 우유부단하다.
시련과 고난은 겪지 않으며 작은 시련에도 운명을 비관하고 쉽게 좌절한다. 편관을 싫어하며 편관을 제살한다.
식신이 편관을 효과적으로 제살하면 외부적인 환경에 대응이 유연하고 강한 리더십을 가진다.

식상이 재성을 만나면 식상이 재성을 생해 준다.
상품과 재능이 준비되었기에 시장에 팔 수 있는 형상이며 식상 생재는 순탄하게 재물을 불러올 수 있는 격이며 식신이 정재를 생하면 자신의 기술과 재능으로 안정적 재물을 축적한다.
직업은 연구직, 관리직이 적합하고 식신이 편재를 생하면 자신의 기술과 재능으로 풍류를 즐기며 사업가적 기질을 발휘한다.
직업은 무역, 유통, 오락, 유흥, 엔터테인먼트가 적합하다.

식신은 편인을 두려워한다. 편인이 있으면 식신의 복덕이 제대로 발휘하지 못한다.
대운과 세운에 재성이 오면 식신은 다시 살아날 수가 있다.
원국에 식신과 상관이 함께 있으면 식상 혼잡이며 식신과 상관의 기운이 복잡하게 섞여 있다. 식신의 긍정적 기운은 사라지고 식신이 상관에 흡수되는 양상을 보이며 천부적인 재능, 물려받은 유산 등 긍정적 요소가 사라져 직업과 사업상의 변화가 심하고 한 가지 일에 집중하기 어렵다. 여러 가지 일은 벌여 놓고 마무리하지 못하는 상황이 반복될 수가 있다.

## (6) 정관

올바른 벼슬자리가 되고 일간을 극한다.
음양이 다르며 절제된 몸과 마음으로 매사에 임한다.
사회적 변동이 적고 관료가 되는 것이며 안정적으로 관직을 유지하는 것이다. 공평무사한 문관이다.
절제와 안정성을 추구하며 보수적이고 규칙을 지키는 성향으로 행정, 관료직, 공무원, 공기업, 대기업의 안정된 직급이다.
강하면 명예를 얻게 되며 꾸준히 승진하는 경향이다.
차근차근 승진하여 고위직까지 간다. 재물을 탐하지 않고 높은 관직에 이른다. 충동적인 기질을 억제하며 정해진 틀을 잘 바꾸려 하지 않는다. 집안의 가풍과 조직의 관습을 중요시하며 차분하고 사려가 깊고 온화하다.
활동 범위가 넓고 선동이나 유혹에 잘 넘어가지 않는다.
실속 있는 보직을 택하며 타고난 건강을 잘 관리하여 장수하기도 한다.

법률을 잘 지키며 꾸준히 세를 불려 규칙을 잘 준수한다. 가장의 권위와 조직에서는 조직의 규칙을 최우선한다.
매뉴얼, 지침서, 판례집을 중요시하며 규칙대로 해야 성공한다는 신념을 가지고 있다.
규칙적인 삶, 일어나는 시간, 자는 시간 등을 잘 지킨다.

융통성이 부족하며 강박 관념이 강하고 주변 사람을 피곤하게 만든다. 사회적인 관점을 기준으로 한다. 사회적인 틀에서 자신을 평가하고 조절한다. 평가에 민감하고 끝까지 최선을 다하며 강한 책임감과 맡은 직분에 대해서 책임지고 헌신한다.
정관이 너무 많으면 편관으로 본다. 정관의 장점이 사라지고 통제력이 상실되며 명예나 관직에 집착한다. 심리가 위축되고 소심한 성향으로 타인을 통제하고 지배하려는 성향이다.
규칙을 강요하고 사사건건 간섭하며 스토커 성향을 보인다.

관성과 인성은 친구로 본다. 관인 상생 정관은 안정적인 자리로 보고 인성은 명예로 보며 실제로 힘을 행사할 수 있고 전문성으로 본다. 관인 상생은 안정적인 자리에 앉게 되며 전문성을 바탕으로 힘을 행사하는 상황이다. 만약 인성은 있는데 관성이 없다면 실력과 명예는 있는데 일할 자리가 없는 것으로 본다.
직장과 잘 맞지 않는 성향으로 집안에서만 자기 실력을 과시하는 성향이다. 반대로 정관이 있는데 인성이 없다면 일할 자리는 있는데 실력과 명예가 없는 것으로 자리 보장이 안 되며 책임자의 자리에 오르지 못한다. 정관이 정인을 생할 때는 학자나 관료직, 보수적이고 고지식한 직업이다.

안정감은 있으나 융통성이 부족해 꽉 막힌 성향이다.

정관이 편인을 생하면 특수 직종, 임기응변에 강하며 특수한 형태의 자격증이나 즉흥적이고 임기응변 형태로 상황을 대처해 간다.

정관이 정재를 만나면 정재의 기운으로 관직을 득하는 의미이며 정재의 꼼꼼하고 계산적이며 현실적 속성과 관료주의가 일치하여 꼼꼼한 공무원으로 본다. 정관이 편재를 만나면 통이 크고 활동적인 편재의 기운으로 관직을 얻는 형국이다.

정관의 운용 면에서 대범한 모습을 보일 수 있지만 꼼꼼하지 못하며 지나친 재물 욕심을 감당하지 못하여 화를 부를 수도 있다.

비겁이 강하면 정관이 길하며 비겁을 조절해 준다. 빠져나가는 재물을 보호하고 안정하게 하여 준다. 재물창고 파수꾼이다.

일간이 약하고 관성이 강하면 일간이 피해보는 구조가 된다.

돈 벌고 나서 살 만하니까 몸이 아프거나 집안에 큰 사단이 나는 경우가 많다.

## (7) 편관

치우칠 편, 벼슬 관. 치우친 벼슬자리로 본다.

일간을 기준으로 일간을 극하고 음양이 같다.

편관은 권력의 의지, 공권력의 성향이 있으며 나를 강하게 억제하고 나의 약한 부분을 강하게 짓누르고 제압한다.

편관운이 강하면 몸을 다치거나 몹쓸 병이 생긴다. 천간에 편관이 있으면 강한 기운으로 작동되고 지지는 비교적 약한 편이다.

편관은 잘 쓰면 강한 힘을 가진다. 용맹하고 과감한 성향이며 결단력이 강한 카리스마와 폭발적인 에너지, 과감한 남성적 에너지가 있으며 위험성이 높은 직업에 잘 적응한다.

규율이 엄격한 조직, 군인, 경찰, 검찰, 정보기관, 특수기관, 운동선수. 정관과 비교하면 정관은 행정에 관한 힘이고 편관은 직접 힘을 행사하는 사법에 어울리는 힘이며 정관은 낮의 권력 편관은 밤의 권력으로 비유된다. 정관은 문관으로 편관은 무관으로 표현하기도 한다. 정관의 명예욕은 절차의 과정을 밟아 무리하지 않으며 편관은 단숨에 우두머리가 되려 하고 강한 카리스마로 높은 곳까지 오를 수 있는 힘이 있다.
싸우면 이긴다는 자신감이 있어 호시탐탐 기회를 노린다.

선거를 통해 선출직에 어울리며 난세에 갑자기 대장에 오르는 힘이다. 허세와 품위가 있으며 체면을 중시하고 리더의 자리에 오르면 허세를 부린다. 자부심과 특유의 배짱이 있으며 권력욕, 명예욕, 큰 성취를 이룰 수 있는 강한 힘이 있고 상식에 어긋나고 기발하고 독창적이고 편법, 꼼수의 방법을 동원하며 정상적인 방법이면 한방에 넘어지게 된다. 권모술수가 강하다.
어떤 시련에도 여러 가지 방책을 동원하여 시련을 넘어서는 방법을 안다. 목적과 명예를 위해 수단과 방법을 가리지 않는다.
남자에겐 자식이 되고 남자의 경우 기가 더 센 여자를 만나 잔소리를 많이 듣는 팔자이다. 여자이면 남편이나 애인으로 보며 여자의 정관은 가정적인 남편이고 편관은 활동적이고 화끈한 남편으로, 집보다 회사를 더 중요시하는 남편으로 본다.

여자 사주에 편관이 강하면 정상적인 남편 역할을 못 하고 돈도 못 벌고 집 밖에서 떠돌며 애정이 없는 편이다. 여자에겐 관성이 매우 중요하다. 편관은 매력적이며 예측 불가능한 행동으로 사고를 만들고 의리를 중요시하며 많은 사람이 몰려든다. 과감하고 솔직하며 편견 없이 누구에게나 친근 유쾌하고 쾌활 명랑하다.
성적 매력도 높으며 위험한 매력으로 이성에 강하게 어필할 수 있다. 편관이 인성을 생하면 무력의 아픔을 겪거나 무력을 휘두른 사람이 인생의 가치를 깨닫는 격으로 천하를 호령하던 장수들이 권좌에서 물러나 산속에 은거하거나 후학을 양성하는 격이다.
어떠한 강한 힘 뒤에는 허무와 회한이 함께 있다는 의미이다.
신비론적인 세계, 초월적인 가치관, 종교적 영성으로 인도하는 격이다.

편관이 재성을 설기하는 것은 재물의 기운을 빼내 간다는 것이 된다. 일간이 재물로 인하여 힘들 때 편관운이 오면 재물운이 설기되므로 숨통이 트이고 어려움이 해소되는 것으로 본다.
마음을 다잡고 한가지 재물 활동에만 집중하는 능력이 생긴다.
반대로 일간에 재물운이 있을 때 편관이 오면 부정적이다.
허세로 인하여 재물이 새어 나가는 격이다.

편관이 일간이나 비겁을 극하면 일간이 강하면 군경이나 검찰, 교육계에서 강한 힘이 되고 일간이 약하면 각종 사고, 천재지변으로 인한 사고가 난다. 자식으로 인한 문제가 생길 수 있으며 강제적 지배, 독재적 경영, 성급한 성격, 무례, 자기과시, 영웅심리가 발동하고 영업직, 생산·관리직이 적합하다.

### (8) 정재

정당하고 올바른 재물과 안정적인 재물, 자신이 소유한 재물 활동을 뜻한다. 안정적인 수입, 고정적 수입, 월급을 받는 직장, 대기업, 공무원, 교직원, 공기업, 안정적인 투자, 부채가 없는 자기 소유의 부동산, 자기

자본만으로 하는 사업, 현금, 귀금속이 내 손에 들어와 변하지 않는 확보된 재물은 정재에 속한다.

정재가 강하면 안정적으로 돈을 벌 수 있는 기회가 주어진다.
큰돈을 벌려 하지 않으며 있는 것을 지키려는 성향이 있다.
근면하고 성실하며 정직, 노력하는 것이 정재의 표본이다.
편재가 역동적이라면 정재는 고정적이다. 변하지 않는 가치로 안정적이고 주어진 일을 완수하려는 지향이다.

정확하고 정직하게 신용을 지키고 공과 사의 구분이 확실하다.
정재 편재 모두 총명하고 편재가 번뜩이는 총명함이라면 정재는 노력을 통한 총명함이며 허황된 꿈을 꾸지 않고 하루하루 문제를 완수하며 우직한 총명함이 정재의 속성이다.

단순하여 내 눈앞에 있는 것만 믿으며 현금을 중시하고 대출보다 적금을 선호하고 실질적인 결과물을 신뢰한다. 현실 감각과 경제 감각이 뛰어나고 실현 가능한 목표를 세우며 현실적이다.
감정보다 이성과 논리를 중시하고 명예를 중요하게 생각한다.
성실하게 단계를 거쳐서 성취하며 인정을 받아서 권력을 쟁취하는 성향이다. 나눔에 인색하고 지출은 용도에 맞게 하는 편이며 생색을 잘 안 낸다. 돈을 써도 욕먹는 경우가 많다.
후에 돌려받을 것을 계산하고 자신에 유익한 것은 남겨 두고 자투리만 내어 주며 현명하고 합리적이며 인색하고 검소하다.

새로운 사람이나 낯선 상황을 두려워하는 특성이 있으며 마음이 통하는 사람과는 친밀하게 지내고 한번 사이가 틀어지면 다시 만나지 않는 성향이다. 꼿꼿한 선비 기질이 있으며 자존심 강하고 줄 것은 주고, 받을 것은 받는다.
성실하게 규칙과 규범을 지키지만 보수적인 경향이 있다.
재성이 혼잡한 경우 정재 편재가 있거나 대운 세운에서 오는 경우 재물의 기운이 혼잡하여 부정적 작용을 한다.
재물이 들어와도 바로 빠져나간다. 재물과의 인연이 많아 다양한 방법으로 재물을 모으지만, 재물을 지키는 힘이 부족하여 많이 벌고 많이 쓴다. 대운 세운에서 만나면 관심사가 다양하고 다방면에 일을 벌이며 결국은 벌어들인 돈을 다 날리면서 무리한 사업 확장을 한다. 일간이 약할 때의 재성 혼잡은 더욱 나쁘게 본다.
재능과 재물이 휘둘리는 형국이다. 재주도 많고 취미도 많아
바쁘지만 재물과 인연은 멀어지는 현상이 일어난다.

일간이 강하면 재성 혼잡은 운의 흐름에 따라 재물의 향방이 바뀐다. 운이 좋으면 크게 재물이 들어오지만 운이 나쁘면 크게 재물을 날리는 형국이며 정재가 관을 생하면 원리 원칙을 고수하고 만들어진 틀을 바꾸려 하지 않는다. 관료주의, 보수적이고 꽉 막힌 성향으로 보며 회계, 금융, 세무, 재무에 어울리는 격이며 정재가 편관을 생하면 재물은 안정되고 현실적인 만족감을 누린다.
편관 작용으로 관직을 탐하거나 명예를 추구하여 재물의 손재가 발생하고 건강 문제, 돌발적 사고, 사건으로 손실이 따른다.
일간이 약하면 편관의 위협으로 크게 좌절하고 일간이 강하면 일을 원만하게 해결한다.

인성은 정신적인 속성이다. 인성을 만나면 현실적 감각이 뛰어나고 인성이 약하면 인성이 제 기능을 못 한다. 순간적 욕심이 잘못된 계약을 하여 손실이 발생하며 학업을 중도 포기한다.
인성이 강하면 우유부단하고 의지가 부족한 편이다.
어머니의 지나친 의존으로 기본적 의식주와 활동력과 명랑함에 큰 장애가 발생한다.

## (9) 편재

한쪽으로 치우친 재물로 보고 거침없이 재물 활동을 한다.
재물이 치우친다는 것은 정상적인 노력으로 재물을 획득하지 못한다는 것이다. 사고의 스케일과 활동 범위가 굉장히 넓다.
강하면 한자리에 정해진 일을 하는 것보다 사업이 적합하다.
장사하는 수단과 재능이 뛰어나 넓은 무대를 활보하며 사업을 한다. 정재가 자신의 재물, 선천적 타고난 재물이라면 편재는 내 몸에 지니지 않은 재물, 나의 것이 아닌 재물이다.
편재가 강하면 대출을 받아 집 사고 차를 리스하는 형상이다.
꾸준히 저축하고 모으는 것보다 빌려서 즐기며 소비하고 갚으면 된다라는 생각이 지배하고 사업을 해도 자기 자본 없이 은행 돈이나 부채로 하고 도산에 대한 큰 두려움이 없다. 어차피 돈은 내 것이 아니다라는 관념이 강하다. 선천적으로 재물이 없기 때문에 기술과 요령을 연마해서 돈을 벌려는 궁리를 하며 돈 벌 아이디어를 찾고 새로운 것을 궁리한다.

은행, 증권, 금융, 부동산, 유통에서 큰 능력을 발휘할 수 있다.
자기 손을 거쳐 가는 많은 돈을 보며 만족을 하고 재물의 갈증을 채운다.
주식, 부동산, 투자, 재테크 전체를 기획하고 설계하는 능력이 있다. 식상도 기획을 하지만 편재의 기획은 아주 현실적이다. 개발, 기획, IT 설계에 관련된 직업이 좋다.

편재는 전체적인 흐름을 파악하고 총괄하는 시각과 감각이 탁월하다. 겉으로 호탕하지만 이해관계가 없거나 타산이 맞지 않으면 지갑을 열지 않는 편이며 가치 있는 곳에 쓰고 투자 가치가 있다면 과감하게 투자하는 것을 좋아하며 풍요를 즐긴다.
이익 여부를 잘 파악하고 투자의 계산은 비상하며 실리적 계산이 빠르다. 먼 미래를 염두에 두고 투자하며 씀씀이가 투철하다.
융통성의 원활하며 유연하게 파헤친다.

일확천금을 노리며 한쪽으로 치우친 재물로 패가망신이나 일확천금 두 가지 힘을 동시에 가지고 있다. 투자를 많이 하면 많이 벌지만, 반면 많은 손해를 볼 수 있다는 것이다. 횡재, 허욕, 욕심, 투기, 투자, 주식, 복권 등 많은 돈을 벌려고 한다.
그만큼의 위험성도 있다. 편재는 호탕하면서도 큰 이익이 생기면 과감하게 사회에 공헌, 기부, 봉사 활동을 한다.
돈의 주인보다 돈의 중개인이란 생각을 항상 가지고 있다.
미래를 위한 투자의 정재는 재물을 금고에 두고 조금씩 꺼내 쓴다면 편재는 많은 양의 돈을 버는 성향이다.
편재는 넓고 활발한 대인관계를 유지하면서 틀에서 벗어나 자유롭게 행동하고 유머 감각이 뛰어나며 사회적 질서나 규범에 벗어나지 않으며 약속과 신용을 잘 지킨다.

이성에게 인기가 많고 호감을 받는 편이다. 유연하고 유머 감각이 있으며 여자에 관심이 많다.
예쁜 여자를 좋아하는 편이고 여성을 유혹하는 능력이 있지만 가정엔 소홀하고 아내를 애인처럼 생각하는 경향이 있다.
여성이 편재가 강하면 남자의 외모에 관심이 많고 경제적인 면이 어려워도 멋진 남자를 선택하는 경향이 있다.
편재가 정관을 생하면 편법적으로 재물을 형성하며 재물로 인하여 만인의 귀감이 되는 자리에 오른다.
편법을 동원해서 정관을 움직인다. 유흥이나 사사로운 이익을 챙기기 위해 정관의 자리를 이용하는 것으로 본다.

편재가 편관을 생하는 경우 일간이 강하면 편관 에너지를 감당할 수 있고 뛰어난 통찰력, 카리스마, 추진력을 가진 지도자가 된다.
일간이 약하면 편관의 부족함을 감당하기 힘들다.
배우자의 불륜, 본인의 건강 문제, 자식 문제 발생, 재액 발생이 우려되고 많은 돈이 집안을 파탄으로 몰고 가는 격이 된다.

편재가 인성을 만나면 요령과 욕심을 의미하는 편재가 세력이 약한 인성을 억제하면 양심과 관련된 문제가 발생한다.
탐욕이 커져서 양심이 무너지는 상황이 되고 욕심을 채우려고 편법을 동원하고 재물을 탐하는 부정적인 요인이 발생한다.
편재가 강한 인성을 만나면 인성으로 인해 무너진 현실적 감각을 되찾게 된다. 어머니 품에서 세상으로 나가는 통로 역을 제공하는 격으로 본다.

### (10) 편인

도장 인, 한쪽으로 치우친 편 자로 치우친 인성 격이다. 나를 극단적으로 도와주는 기운. 정인과 편인은 나를 채워 주는 힘이다.

내가 노력을 안 해도 나를 채워 주는 것이 인성의 힘이다.

정인의 도움은 적절하게 도와주고 타이르면서 부족함을 채워 주는 방식이고 편인은 잘할 때는 매우 칭찬하고 못하면 밟아 버리는 극단적인 방식의 도움이다. 안정적인 도움은 안 되며 안정적인 환경 조성이 어렵다. 독창적이고 창의적인 발상은 가능하지만, 눈치를 보면서 자신만의 길을 연다. 편인이 강하면 독창성, 창의성, 개성이 편중된 기운이 강한 개성을 만든다. 예측 불가능한 성격으로 불규칙적인 재능, 소규모 그룹이나 프리랜서가 적합하며 독특하고 변수가 많을 수 있다. 의학, 운명학, 철학, 종교 등 전문적 직업 또는 독특한 취미와 연관이 있다.

기술과 예술, 체육 방면에 특별한 재능이 있으며 편인이 강하면 특별한 손기술 기능이 있고 남들이 가질 수 없는 끼, 엔터테인먼트 재능이 특별하다. 이러한 끼와 예술적 감각, 특수한 물건을 제작할 수 있는 고유의 능력은 모두 척박한 환경을 벗어나기 위한 노력이 강하다.

편인은 독특한 재능이 있어야 살아남을 수 있다.

편인은 잡기에 능하고 세속적 가치와 무관한 곳에 관심이 많다.

종교, 철학, 영성, 우주, 명성 등 신통력이 강하고 영적인 능력이 탁월하다. 사물을 꿰뚫어 보는 능력이 발달하고 스스로 사회적 고립을 자초하는 경우가 있고 고도의 사유가 필요한 철학이나 사차원 세계를 탐구하는 능력이 있으며 편인은 강하고 강력한 힘이다.

순간적으로 힘을 모아 쓰는 일에 최적화될 수 있고 힘의 집중력, 눈치, 순발력이 강하며 극단성, 게으름, 아무것도 안 하고 숨만 쉬고 있다. 어떤 느낌이 오면 움직이기 시작하여 폭발적으로 결과물을 낸다. 결단력과 의지가 강하고 의존성도 강하다.

인성은 부동산을 의미하기도 하며 정인의 부동산은 쉽게 현금화할 수 있다면 편인은 쉽게 팔기 어려운 부동산으로 본다.
누구나 욕심내지 않는 땅, 없는 것만도 못한 땅, 이십 년 후에 백 배 뛰는 땅, 극단적 가치를 가지는 것을 포함하고 있다.
편인은 일상적인 상황에서 끊임없이 스트레스를 받는 편이며 노이로제와 짜증에 시달리는 경우가 있다.
초년에 편인 운이 오면 신체가 병약한 경우가 있고 우울증, 스트레스성 질환에 시달릴 수 있다. 극단적인 정신상태를 의미하고 변덕이 심하다.
마음은 강하지만 갈팡질팡하고 불안하고 변덕스럽다. 편인과 일간과 비견이 가까운 위치에서 힘을 합치면 극단성이 극에 달해 일간은 폭발적으로 강한 힘을 낸다.
너무 강해서 기고만장하는 성향이 나온다.

식상은 먹을 복, 밥상, 의식주로 편인이 극하고 도식 탐식한다.
밥그릇을 엎어 버리고 집어 던진다는 의미를 담고 있다.
식상은 활동성으로 보는데 극하면 움직임이 제한되고 멈추어 있다고 본다. 활동하지 않고 집에 가만히 있는 상황, 미래를 도모하는 상황이라 하겠다.

### (11) 정인

바를 정, 도장 인 자를 쓰며 올바른 자격으로 본다.
음양이 서로 다르고 나를 적절하게 도와주는 기운이다.
정인과 편인은 나를 채워 주는 힘이다. 노력하지 않고 가만히 있어도 알아서 나를 채워 주는 것이 인성으로, 정인은 나의 부족한 부분을 채워 주는 기운으로 정인이 강하면 당당하게 버틸 수 있는 힘이 있다. 나의 단점은 잘 보완해 주고 채워 주는 힘으로, 부모로부터 풍족한 원조의 지원을 받는 경우가 많을 수 있다.
은사, 선배, 귀인의 조력을 받을 수 있다.

정인 자체의 특성은 다른 사람에게 도움을 주고 싶도록 만드는 격이다.
단정적인 힘이 있고 자신 본질을 믿는 경우가 많다.
이런 성향이 자기 과신으로 발전하여 게으름과 비판을 듣지 않으려 하는 성향이 있다.
정인은 학문이며 종이로 하는 일에 통하는 기운으로 본다.
독창적이고 창의적인 힘과 모범생의 힘이 강하다. 진짜 정통 학문, 사회나 전통을 중요시하며 공동체의 규범을 잘 지킨다.

초등부터 대학까지 학교 공부에 강한 것이 바로 정인의 힘이다.
정관의 힘까지 더해지면 공부를 잘하고 좋은 대학을 가며 좋은 직장에 취직하여 승진하는 전형적 모범생의 코스이다.
직업은 지식의 전수와 관련, 선생님, 교수, 공무원, 공공기관, 국가고시 등의 적응력이 강하다. 정관이 강한 사람은 매뉴얼과 법전으로 해결하며 정인이 강한 사람은 책장의 책으로 또는 학문의 힘으로 고난을 극복하려 한다.

결핍이 없고 여유가 있으며 느긋한 태도와 예의와 품위, 고상한 인품, 적당한 제어와 조절력, 선비적인 기질, 덕이 높고 자비로우며 정치적으론 정통 보수의 가치를 지향하고 사회적 질서 유지에 관심이 많다. 양심, 의무, 책임에 민감하며 신뢰와 존경을 받는 덕망 있는 지도자에 오른다. 결재 도장, 권력, 업무 능력 권한인 자이다.

꺾이지 않는 고집이 있고 자기 확신이 강력하다.
남의 말, 조언은 잘 듣지 않으며 소심한 성향으로 남의 비판에 민감하고 예민하게 반응하여 스트레스를 많이 받는 편이다.
보수적이고 권위에 철저히 복종하는 편이며 권위에 대적하는 것을 용서하지 못하는 기질이 있다.
정인은 자기 완결성과 자기 만족성이 대단하다.
대인관계에 고독이 따라다니고 유행을 많이 타는 격이다.
가벼운 만남에서 즐거움을 느끼며 유연성과 순발력이 떨어지는 경향이 있다. 돌발 상황에 대한 대처 능력이 떨어진다.
정인이 강한 사람은 공부와 문서운으로 편안한 의식주를 해결하며 학위나 국가자격증 등으로 안정적인 생활을 영위한다.
공부를 잘해서 자격증, 고시 합격 등으로 안정적인 공무원이나 직장에 취직하며 부동산은 현금으로 쉽게 전환이 된다.

정인이 과하면 신중함이 지나치고 결단을 못 하며, 준비만 하다 끝나는 경우도 있고 속으로 궁리만 하다가 기한을 넘기는 상황도 생겨난다. 게으르고 의존적인 성향이 있다. 일간이 강하면 정인을 받아들이는 것이 부담스럽다. 정인의 긍정적인 작용력이 약해진다. 윗사람의 조언을 거부하고 반기를 드는 행동으로 변한다.
반대로 일간이 약하면 정인을 반갑게 받아들인다.
윗사람, 부모, 귀인의 조력을 흔쾌하게 받아들인다. 공부나 지식, 문서운 등 긍정적 측면이 크게 작용하고 지식을 습득한다.

갑목에 계수는 나무들이 가랑비를 맞아 생기 있는 형상이다.
을목과 임수는 물 위에 떠 있는 연꽃의 형상으로 인덕이 있고 신분 상승을 암시한다. 병화와 을목은 아름다운 꽃이 햇살을 받아 화려하고 빛나는 현상으로 감수성이 있고 인덕이 있어 길하다고 보는 것이다. 정화와 갑목은 큰 나무에 꽃이 피어 있는 형상으로 길게 본다.

무토와 정화는 넓은 들판을 비추는 빛이다. 화롯불의 형상으로 길하다. 기토와 병화는 태양이 대지를 비추는 형상으로 아주 길한 것으로 본다. 경금과 기토는 타인으로부터 조력과 도움이 되지 않고 어려움이 많다. 신금에 무토는 논과 밭에 있는 보석의 형상으로 조력을 받는 것이 어렵고 좋지 않게 보는 것이다.

임수에 신금은 총명하고 학업이 우수한 결과로 나타난다.
계수에 경금은 바위산에 내리는 가랑비와 이슬의 형상으로 좋지 않게 본다.
이상과 같이 자연의 변화하는 현상을 인간의 살아가는 이치에 비추어서 풀이하여 본 것으로 통변에 응용하는 기초 자료가 되는 것이다.

## 82. 충과 합의 관계

### (1) 상충

시지의 충 합은 외부의 요건으로 상가나 가계 등의 밖의 변동수로 보아야 한다. 대운의 지지는 계절이고 천간은 목적이다.
대운과 세운이 충하면 대운의 지장간을 우선적으로 본다.
양간은 재성과 합을 하면 재가 묶이는 현상으로 재물이 묶이는 것이다.
음간은 관과 합을 한다. (을경합 정임합)

양간이 신강하면 직장이 생기고 신약하면 관재구설수가 발생한다. 지지가 형이나 충을 할 때 관재가 일어난다.
사주에 묘유충이 있으면 무당 팔자로 보며 묘는 동쪽 유는 서쪽으로 동서의 충돌이다. 재와 합이 되면 관이 따라온다.
년과 월이 충을 하면 하는 일이 급하고 일주와 시주가 충하면 하는 일이 느리다. 월지나 용신 희신을 충하면 충의 위력이 강하고 그 외 지지가 충을 하면 그 위력은 가볍게 본다.

인신사해를 충하면 충의 위력이 강력하고 기운이 미약한 상태에서 충을 하면 충을 받는 자는 파멸하게 된다.
자오묘유는 기운이 왕성하므로 형 충에 의한 충격이 다르게 나타나고 진술축미는 형제 충으로 그 충의 위력은 미약하다고 본다. 월지를 중요하게 보고 어느달에 진술축미가 있는지를 본다.
운이 좋을 때 충은 가볍고 운이 나쁠 때 충은 무겁다.
진유 합금은 서로 사궁 묘궁으로 신금 무토 모두 너 죽고 나 죽자는 식이다. 천간은 합을 보고 지지는 충을 본다. 천간의 합은 목적이다. 목적을 달성하기 위해 천간의 합이 있는지를 보고 판단을 하는 것이다.

월 운을 볼 때는 지지에서 천간을 생해 주는 지지가 있는지를 본다. 천간이 음이면 지지도 음을 천간이 양이면 지지도 양을 봐야 된다.
천간에 계수가 있으면 지지에는 음생음 음년 음월을 뜻한다.
년은 흐름세를 보고 일진은 당면 문제를 보며 시는 결과론으로 본다. 고장은 자기 일간에 재관이 있을 때만 고장이라 하고 없으면 묘로 본다. 취직의 관계는 월에 생지를 만나고 합이 되는 달 또는 日에 취직이 된다. 충을 하면 직장이 떨어지고 생을 하면 변화한다. 생을 받은 자가 움직인다. 인목 대운이 오면 갑년을 본다. 재가 합을 하면 돈이 묶이고 손해가 발생한다.
음신은 천간에 있는 글자에 천간합이 되는 글자를 대입하여 보는 것으로 세운이나 대운에서 합되는 글자가 오면 그것이 어떻게 움직일 것인가 생각하여 그 해 년도를 따라가는 것이다.
2개의 글자가 서로 충이 되면 충하지 않는 것으로 본다.
두 개의 경금이 있다면 하나의 을목과 제대로 합을 못 한다고 본다는 것이다.

월간이 합이 되는 해가 되면 부친 관계의 문제로 판단하고 월지는 어머니의 관련된 문제로 해석하며 일지는 부부관계의 문제로 본다. 사주 원국에 재성이 없을 때 일지를 충하면 부부간의 변동이 있을 수 있다. 재성이 합이 되면 결혼이 성사될 수 있는 것으로 본다. 천간에 무토와 기토가 있고 계수가 다음에 있다면 기토 때문에 무계합이 안 된다고 보며. 대운이나 세운에서 갑목이 오면 갑기합이 되므로 무계합도 성립된다. 이런 현상은 기토를 다른 글자가 와서 극할 때도 가능하다.

충을 하여 지장간에서 투출한 글자는 천간에 있는 동일한 글자가 힘을 받는다. 그 글자가 재관인을 확인하고 그 글자가 세운에서 합이나 충을 하는지 본다. 卯戌합은 극을 하는 합으로 완전 정지 상태로 보며 묶여서 움직이지 못하는 상태인데 을목은 술에 墓地가 되기 때문이다. 辰酉합은 진에 유가 死宮 묘궁이 되며 생합이라 해도 너 죽고 나 죽자는 식이다. 만사가 불통이며 좋아서 만나고 헤어질 때 욕한다는 격으로 본다.

巳申은 극을 하는 합으로 알면서 당한다고 하며 화가 없어지고 금으로 간다. 형과 합의 관계로 보아야 한다. 寅亥合은 수는 없어지고 목으로 변한다.
午未合은 너무 뜨거워서 火傷를 입는다고 본다.
일지가 묘궁이면 충을 해서 깨어야 되고 뿌리를 충하면 다치거나 불구가 된다. 합을 하면 합한 글자는 극을 하지 않는다.
음신을 쓸 때는 지장간에 음신이 있어야 충을 하여 나오는 글자를 음신으로 사용할 수가 있는 것이다.
세운의 음신은 그해만 쓰고 대운은 오 년간 쓸 수 있다.
土끼리 충은 朋友冲으로 토가 더 늘어나는 것으로 본다.
子午沖을 하고 있을 때 寅목이 오면 수생목 목생화로 충이 해소된다. 丙壬은 충으로 보지 않으며 오히려 더 좋은 것으로 본다.
갑경충 무임충 등은 충으로 보지 않으며 극하는 관계로 본다.

巳申합 수가 되는데 천간으로 보면 壬癸가 되고 지지로는 亥子가 되며 신금이 길신일 때는 임계 해자 운이 길하고 신금이 흉신이면 임계 해자 수 운에 피해를 보는 경우가 있다.
인신사해는 충 합에 의해 변동이 많이 일어나고 진술 축미는 계절에 따라 변동이 많이 일어나므로 월지를 중요하게 본다.
자오묘유는 어디에 있든지 자기 할 일을 굽히지 않고 하는 것으로 본다.

### (2) 삼합 관계

일지가 삼합이 되면 변동수가 발생하고 년지 삼합이 되면 이동수가 발생한다. 세운을 볼때는 지지 삼합 육합 형 충을 봐야 되고 천간도 본다. 지지에서 건드리면 천간도 움직인다.
월 통변은 천간론이다. 지지에서 삼합을 검토하면 천간에서 생을 받는 자가 있다. 가령 사유축 합이 되면 천간에 있는 수가 생을 받는다. 생을 받는 글자를 따라간다. 이 글자가 움직인다.

지지에서 천간을 생하면 천간이 움직이고 삼합으로 천간을 생하면 생 받는 자를 보고 그 생을 받는 자가 합이 되면 미혼이면 결혼이 성사되고 충하면 결혼을 실패로 본다. 술월 병화는 합을 안 한다. 병화는 지지에 뿌리가 있으면 합을 못 한다. 비겁 상관이 왕하면 관을 치고 비겁이 많으면 재를 친다.

월지의 충은 갑자기 변동하고 월지의 삼합은 어떤 일이 일어날 예정이다. 천간에 병화가 오면 지지는 인오술이 있어야 화의 기운이 왕성해진다.
삼합 중에 해묘미 인오술 신자진은 마지막 자 토을 빼고 보면 해묘는 수목, 인오는 목화, 신자는 금수가 된다. 이 세 개의 합은 모두 상생이 되고 토에 입묘되는 것을 알 수 있다.
사유축만 사유로 서로 극을 하고 있다. 사화가 금으로 가는 것은 신시가 되면 해가 지고 금으로 변한다고 본다.
사신 합이 이렇게 이루어진 것이다.

인신사해는 생지로 사람 관계에 관련된 판단을 하며 진술축미는 창고의 의미로 재물 관련으로 보고 자오묘유는 왕지로 변하지 않으며 충 형 파로 인한 역할을 판단하여 해석하여야 하고 비 식 재 관 인이 지장간에 있을 경우 충을 해서 나올 때 그 투출한 글자의 역할에 따라 달라진다.

해묘미 목은 금을 죽이고 사유축 금은 목을 죽인다.
인오술 화는 수를 죽이고 신자진 수는 화를 죽인다.

천간에 화, 지지에 수가 있으면 수, 화는 싸우지 않는다.
반대로 수는 천간, 화는 지지에 있으면 싸움이 일어난다.
물은 아래로 내려오는 성질이 있고 불은 위로 올라가려는 성질이 있기 때문이다.

사주 원국에 사축이 있을 때 사유축이 되려면 사오미 신유술 이렇게 유추해서 사를 제외하고 4번째가 유가 되는데 이런 경우 사유축이 되었을 때의 통변은 4개월 4년 이후에 일어날 일들을 알 수가 있다. 만약 사유축이 되는 4개월 4년 후에 금이 재성이 된다면 돈이 들어온다고 보고 관성이 된다면 새로운 직장이나 시험의 합격 등을 예측하는 통변이다.
사주 원국에 일간이 목이고 금이 많으면 화에 의지하고 목이 수가 많으면 토에 의지하며 목이 화가 많으면 수에 의지한다.

## 83. 통변 관련

대운과 년운, 월운이 천간을 중심으로 보고 년운, 일운, 시운은 지지를 본다. 인사는 지장간에 있고 원국 지지 사주에 있다.
지지에서 재를 생할 때 돈을 벌고 재가 생을 해 줄 때 돈이 나간다.
이사 가는 것은 합을 위주로 보고 판단한다.
미토와 술토가 충 형하면 미의 지장간 중에 정화는 살고 신금 과 을목은 죽는다. 을목은 술에 묘궁으로 죽고 신금은 화극금으로 죽게 되는 것이다. 무기토는 불먹은 흙이 되어 토생금을 못 하니 신금을 못 살리는 것이다.
조토는 생금불능으로 정화와 조토만 남는다. 이런 경우 불이 필요한 사람은 미술형 하면 길하고 물이 필요한 자는 흉하다.

여자일 경우 관성이 공망이면 관성운이 오면 남자를 채우려고 한다. 관성이 생을 받으면 변동하고 극을 받으면 스톱이다.
음신은 대운에서 올 때 가장 강한 작용을 한다.
천간은 천간에서 생해 주는 글자가 중요하고 지지는 지지에서 받쳐 주는 글자를 중요하게 본다.

재가 있으면 관을 보고 관이 없으면 재를 보고 재가 있으면 식을 본다.
인사형은 인목은 죽고 화만 살아남는다.
巳화 丙화가 있는 庚금은 丙화를 꺼 주어야 금으로 활동력이 강력해진다. 생목은 금을 싫어하고 사목은 경금을 좋아한다.
욕지가 되면 생을 못 한다. 음은 양을 제하지 못한다.
목욕궁은 패지이다. 乙목이 丙화를 보면 꽃으로 본다.
無根火 화는 뿌리가 있어야 한다.
일간은 천간합을 대입하고 일지는 삼합을 대입한다.
양은 음을 좋아하고 음은 양을 좋아한다.

목이 태왕하면 금과 같으니 불로 달구어야 하고 목이 왕하여 극에 달하면 화와 같으니 수로 극해야 하며 화가 태왕하면 물과 같으니 토로 그치게 하고 화가 왕해 극에 달하면 토와 같으니 목으로 극해야 한다.

세운을 볼 때는 지지 삼합 육합 형 충을 보고 천간도 본다.
지지에서 변화가 발생하면 천간이 움직인다.
세운에서 생 받는 자를 보고 지지에서 천간을 생하는 자를 본다.

월 통변은 천간론이다.
천간에서 지지를 생하면 천간은 힘이 없고 지지는 강해진다.
기토탁임 임수에 기토는 죽은 것이다. 기토는 생을 못 한다.
임수의 물을 기토가 흐리고 탁하게 만들어 기토는 힘이 없어지고 죽은 것으로 보며 서로가 원망하며 원수지간처럼 생각하고 사이가 나쁘다. 식신을 중요하게 봐야 한다. 식신이 죽으면 재가 죽고 관도 죽는다. 재와 관이 죽어 있으면 거지 팔자이다.
식신은 재를 생하고 생 받은 재는 재물이 왕성해지는 것이다.
신금은 무토를 만나면 죽는다. 매금이 되어 토생금 못 한다.
신금은 정화가 있으면 움직일 수 있지만 약간 위축이 된다.
년과 시는 집 밖으로 발생하는 일을 보고 판단하며 일과 월은 집안으로 발생하는 일을 보고 판단하고 유추하는 것으로 본다.

도화살은 재관이 오면 효력이 발생한다.
일월 지지에 재성이 도화이면 간통에 주의를 하여야 하고 삼형이 도화이면 화류병 주의를, 관성이 도화이면 부인으로 인해 벼슬하고 관살이 도화이면 간통하다 발각되는 경우가 있다고 한다.
재성이나 건록이 도화이면 면첩으로 치부하고 도화가 비겁 삼형살을 만나면 첩에 의해 송사가 생기며 패가망신한다고 한다.

조토는 금을 생하지 못한다(戌 戊 未).
조토 속의 화가 금을 극하고 화가 왕하면 금을 녹여 버리는 현상이 일어난다. 축토는 화가 없으면 수로 보고 화가 있으면 토로 쓸 수 있다. 물속에 잠긴 흙이다. 계절로 보면 한겨울의 흙으로 동토이다. 물의 창고이다.

화기가 왕하면 화를 제어하고 수생목 할 수가 있다.
상관이 관을 보게 되면 백 가지 재앙이 일어난다(爲禍百端, 위화백단).
일지에 비겁이 있으면 처 덕은 없고 처자를 극하고 백년해로가 어려우며 고집이 세고 타인과 타협을 못 하며 겁재운을 만나면 부부 이별 수가 발생한다.
시간에 정재가 있으면 자수성가한다.
시간에 식상이 있으면 노후에 딸의 덕을 본다고 한다.

여자의 경우 월주에 편관이 있고 사주에 정관이 있으면 두 남편을 암시하고 정관 운이 오면 남자를 사귀고 상관이 있으면 이혼하는 경우가 있다. 일지가 제왕이면 부모와 인연이 박하고 의지와 자존심이 강하며 양자 팔자로 보며 여자는 독립심이 강하고 부부관계는 좋지 못하다.
수가 많으면 풍파가 많고 금수 상관은 치밀하고 똑똑하다.
기계제작 기술이 제격이며 타인을 낮게 보는 경향이 있고 부부가 상극하여 배우자가 변하는 경우가 있으며 야망이 크고 요행을 바라는 경향이 있다. 년지가 절지이면 선대에 양자로 살고 조실부모하여 타향살이를 한다. 월지가 양위이면 중년에 여색으로 재산 탕진을 할 수 있는 경우가 있다.

## 84. 이기론

이기론은 조선시대에 들어오면서 많은 발전을 하여 성리학이라 하며 율곡 선생은 일원론을 퇴계 선생은 이원론을 주장하여 논쟁이 있었다고 전해지며 이(理)와 기(氣)는 하나라고 보는 경우와 둘이라는 경우로 갈라져 발전하였으나 이기론에 대한 학문과 이론만 다루어도 너무도 많은 시간이 필요하기에 이기론이 있었다는 정도만 기록하고 접기로 한다.

내방하는 시간을 보고 추측하여 내방하는 분의 궁금점을 알아내는 방법이 많이 통용이 되고 있으므로 약간의 이론만 기술하여 본다. 실제로 이런 방법은 사용하지 않는 것이 좋다고 생각한다.
사주팔자와 대운까지 합하면 10자의 오주가 되는데 이 전체의 글자를 보고 십이운성과 신살론 등을 대입하고 년운과 월운 일운을 보아서 판단하고 유추하여 통변하는 것이 실수를 줄일 수 있고 사실 관계를 파악하는 것이 현실적인 생각이다.

사주는 병과 약의 병약론과 어느 곳이 막히고 흐름이 방해를 받는지의 급소론으로 보는 방법을 익히는 자신의 부단한 노력이 필요한 것이다. 내방하는 시간을 보고 용건을 알아내는 방법은 여러 가지 방법이 있다. 내방하는 시간을 보고 유추하거나 방문일 방문자의 행동 일진과 방문 시의 충과 합, 상생이나 상극, 지장간 등을 보면서 추리하는 것이다.

진술축미일 또는 진술축미 시간에 온다면 부동산 문제나 금전 문제를 주로 유추하고 하는 일들이 막히고 실패하여 새로 출발하는 과정에 대한 것을 알아보려는 경우가 있고 부부간의 심화나 이별에 관련되는 것을 추정하여 볼 수가 있다.

인신사해 일이나 시에 내방한다면 사업하는 사람일 경우가 많고 사업의 확장이나 사업의 시작, 해외 사업의 진출 관련 또는 사업의 실패로 인한 문제가 우선적으로 유추가 되며 애정에 관계되는 경우도 있다.

자오묘유 일이나 시에 오는 경우라면 세력의 확장이나 세력다툼이 발생한 경우로 유추하며 남녀 관계 문제이면 주권 다툼일 경우가 있다. 슬픈 일이나 고통을 겪고 있을 수 있고 건강에 관한 문제가 있을 수 있으므로 상황에 따라 유추하여야 하는 것이다.

이러한 방법은 좋은 기법으로 추천하기는 어려움이 있으므로 판단력을 넓히고 충분한 능력을 성취한 후에 사용하는 것이 바람직하다고 본다. 위의 내용은 예를 들어 유추한 내용으로 상황에 따라 다를 수도 있음을 참고하여 활용하여야 한다. 이 외에도 시간별 등등 여러 가지 방법이 있으나 생략하기로 한다.

## 마무리하며

미래를 알아보려는 노력은 끝없이 진행되어 왔으며 앞으로도 계속 진행될 것으로 예상이 되지만 쉽지 않은 숙제로 남을 것이다.
사주팔자의 글자를 보고 앞으로 일어날 일들을 예측하는 것이 가능한 것인지 정말 어려운 문제라고 생각한다.
태어난 날짜나 태어난 시를 유추하여 미래를 예측하는 것을 인정하지 않는 기류가 있으며 지구의 인구가 얼마인데 같은 날 같은 시에 태어난 사람이 동일한 삶을 살아가는 경우가 얼마인지 의문을 표하는 경우가 많다.

명리학에 집중하는 분들의 대다수 답변은 동일할 수도 있고 동일하여서도 안 된다는 생각을 가지지만 어떻게 해석하는지는 각자의 몫으로 남아 있다. 8자의 글자를 보고 100% 미래를 알아낸다는 것은 불가능하다고 보는 편이 맞다고 생각한다.
주역의 글자가 대변하여 주듯이 인생의 변화는 지속적으로 일어나고 그 변화의 과정 속에서 일상이 진화되고 있는 것이다.
사람의 심리적 상태로 접근하여 보면 미래를 예측하여 공신력이 크다면 그 미래에 대한 예측을 추종하고 그 변화를 따라가려고 하는 경우가 많다.
무조건적인 확실성을 주장하기보다 우리가 살아가는 데 도움이 될 수가 있고 조심하고 주의를 하여 사건 사고를 줄이거나 피해를 적게 입을 수 있다면 그 또한 충분한 효과로 인정할 수 있을 것으로 본다. 무방비 상태나 무지의 행동으로 발생하는 여러 가지 일들이 사전에 방어될 수 있고 줄어들 수 있으며 조금이라도 도움이 될 수 있다면 적은 노력으로 크나큰 결과를 반전시키는 역할이 될 수 있을 것으로 본다.

글자를 보고 판단하는 방법은 여러 가지가 사용되고 있으나 명리학이 가장 확률을 높이고 전통적인 학문으로 그 가치가 인정되고 있다. 용신으로 보기도 하고 흐름으로 보기도 하며 당장 급한 곳을 집중으로 볼 수 있는 장점도 있으며 먼 훗날의 길흉화복을 예측할 수도 있다. 보는 방법에 따라 공부하는 방식도 달라서 아주 어렵고 힘든 과정을 거치고 다듬고 다듬어야 글자 한 자 한 자의 해석이 가능하므로 더욱 정진하고 노력하면서 실전에 임하고 훈련을 거듭하여야 할 것으로 본다.

명리학을 탐구하는 분들과 함께 연구하고 변화를 찾아서 서로의 견해를 발전시켜 미래를 알 수 있는 학문의 중심에서 활동할 수 있고 운용할 수 있는 분들이 많이 있기를 기원하면서 『생활 속의 사주팔자』가 기본의 틀이 되어 많은 도움이 되기를 기대한다.

# 생활 속의 사주팔자

ⓒ 김광수, 2025

초판 1쇄 발행 2025년 7월 23일

지은이　김광수
펴낸이　이기봉
편집　좋은땅 편집팀
펴낸곳　도서출판 좋은땅
주소　서울특별시 마포구 양화로12길 26 지월드빌딩 (서교동 395-7)
전화　02)374-8616~7
팩스　02)374-8614
이메일　gworldbook@naver.com
홈페이지　www.g-world.co.kr

ISBN　979-11-388-4516-8 (03180)

- 가격은 뒤표지에 있습니다.
- 이 책은 저작권법에 의하여 보호를 받는 저작물이므로 무단 전재와 복제를 금합니다.
- 파본은 구입하신 서점에서 교환해 드립니다.